U0653270

海外汉学研究新视野丛书

张宏生 主编

[美] 宇文所安 著

华

宴

宇文所安

自选集

南京大学出版社

《海外汉学研究新视野丛书》序

张宏生

作为对中国文化的研究的一个重要组成部分，海外汉学已经有了数百年的历史。1949年以来，由于特殊的历史原因，海外汉学基本上真的孤悬海外，是一个非常邈远的存在。直到1978年以后，海外汉学才真正进入中国学术界的视野，而尤以近三十年来，关系更为密切。

在这一段时间里，海外汉学家的研究在中国已经得到一定程度的关注，先后有若干套丛书问世，如王元化主编《海外汉学丛书》、刘东主编《海外中国研究丛书》、郑培凯主编《近代海外汉学名著丛刊》等，促进了海内外学术界的交流。不过，这类出版物大多是以专著的形式展示出来的，而本《丛书》则收辑海外汉学家撰写的具有代表性的单篇论文及相关的学术性文字，由其本人编纂成集，希望能够转换一个角度，展示海外汉学的特色。

专著当然是一个学者重要的学术代表作，往往能够体现出面对论题的宏观性、系统性思考，但大多只是其学术生涯中某一个特定时期的产物，而具有代表性的论文选集，则就可能体现出不同时期的风貌，为读者了解特定作者的整体学术发展，提供更为全面的信息。

一个学者，在其从事学术研究的不同历史时期，其思想的倾向、关注的重点、采取的方法等，可能是有所变化的。例如，西方的汉学家往往将一些新的理论或者新的思路，迅速引入中国学研究领域，因此，他们跨越不同历史时期写作的论文，不仅是作者学术历程的某种见证，其中也很可能体现了学术风会的某些变化。即以文学领域的研究而言，从注重文本的细读分析，到进入特定语境来研究文本，进而追求多学科的交叉来思考文本的价值，就带有不同历史时期的痕迹。因此，从一个学者不同时期的学术取向，也可以一定程度上看到时代的影子。

海外汉学的不断发展，说明了中国文化所具有的世界性意义。虽然海外汉学界和中国学术界，在研究对象的选择上，或许没有什么不同，但前者的研究，往往体现着特定的时代要求、文化背景、社会因素、学术脉络、观察立场、问题意识、理论建构等，因而使得其思路、角度和方法，以及与此相关的结论上，显示出一定的独特性。当然，在一个全球化的时代，所谓"海外"，无论是地理空间，还是人员构成，都会有新的特点。随着学者彼此的交流越来越多，了解越来越深，也难免出现你中有我、我中有你的现象，不一定必然有截然不同的边界。关键在于学术的含量如何，在这个问题上，应该"无问西东"。《周易》中说："天下同归而殊途，一致而百虑。"既承认殊途，又看到一致，并通过对话，开拓更为多元的视角，启发更为广泛的思考，对于学术的发展来说，是非常重要的，也是非常有意义的。

自序

我曾数次游览波多黎各的云盖（意为"铁砧"）国家森林。在为游人开通的山路两旁，树立着很多牌子，详细解释这里植物和虫鸟的种类，勾勒出它们的生态面貌，好像一部独一无二的生命之书。凡是对山岳有所了解的人，立刻就会知道这些山从地质时间上来说是很"年轻"的，它们在热带积雨中不断发生变化，有时候飓风会挤压它们，激荡它们，摧毁它们。我不清楚"铁砧"一名的来源，但我觉得这个名字很贴切：在这个地方，新的形状不断地从旧的形状里被敲打和锤炼出来。

我相信，大多数游客在面对激动人心的自然美景时，不会去特别注意路边的说明牌。但是如果他们稍加留意，他们看待这片生机勃勃的热带丛林的眼光就会大为不同。美还是同样的美，但是一切都变得更为复杂：每个生命种类都是在和其他生命种类的互动中逐渐成形的，每一片空间都发展出了专门适合在那个空间里生长的生命形态。

在艺术博物馆里，来访者走过一间间展厅，在一幅画前驻足片刻之后又继续前行。但总有少数访客，在长椅上坐下来，长时间地凝视。他们学会了观看的艺术，可以看到那些想用一下午时间看完全部展览的走马观花者所看不见的东西。

在给研究生上课的时候，我经常会问：我们当下阅读的文本回应和引用了哪篇前代作品？有些学生可以应答如响，倒背如流，对作品的文学史背景、典故出处了如指掌，展现出相当程度的知识把握。但是当我再问，这些同样的字词在当下文本里有什么意义和重要性？他们就必须放慢速度，思索一番，再作回答。有时候，他们不得不去做一番考察和探究，看看这些字词在当下文本的写作时代是如何被使用的，而不是它们在前代文本中是如何被使用的。阅读，是一门很花时间的艺术。

"学问"是必要的。诗文满腹可以是件好事。但是，如果没有能够在把它们吞下肚之前含咀和思索它们的味道，那么也就没有必要让它们烂熟在腹中。

这是文学研究最根本的层面。没有这一层面，这个领域也就不值得存在了。艺术史家告诉学生要坐下来仔细阅读图像，文学学者需要教给学生的是如何停下脚步，让文字在头脑里流连，学会注意。

最近我在重读莎士比亚的十四行诗，同时也在阅读老友海伦·文德勒对这些诗的研究和分析。我本以为我对这些诗相当的熟悉。现在我意识到，我只是从它们身旁经过，曾在"名作博物馆"里驻足片刻而已。她在这些诗里注意到的东西，教我怎样再去留意它们。

这些文章都只是一个开始，指点一些读者可能没有想到过的方向。为了能让这些开头得以持续发展，需要有人把它们继续下去，带着思考进行阅读。

宇文所安

2020 年 5 月

史中有史：
从编辑《剑桥中国文学史》
谈起*

* 本文为作者 2007 年秋在华东师范
大学和台湾大学的讲演稿，曾以
《史中有史》为题发表于《读书》
2008 年 5 月号。

各位可能听说过，新的《剑桥中国文学史》正在编撰中。我负责编辑第一卷，包括上古至元代文学部分；耶鲁大学孙康宜教授负责编辑第二卷，包括明、清以及现代文学部分。在我的研究生涯中，我常常一次又一次地回到文学史中。而每次我回到文学史，它都不一样了。在这些年里，文学史领域改变了，我也改变了。我确信我们的理解比以前更加完善，这不仅是就我们所知道些什么来说的，也是指我们知道自己不知道什么，并且知道这些我们所不知道的东西的重要性。我们知道怎么审视以前很少用到的资料，而在我们熟悉的资料里，我们也发现了令人惊讶的新东西。我们开始对熟悉的材料提出新问题，而这些问题也其实是一些很明显的问题。

在《剑桥中国文学史》中，我写的唐代文学部分以武则天掌权时代作为开端。我这么写既有文学上的原因，也是出于文化上的考虑。虽然隋代和唐代统治的都是一个统一的帝国，但它们都属于北朝后期的文学文化。唐太宗可能曾经希望他创建的朝代能维持三百年之久，可是他那个时代的近期历史不容他如此乐观。近期的各个朝代都在第二或第三代就开始衰落，最后常常是以一个少年傀儡皇帝的登位而告终。如果太宗为此担心过，那么他的担心是正确的。唐朝的确在三代之后开始衰落，两个年轻皇帝的统治时间也非常短暂。假设武则天可以从心所欲，唐代在那时就该结束了。但是宫廷政治斗争挽救了唐王室。到此时为止，诗歌所担当的角色和文人的社会、地域背景都发生了变化。如果我们比较一下太宗时期的诗和武则天时期的诗，这一点就会非常清楚；而玄宗时期的诗人则常常十分怀念武则天时期的文学文化。

这是一个从新角度观察文学史的非常鲜明的例子，而且也十分容易实践。今天，我要谈一些更复杂的问题，这些问题很难被概括进叙事型文学史中。如果能搞明白这些问题和它们的含义，那么我们看文学史的方法就会发生深刻的变化，尤其是印刷术普及之前的文学历史。

三四十年前，文学研究领域存在着两个对立的团体：一边是历史主义研究和考证；另一边则是文学理论领域的新发展。经过过去三十年的变化，这两个团体以一种新方式走到一起来了，而这种新方式对以往的理论家和以往的历史主义考证派来说，都是相当奇特和出其不意的。新的问题被提出来，这些都是明显的历史性问题，却很少有历史学家问到过。

在处理这些问题时，考证派和历史学研究者愿意承认我们所不知道的，而不是用那些工具去支持标准的叙事。理论研究也已经开始被迫面对自己的历史性。这样一来，我们就处在可能是从十八世纪后期文学史诞生以来最激动人心的时期。

文学史是对以往文学文化（literary culture）的叙述。有些人相信文学史的叙述从整体上来说日臻全面、客观，在某些领域里，确实如此。学者们的努力丰富了我们在很多细节方面的知识，有时我们的知识也确实已经变得更为准确。

在很大程度上，这些进步之所以发生可能是由于技术上的革新，以十九世纪后期使文本变得更广泛可用的印刷术之革新为开端，继之以少见的版本和善本书籍的影印技术。二十世纪，古籍发行的规模达到雕版印刷时期不可想象的广泛程度。正如我们可以从《四库全书》和其他系列书籍的相继出版中所看到的，影印在二十世纪依然重要。更近期，电子文本的出现使更多读者可以广泛接触到各种古籍，这在半个世纪前还是不可思议的。曾经，《四库全书》只有四份抄本；后来，各大图书馆都有影印本；现在任何一个学者，只要拥有一份《四库全书》电子版，就可以搜索到《四库全书》中任何一个字词。有耐心的人还可以下载《四库全书》的 PDF 文件。这的的确确改变了知识的性质，知识的传播。

尽管在知识的可达性方面有了真正的进展，但是在再现过去的其他方面，却是有变化无进展。我们很早就已经认识到，我们对过去的再现是经过了现代口味和现代话语形式的调和中介的。中国的文学史本身就是一个很好的例子。

一千多年来，中国学者基本都是在文学史框架中理解文学传统的。大部头的诗话往往按照历史顺序编排，并且充斥着本质上具有文学史性质的观察与见解。有描述朝代、时期和作者特质的一般性陈述，也有理论化的文学史著作。但是正如大家都知道的，中国在遭遇产生于欧美的文学史之前，没有现代意义上的叙事型文学史。原因之一是中国以前没有一个统一的文化生产领域称之为"文学"，只有一系列文体，每种文体都有自己的独特历史。

这种现象具有反讽意味。一方面，如前所言，在叙事型文学史来到中国时，中国对文学史的兴趣已经有一千五百年之久，而这种兴趣在当时的欧洲却只有大约一个世纪。另一方面，二十世纪初开始出现于中国的新的叙事型文学史，在另一种基本方式上完全不同于中国以往对文学史的兴趣：也就是说，这些新的叙事型文学史乃是"中国文学史"。在国家主义的语境中，政府支持新的全国性学校系统和全国性大学系统，文学史书写和中国作为民族国家的新意识变得紧密相连。对过去的叙述被现代人的意识所中介，这就是一个显著的例子；新、旧价值判断被结合在一起，造就了一种迎合新政体口味的对"民族国家文化"的叙述。这种文学史叙述与"白话"意识形态结合在一起，与"白话取代文言"的简单故事结合在一起，直到今天。

历史书写乃是经过现代口味中介的观点是比较容易理解的。这一观点提醒我们，我们永远无法客观地再现过去。但是，事情并未到此为止，我们还是要考虑两点问题：1.现代人的兴趣与利益；2.所谓"过去的真面目"。

近年来我们看到，某种历史事实因为受到现代人兴趣与利益的中介而在历史书写中变形这一简单的二元模式已经开始瓦解。我们实际上拥有的不是两个时刻——过去的真面目和现在，而是一系列复杂的中介过程，这些中介过程联系起了过去和现在。一个过去的文本流传至今要经过许多层面，而其中某些层面对文本产生了至关重要的影响，以至于我们观察过去的唯一途径就是通过前人的视角。

近年来，学者们开始通过研究"接受史"或"经典的形成"来着手处理这些问题。这些研究仍然重要，不过已不再居于学术研究的最前沿，因为这些研究不能解决真正的问题。我们不能对接受史做出"客观"的叙述，也不能对经典的形成做出评论，因为我们所拥有的知识以及我们拥有这些知识的途径，都正是由接受史或者经典形成的历史所塑造成型的。

有时人们会误解"中介"（mediation）的概念。"中介"不是说我们所知道的是必然错误的或必然正确的，它仅仅意味着我们拥有的材料是在历史过程中被前人选择和定型的，而那些前人的动机既不同于我们自己的，也不同于材料产生时期的人们的。这里我们得出三点结论：1.我们常常发现一些建立在不能成立的假设之上的判断。2.后代保存适合他们口味和观念的文本，而听凭那些挑战这些口味和观念的文本佚失。3.后人任意塑造前代流传下来的文本，使这些文本符合他们的观念与信仰，用他们自己的见解和标准"修正"前代。我们拥有很多事例，从中可以清楚地看到这些过程留下的痕迹。在另一些情况下，我们可能看不到这些过程留下的迹象，但这不表示那些同样的过程不在这些情况下运作。

让我给大家举一个例子，看看中国文学史中的一个时期如果按照另一种口味和标准进行材料取舍，会和现行文学史有些什么不同。我们都知道，敦煌对唐代诗歌研究来说有极大的价值，它为我们提供了很多佚诗，也提供了对唐代手抄本文化的直接感知。如果敦煌大大扩展了我们对唐诗的理解，从反方向提问也很有用：也就是说，如果我们所拥有的唐诗全部来自敦煌，情况又会如何？如果是那样的话，高适就会成为最重要的唐代诗人，其次便是王梵志；李白会有一些诗流传下来，杜甫则将完全不存在。至于晚唐，我们看到的会是张祜的某些诗，而不是李商隐。此外，边塞主题将主宰我们对唐诗的理解。在敦煌图书馆，我们看到地方口味如何影响了文本的保存。

下面让我回到这个基本问题：如果我们不能对过去做出"客观"的叙述，那么，我们该如何对过去做出一个"比较好"的叙述呢？这样一个叙述应该讲述我们现在拥有的文本是怎么来的，应该包括那些我们知道曾经重要但是已经流失的文本，应该告诉我们某些文本在什么时候、怎么样以及为什么被认为是重要的，应该告诉我们文本和文学记载是如何被后人的口味与利益所塑造的。换而言之，文学史应该总是"史中有史"。这在概括性的叙事中很难做到，但是在具体研究中却是一个非常实用的原则。

下面我会在一系列小标题下讨论这些问题，每个问题我都会用具体的例子来加以说明。每个例子都会针对古典文本的标准阐释和现行理解提出问题。首先我要谈的是历史知识本身以及不确定性的重要性。

1. 不确定性

大量的文学史研究致力于把知识变得更为确定和精确。作为一个总的目标，这并没有错。但是这个目标常常使得学者做出想当然的判断，或者在本来没有确定性的情况下强求确定性。实际上我们不确定的东西有很多，而且可能永远无法得到确定的答案。还有很多我们不假思索地接受下来的东西，当我们再检视一下文本证据，就会变得疑问重重。

问题在于，我们一旦对以前认为是确定的东西表示怀疑并把它们置于不确定的领域，一个文本就会变得十分难读。一首诗可以只字未变，但是我们对它的感觉却不一样了。

假设我举曹植现在最有名、最受欢迎的诗之一《野田黄雀行》（"高树多悲风"）为例。翻开任何一个曹植集的现代版本或者一部诗歌选集，注解都会告诉你这首诗讲述的是曹植的好友丁仪被曹丕处死而曹植不能给予援手，"利剑不在掌，结交何须多"。这首诗在这个历史背景下读起来很动人。（另一首首句为"置酒高殿上"的《野田黄雀行》曾经很有名，《宋书·乐志》和《文选》都分别收录。）

那么现在假设我告诉你，这首诗最早的资料来源是郭茂倩的《乐府诗集》，也就是说，在这首诗（姑且假定的）写作日期九百年以后。当然曹植的另一些诗也有同样的情况，不过《野田黄雀行》的例子和它们所不同之处在于，曹植其他每一首初次完整出现在《乐府诗集》里的诗，都曾在一些更早的资料里得到片段引用，比如类书、笺注等。但是在十二世纪初《乐府诗集》编撰之前，却没有这一首诗存在的迹象。既然曹植如此受人仰慕，诗句常常被人引用，那么为什么这首诗从未被提及呢？它收在曹植的全集里，但我们现有的曹植作品都是从更早的资料里辑录出来的。简言之，如果我们看一下文本流传的纪录，就会发现能够支持这首诗的真实性的证据，少于任何其他一首系于曹植名下的诗。

现在假设我继续告诉你，除了明代几处个别引用之外，这首诗从未引起过任何特别的注意，直到郭茂倩之后五百年，王夫之说这是曹植至今仍然值得一读的两首诗之一。但王夫之没有对此多加解释。王夫之以后，清代的评论家们开始对这首诗发表评论，但是他们都没有把这首诗和丁仪的情况联系起来读。他们认为诗中黄雀乃曹植自喻。直到十八世纪中期，我们才开始看到对这首诗的阐释发生倾向于现代阐释的根本变化，朱乾的《乐府正义》和张玉谷（1721—1780）的《古诗赏析》都提到此诗乃"自悲友朋在难，无力援救"。然而，即使在这两本著作中，论者也没有具体说明在难的友朋是丁仪。但无论如何，这首诗的现代解读是到十八世纪才开始初现端倪的。

把这首诗视为对丁仪入狱发出的感慨，是一种令人满意的历史故事，这种故事使得全诗顿时神采飞扬；一旦做出这种阐释，每次这首诗被收入选集，这种阐释都会被重复，而这首诗也确乎常常被收入选集。可是，我们必须认识到：这首诗的现代标准阐释，直到这首诗的传说写作日期的一千五百多年后才出现，而这首诗乃暗指丁氏兄弟命运的具体历史性阐释，则到更晚才出现。

在此我要申明：我不是说这首诗是伪作。我只是说，和曹植大多数诗相比，这首诗的真实性特别缺乏足够的文本证据（更何况曹植的很多其他诗，我们也有理由去怀疑）。我也不是说，这首诗一定不是为了丁仪下狱和处死而作；我是说，这样的阐释，除了看似可信和具有吸引力之外，没有任何证据。我们在此看到的是一个很常见的过程：有人为一首诗提供了一种吸引人的阐释；这种阐释大受欢迎，最终仿佛成了这首诗本身的一个组成部分；为了让这种传统阐释成为可能，现代学者甚至做出种种企图调整作者传记的举动。换言之，这是为了产生想要的结果而整合证据。

在曹植诗的例子里，我们看到一首真实性值得怀疑的诗和一个值得怀疑的阐释背景。我们该怎么办呢？我们是不是从所有诗选中去掉这首诗呢？这是一首好诗，这种阐释使这首诗很有感染力。如果学者们欣赏一首诗，也喜欢传统的阐释，他们常常试图证明这首诗是真的，传统的阐释是对的。这种态度是错误的。处理这些问题的时候应该胸无偏见，也没有什么想要竭力证明的东西。在很多情况下，就像是曹植《野田黄雀行》这种情况，我们既不能证明这首诗一定是曹植所写，也不能证明这首诗一定不是曹植所写；既不能证明通行的阐释是正确的，也不能证明通行的阐释一定是错误的。我们必须学会接受不确定性。

不确定性和怀疑是有区别的。怀疑会竭力搜索证据。怀疑总是在寻求确定性。不确定性是一种我们不得不接受的情况。与不确定性相关的是概率和可能性。这不是说一切都是不确定的，我们当然确知很多东西，但是我们需要回过头去重新检查现有的证据。

当我们寻找概率和可能性而不是证据的时候，出现了新的问题。我们必须尽可能地查看文本流传的物质条件和文本生产的社会条件。我们要问一个文本是怎样流传下来的，而关于现存的文本，我们要问一问，我们是怎样以及何时开始认为一些文本比另一些重要的。我们要研究文本的物质性流传，资料来源的质量和性质，异文，关于作品质量的判断是什么时候做出的，以及某些阐释是什么时候做出的，等等。我们还要问作品当时是如何流传的。这些问题的提出，常常会改变我们理解一个文本的方式，有时还会从根本上改变我们的理解。

2. 后代如何决定我们对前代的理解

我们无法直接接触到文学的过去，我们与它的接触经过了前人的中介。当我们开始检视文学史中的历史，我们常常会看到前人留下的痕迹。

基于很多原因，五世纪和六世纪初——宋、齐和梁三代是一个重要的时期。它的重要，是因为我们对中国早期文本历史的了解大都是经过这个时期的编撰活动传下来的。他们构造了经典，决定了什么是重要作家和作品；而且在很多情况下看来，他们或者决定什么文本被保存，或者通过特别注意某些文本而给予这些文本一种"生存优势"。这些南朝文人有修养也有学识，为北朝后期文化建设设立了标准。南朝和北朝的确存在相互的文本交流，但是几乎没有人会否认南朝建康的文学团体是建构唐前文学传统的中坚力量。

我希望我们都来问一些这样的问题：我们确知什么？不确定的东西的概率是多少？我们的知识是如何被别人的判断所中介的？

让我先举一个简单的例子，然后再谈一个更复杂的例子。当我们谈到诗歌的历史时，我们倾向于集中在汉、魏和西晋的五言诗上。虽然有一些著名的四言诗，但这个体裁被认为是比较不重要的。而当我们察看保存下来的早期诗歌时，五言诗的确处于主宰地位。

除了阮籍全由五言诗组成的《咏怀诗》以外（有几首真伪可疑的四言诗），魏和西晋我们似乎只有两个比较完整地保存下来的别集：嵇康集和陆云集。因为其他诗人的别集往往是全部或者几乎全部由已知资料里引用的文本组成的，这些文本来自选集、类书、评注等。然而嵇康集和陆云集本身就是他们现存作品中很大一部分的唯一已知来源。

与这个时期其他诗人相比，嵇康集和陆云集有另一个明显的特征：他们的诗很大一部分都是四言诗——嵇康一半以上的诗以及陆云几乎所有的诗。很偶然的，我们也有几卷从初唐时期的庞大总集《文馆词林》里保存下来的四言诗，这些四言诗有很多是这个时期的著名诗人写的，没有保存在其他地方。

这表示，四言诗在魏和西晋比文学史通常所承认的要重要得多。我们对公元三世纪诗歌史的认识，似乎被刘宋以后对五言诗的偏爱彻底歪曲了。除了我们现有的完整别集之外，保存下来的四言诗和它们在当时的实际写作数目完全不成比例。正因如此，我们现有的这个时期的诗歌史描写的不是魏和西晋的诗歌世界，而是五、六世纪人眼中所看到的诗歌史。

下面讲到较为复杂的一个例子是《古诗十九首》。

早期古诗中可能没有比《古诗十九首》更重要的代表了。大家都知道它们最早出现在《文选》中。除此之外我们还知道些什么呢？我们知道陆机在三世纪后半期模拟了十四首无名氏的"古诗"；那十四首"古诗"有十二首作为"古诗十九首"的一部分出现在《文选》里。陆机有十首拟作跟原作极为相似，以致我们可以肯定地说：即使陆机看到的"古诗"原作不是与《文选》版本完全相同，至少也有与之十分相近的版本。我们知道陆机的弟弟陆云提到过陆机对"古五言诗"的兴趣。《世说新语》曾提及古诗中之"最佳"，虽然我们不知道这指的是一个特定的集子还是一般意义上的"古诗"。我们知道，无名氏古诗作为一个整体的集子出现在六世纪初期，《文心雕龙》和钟嵘《诗品》都曾提到，而且我们从钟嵘的评论里获悉这些在当时流传的"古诗"共有五十九首，因此我们现有的只是原来"古诗"整体的三分之一左右。

萧统是如何从当时流传的五十九首"古诗"里选出十九首的呢？我们当然可以很容易地说他"选了最好的"，但是整个过程似乎更为复杂，有赖于他人的判断。钟嵘称赞陆机模仿过的那些诗和另外三首诗。萧统则从陆机模仿过的十四首中选出十二首，钟嵘称赞过的另外三首中的两首，以及《世说新语》中作为古诗之"最"而单独列出的那一首。换句话说，仅凭我们有限的资料，我们也能看到十九首中的十五首是如何被挑选出来的。这里最有意思的是，陆机的拟作显然变成了选择的标准。

更能说明问题的是钟嵘对被排除在外的四十首诗的评价。他称它们为"总杂"，这个词暗示了伪作的可能，似乎掺杂进不够"纯粹"的古诗材料。换言之，六世纪初人们对无名氏古诗"应该是什么样子"的感觉，以及陆机拟作给某些"古诗"带来的殊荣，这共同造就了我们现有的《古诗十九首》。

曾经一度有五十九首无名氏的诗一起流传于世。早些时候这些诗一定因为看起来好像属于同一个类型而被组合在一起；但到了六世纪初，其中一些诗被视为"总杂"而遭到排除，另外一些则得到保存。我们要问的是：导致这种区别的因素是什么。在此锺嵘又帮了我们一个忙，他告诉我们：他的一些同时代人认为无名氏古诗作于建安时期。锺嵘本人希望这些"古诗"属于西汉，这样一来它们就可以作为当时刚刚发展起来的五言诗史的一部分。这里我要补充一句：我们没有任何证据表明无名氏的古诗早于建安时期。这不是没有可能，但这是不确定的。

就我们现有的证据来看，以下的情况是可能的：也就是说，曾经有五十九首诗在一起流传于世，其中有一些看起来好像是知名作者创作的建安诗歌，有一些则不一定看起来是属于那种类型的。锺嵘和萧统选择了那些最能支持"古诗早于建安"这一主张的诗作，剩下的便是所谓的"总杂"。这是一种可能的情况，可以拿来解释我们现有的文本证据。但是我们不能完全确定这种情况的真实程度。所有的"古诗"可能都来自早于建安时代的东汉时期，也可能是建安时期才创作的，甚至有可能是魏代创作的。

我们在此所确知的，就是重新审视文本证据带来的不确定性，这种不确定性最终瓦解了标准的文学史叙事，因为标准的文学史叙事认为无名氏古诗最早出现，而且早于建安时期（人们已经基本不再相信所谓"李陵苏武诗"的真实性）。当然了，六世纪的建康学者们可能不是完全没有道理，但是他们如此叙事自有其动机，我们对之也十分了然。传到我们手里的文本证据，早已被整合过了。

这个过程很常见。后代都是根据他们自己对于过去"应该是什么样"的观点进行整理、保存和编辑的。我特别喜欢的一则轶事是关于北宋学者宋敏求如何编撰孟郊诗集的。宋敏求告诉我们他在编撰过程中使用了哪些抄本，又如何把这些抄本合并在一起，最后补充说，他剔除了那些"体制不类［孟郊］"的诗。我们现在读孟郊诗，发现孟郊的风格果然具有惊人的一致性，但我们不知道这应该归功于孟郊呢，还是应该归功于宋敏求。

3. 历史主义

如果我强调《古诗十九首》很可能是建安时期的产物，却被后人挑选出来以代表早于建安时期的东汉文学，这样的论点往往令人感到不适。这里有一个很有意思的问题。我们每个人都知道庄子寓言中"朝三暮四"的故事：猴子不满于"朝三而暮四"，却为"朝四而暮三"感到高兴。没有任何实质上的变化，但是态度不同了。即使《野田黄雀行》不是曹植写的，或者是曹植写的但不是针对丁仪入狱而写的，诗本身都不会有任何改变。即使《古诗十九首》作于建安时代或者魏代，它们仍然是我们喜欢的那些诗。那么问题是：为什么把一个文本定位于一个特定的历史时期或者一个特定的文学史时期看起来如此重要？

我们对文学史的叙述不仅仅是简单的历史知识。一个文学史的框架是我们理解和欣赏一部文学作品的基本组成部分。文学史的自相矛盾之处就在于，在很多文化里，文学史本身就是文学史的一部分。这是说作者和读者是在对写作和阅读来说都不可或缺的假想文学史叙事之中写作和阅读的。如果你读一首唐诗，或者一首伊丽莎白时代的十四行诗，知道或至少相信这首诗作于唐代或者作于伊丽莎白时代对阅读体验来说都是必需的。如果你发现这首"唐诗"实际作于明代，或者那首"伊丽莎白十四行诗"作于二十世纪三十年代，你会觉得受骗上当，但更重要的是，这会深刻地改变你对文本的理解。诗本身没有任何变化，但是你理解诗的方式却改变了。

那么文学史家面临的问题，就是对本质上受制于文化语境的现象做出叙述，这一叙述随时代不同而改变，必须能够容纳差异和变化。一种危险就是文学史家仅仅重写一遍大家都已经知道的老生常谈。在另一个极端，如果一部文学史太过新颖和激进，它也不能发生效力，因为它不符合读者在阅读文学作品时获得的体验。有些文学史遵循一条中间路线，更新某些内容，但大体上仍然复制标准叙事。

我认为，唯一能够真正解决问题的方法是理论性的，而且必须以理解"史中之史"作为开端。文学史不能只是，也不可能只是，现在对过去一个特定时期的"客观"叙述；一个历史地建构起来的文学史版本正是我们理解文本的形式。我们必须审视那些对我们熟悉的叙事构成挑战的证据，审视那些使我们熟悉的叙事变得复杂化的证据。

总的说来，我们阅读早期文本常常是为了确认我们想要相信的东西，忽略那些挑战标准叙述的文本。学者们喜欢七世纪中期的诗歌选集《河岳英灵集》，是因为它与现代的盛唐诗经典有某些相似之处。相比之下，我们对编撰早于《河岳英灵集》但完成较晚的《国秀集》关注较少，是因为它看起来比较不像我们现在所熟知的那个"盛唐"——《国秀集》收入诗歌最多的诗人是现在没有人读的卢僎。这种现象不限于一个时期、一部选集。我们发现，半个世纪之后刘禹锡在谈到本朝诗歌时提到的不是"李杜"而是"卢杜"（卢可能指卢象），但是刘禹锡的"卢杜"说法基本上被忽视，因为这不符合我们想要听到的文学史叙事。

我喜欢探察文学史上的一些蛛丝马迹，它们提醒我们过去的人做出的价值判断和现在如何不同。至少对某些人来说卢僎曾经是一位重要的盛唐诗人——记住这一点对文学史家十分有益。我们还知道在公元九世纪，杜甫已经是公认的伟大诗人，但杜甫一共写了1400多首诗，在这1400多首诗里，很少有人问一问当时的人读的都是哪些诗。九世纪中叶前后，顾陶编撰过一部庞大的《唐诗类选》，这部选集已经佚失了，但是在一部南宋笔记里，我们看到入选杜诗的列表，在当年顾陶所选的那二十七首杜诗中，只有三首是我们现在还经常阅读的。

中国文化一直都是富于历史主义意识的，这一点和欧洲是一样的。但是，南亚和印度文化则不是这样，他们对于历史叙事毫无兴趣。这提醒我们：很多我们认为理所当然的东西不一定具有普遍性，就连非常发达的文明也是不同的。这里，让我解释一下"历史主义"这个词的含义：所有的文化都有历史，但"历史主义"指的是对任何特定现象的理解总是要求把这一现象放置在一个在时间上具有连续性的文化叙事里，而且通过这一特定现象的具体历史性对之进行理解。历史主义者总是尽可能地确定所有现象和事件在一个大叙事中的发生时间与地点。

4. 文本的流动性

历史主义需要一首诗保持它在某个特定历史时刻被创作时的原始面貌。如果你知道这一点——或者至少相信你知道这一点——那么历史主义的机器就开始运作了，它为你提供从大到小各种历史语境和历史背景。但如果我们所拥有的文本和作者写下的文本十分不同又该如何呢？如果词语改变了，部分内容被删除了或遗漏了，又该如何呢？如果流传的作品只代表了作者全部作品的一个侧面，又该如何呢？

像世界上大多数其他文学文化一样，在中国，长期以来学者们一直以为经过学者校勘的印本与手抄本文化时期的文本模式基本相同。过去三十年内的欧洲手抄本文化研究彻底推翻了这样的观点。文本抄写者常常出错，有时则对文本做出有意的改动，或者只抄写他们喜欢的文本。那些抄本又被别人抄写，如此类推。如果被抄写的文本是儒家经典，人们会格外在意抄本中出现的错误，这是公元九世纪人们再次雕刻"石经"的根本原因之一，也就是树立一个稳定不变的权威性经典文本。过去的人们对儒家经典烂熟于心，因此见到一处异文就会立即把它视为错误辨认出来。但是如果不是儒家经典而是诗歌，那么除了《文选》和《楚辞》之外，北宋中期之前无所谓详细的校勘考证，人们都把自己手头的版本视为正本。

对于手抄本文化、异文的产生以及编者出于意识形态需要做出的正文选择，田晓菲教授已经做过大量研究，我在这里就不深谈了；我准备谈一谈手抄本文化中文本流动性的另外一个方面，即"小集"的生产——我们也可称之为"选集"——以及它是如何影响我们对唐诗的理解的。

学者们常常以为唐代的诗歌爱好者可以接触到著名诗人的全集。关于唐集的信息大多来自编撰全集时的编者序。我相信皇家图书馆和一些私人藏书家存有全集，但是现有证据显示：著名诗人的作品主要通过他们的作品选集也即"小集"在世间流传，读者对次等有名诗人的接触一般来说都是通过总集。那么诗人"小集"是怎样编选出来的呢？编选过程也不是像现在那样，因为确认各种选集都必须包括的"名篇"是一个漫长的历史过程；唐代当然也有一些"名篇"，但是大多数由私人抄写编撰的诗人"小集"都代表了抄写者的个人取舍标准。在保存于敦煌的大量文学作品中，没有什么是类似诗文全集的；而且除了王梵志以外，只有一个集子不是多人选集而属于一个单另的作者，那就是高适。在唐代，人们读唐诗是因为乐趣与爱好；当你出于乐趣与爱好（而不是出于研究目的）读诗并且抄写副本时，你只抄写那些你喜欢的诗。

当宋代开始整理唐代文学遗产时，他们手头只有那些从黄巢起义到十世纪中叶政治局势开始稳定下来的灾劫中幸存下来的抄本。现有证据显示：在大多数情况下，他们只有作者全集的一部分，他们是通过合并这些"小集"才编撰出我们现有的作者全集。

李商隐诗集编撰史给我们看到一个好例子。李涪在约成于公元十世纪初的《刊误》中激烈地批评李商隐："商隐辞藻奇丽，为一时之最，所著尺牍篇咏，少年师之如不及，无一言经国，无纤意奖善，惟逞章句。"现代读者可能很难理解李涪怎么能如此评价李商隐的整体诗歌。回答很简单：李涪可能根本没有看到李商隐的全部诗歌。他看到的很可能只是李商隐"小集"，而"小集"中的诗作正好是按照李涪所谴责的特质——"无一言经国，无纤意奖善，惟逞章句"——所编选出来的。我们有关于杨亿如何重建李商隐全集以及在此过程中他对李商隐的理解又是如何变化的记录。如果没有杨亿对发现李商隐诗歌新抄本所做出的努力，我们现在对李商隐的印象可能会大不一样。流行的李商隐集不断增长丰富，杨亿的定本只是现在李集的三分之二。

由于唐代一些主要诗人的声望，他们的作品保存得相对比较完整，但我们应该记住我们对唐诗的了解有赖于五代动乱中偶然幸存下来的手稿，以及按照九、十世纪的口味编撰出来的诗人选集。

多亏杨亿，李商隐才成为一个主要的唐代诗人。让我再举一个诗人和他的一首诗为例，如果这首诗幸存下来的话，一定会出现在每一部唐诗选集中。

与其说李绅（772—846）写了与《莺莺传》相配的《莺莺歌》，或者不如说元稹写了与李绅的《莺莺歌》相配的《莺莺传》。实际上还是李绅选择以莺莺的名字"命篇"的，元稹只是称其为"崔氏"而已。但时至今日，《莺莺歌》已经佚失了，只有一小部分因为被纳入《西厢记诸宫调》才得以流传下来。李绅是"新乐府运动"和元和时期诗歌革新运动中的重要人物，他应该是一个活跃而且有趣的诗人，但今天很少有人知道他，他流传下来的作品也大都枯燥无味。这是怎么回事呢？这看起来像是一个历史的意外。李绅现存诗作绝大部分来自他题为《追昔游》的一个集子，这个集子里的诗作于838年，当时李绅已经进入晚年。这些诗相当平庸，然而李绅现存的诗就是由这些诗再加上总集里保存下来的少数诗篇组成的。

在李绅身上，我们看到一个名声在很大程度上依赖于历史偶然性的诗人，他那些回忆早年经历的诗碰巧幸存到北宋，又流传到后世。我们知道他在年轻时代写过一些与此很不相同的诗，但我们现有的只是一些断简残篇。

我们当然只能研究幸存下来的文本。但是如果我们还拥有烧毁之前的梁代宫廷图书馆藏书或者唐代宫廷图书馆藏书，文学历史一定会大为改观。即使我们对文本存亡无能为力，我们还是应该记住我们丧失了什么，也应该记住文本遗产又是如何被后代塑造成型的。

5. 结论

上面提到的每个例子都只是中国文学史全景中很小的一部分。但当局部发生变化时，文学史整体也渐渐开始改观。这样一来，我们所失去的是旧有的文化叙事带来的稳定感，在旧有的文化叙事中，每个作者都有其固定的位置，有一系列"主要作者"和"名篇"代表一个时代。现在，历史变得复杂和混乱，价值观念的变化把新作品引入我们的视野，也让我们以不同眼光重新审视老作品。

中国文化和文学批评传统需要强化而非减弱历史主义精神，这种强化需要我们提出新的历史主义问题。

我们只是失去了那个旧的文学史叙事作为确定历史的性质。其实那个叙事本身应当变成文学史的一部分。我们几乎可以肯定曹操不是在赤壁之战中创作《短歌行》的，但这个形象和这个故事仍然很鲜明；我们不确知曹植是不是为了丁仪之死而写作《野田黄雀行》，虽然这仍不失为一个好听的故事——甚至可能是一个真实的故事。换言之，晚清和二十世纪对古典的阐释应该是文学史叙事的一部分，但不应当是我们天真地相信的历史。

当我们用崭新的眼光看待过去时，很多被视为理所当然的现象又变得有趣起来。当我们得知传统叙事是如何被后人创造出来的，我们就可以回过头去问一问：一个文本在刚刚完成并开始流传时是如何被当时人所接受的。以王维为例，对大多数读者来说，王维的《辋川集》可由《唐诗三百首》所选录的两首绝句《竹里馆》和《鹿柴》作为代表，从此可以衍生出很多关于禅学的讨论：在传统文学史叙事中，人们认为王维的诗代表一种佛教的观点。但让我们问一个不同的问题：这两首诗最早是什么时候从整个《辋川集》中挑选出来并收入各种诗歌选本的呢？这样一来，我们就发现了一种很不一样的叙事，这种叙事从明代中期开始，在那时，把诗歌和禅学联系在一起已经有很长一段历史了，而王维也早已和禅学紧密联系在一起了。当我们看到这一点，我们就发现了一种类似"朝三暮四"的态度转变。《竹里馆》和《鹿柴》可以代表王维对禅的兴趣，因为诗歌选本的编者早就相信这种兴趣对王维来说是至关重要的。

这不是说《竹里馆》和《鹿柴》不那么重要，这只是说它们的重要性和后代的文化史密不可分。这促使我们回过头去重新检视作为整体的《辋川集》，而且检视它最初的流传形式，也即与裴迪的同题唱和诗一起流传时的形式。然后我们可以问一些简单的问题。这些诗在公元八世纪中叶的长安读者眼里看来是什么样的？"鹿柴"到底是什么？（所有对鹿的习性有所了解的农夫或园丁都知道这个问题的答案，研究唐诗的学者却往往不见得知道——虽然这种知识对于我们理解和欣赏这首诗至关重要。）王维为什么用那么多只能在字典里才能找到的不常见词汇命名别业的各个景点？为什么一个只见于谢灵运山水诗里的地名会突然出现在王维的辋川别业中？同时代的其他人是怎么描写别业的？他们又是怎么给别业中的各个景点命名的？裴迪和王维的诗如何互相映照生发？这一下，我们突然看到很多崭新的问题、很多有意思的问题。这些也都是简单的问题，但简单的问题往往是最难提出的。当我们提出这样的问题时，《辋川集》就突然呈现出一种完全不同的风貌。

我在前面提到，顾陶《唐诗类选》中选录的杜诗大多不是后来杜甫最为人所知的"名篇"。我们可以问一问：为什么顾陶——唐代最严谨的唐诗编选者——选了那些诗？宋人自有一套价值观念，塑造了后代对杜甫的理解，但是《唐诗类选》促使我们在阅读杜甫时采取不同的价值观念。至少有一首诗，宋人及宋以后人可能不喜欢，但那真是一首好诗。对一个文学研究者来说，最艰巨的任务就是忘记我们相信自己早已知道的东西，并带着一些基本的问题重新审视文学的过去。一方面，我们可能会印证我们以前的很多信念；另一方面，文学史也常常会呈现出新的富饶。

（田晓菲 译）

关于“文献学” *

* 本文为作者 2015 年 9 月在北京
  大学举行的“中国古典文献的阅
  读与理解——中美学者对话国际
  学术研讨会”上的发言。

会议发言需要简洁明了，因此我在发言稿中略去了具体事例和详细论述。我不会涉及先秦文献的特殊问题，而将集中于东汉以降的文本传统。

我希望中国学者不要再把海外汉学研究视作"理论"。海外汉学有一个源远流长而且依然精力充沛的文献学、考证学传统。我最初就是在这一传统中接受训练的。当前的海外汉学与中国本土实践的不同，与"文化差异"毫无关系：十九世纪和二十世纪初期欧洲的文献学、考证学实践与中国当下的研究实践基本上一模一样。然而，已经一百多年过去了，时至今日，欧洲文献学、考证学的实践已经全然改观。海外汉学和本土汉学之间的差异是历史的，而非文化的。

中国的文献学和考证学是传统文学史的仆人。它们所提出来的问题，都是文学史家想知道答案的问题：哪个文本是最好的文本？作者是谁？典出何处？何时所写？怎样把它放回到创作时的历史语境里进行考量？这些问题，如果我们可以对之做出具有相对确定性回答的话，都可以算得上是好问题。但是，这些问题基于这样一个预设：一个文本写成于一个特定的历史时刻，出自一位单一的作家之手，有一个可以被重构的语境或背景。遗憾的是，这个预设并非总是可以成立的。

我坚信文献学和考证学是第一位的，文学史家的工作应该建立在文献学和考证学的研究成果之上。文献学和考证学必须是独立的，而且遵循严格的标准。文献学者和考证学者提出的问题，不应该来自文学史家的问题，而应该来自特定文本的性质。上面提到的那些常规问题都基于一个相同的预设，并且看起来总是提供质量划一的答案，而这正是传统的文学史所需要的。但是，一种独立的、具有思考性和批判精神的文献学会对文献传统做出迥然不同的考量，并会要求文学史家据此提供一种不同的文学史。

换句话说，这是一个谁服务于谁或者谁处于首位的问题：文献学不应该服务于现有的文学史，一个新的文学史应该是建立在文献学的发现上。

"哪个文本是最好的文本？"这样的问题似乎暗示所有"最好的文本"都是同一类型的。然而，欧阳修散文作品的"最好文本"，与杜甫诗歌作品的"最好文本"，意味着截然不同的东西——前者有清楚的流传脉络可寻，甚至可以追溯到作者本人，后者却只有经过宋人编辑整理等种种中介行为之后的形态面貌；而它们二者又都不同于一个六朝文本的"最好文本"：一个六朝文本可以仅有单一的资料来源，也可以具有多个早期资料来源，而那些凡是具有多个早期资料来源的文本往往就会呈现出很多异文。此外，还有一些在不断地具体使用中经常发生变更的文本，比如词的文本。在西方对写本传统的文献学研究中，这些问题都是已经得到普遍认识的问题，而且，不同文本的不同性质本身已成为文学史叙事的一部分。

"作者是谁？"文学史学者不仅想要一个简单的答案，而且他们还想要一个可以用来支持他们固有观点的答案。这种愿望，是文献学者在进行考证时应该极力抵制的。如果一首诗在某个早期资料来源中被系于萧统名下，一些文学研究者往往会弃之不顾，而心甘情愿地接受萧纲的署名，以避免与他们心目中的萧统形象发生冲突。换句话说，就是修改或压抑文献证据，以迎合自己希望得出的结论。

诗和词经常从一个作者流转到另一个作者，我们往往无从知道究竟是"谁写的"。周邦彦词的 1180 年本共收有 182 首词；1211 年本则只收有 127 首，还有一篇刘肃作的序，称他删去了所有伪作。但是，刘肃的判断标准是什么？当代学者都遵从刘肃的判断。幸好在周邦彦的例子里，两部宋本都留存下来，这是相当罕见的情况。如果我们阅读那些被删除的文本，会看出刘肃删除的其实反而是那些与周邦彦同时代人写法更为相近的词作。与萧统的例子相似，这个事例也极具典范性：编者根据他心目中周邦彦"应该"写过何种作品的固有观念编辑周邦彦词集，这个词集的文本恰好证实了他的原有观念。

"典出何处？"虽然李善对他所注释的文本做了正确的处理，但他的影响对于其后的中国笺注传统来说是灾难性的。直到今天，很多笺注家们依然学着李善的样子给一首诗中的典故找出"最早的出处"——即使这首诗所指称的显然不是典故的原始出处，而是另一首前人的诗，而那首前人的诗所指称的才是最早的文本出处。如果我们看到的是典故的真正出处，它会令人对被注的文本感到豁然开朗；但如果笺注者给出的是"最早出处"，那不过是一个跑题的学术练习。

这里顺带提到学界有时存在的一个相当疯狂的预设，也就是认为我们仍然可以看到一个古代作者使用和称引的所有文本资料。对阮籍《咏怀诗》其二十（"杨朱泣歧路"）的注解就是一个很好的例子。对"赵女媚中山，谦柔愈见欺"这两句诗，笺注者通常会给出两则材料，但二者都不符合诗意的上下文，而且都要求读者对诗句的自然语义做出生硬的扭曲。似乎没有人愿意承认，此处阮籍显然用了某个具体的故事，但那个故事已经佚失了。学者们有时候想象唐前的作家拥有清代规模的藏书或者守着一个现代的图书馆，或者他们都早已经把类似的图书馆藏书记诵于心。这是非常不现实的。而且，唐前也有我们今天已看不到的类书、书钞、某一特定主题的总集。那时候的人们对书籍文本的体验与我们迥然不同。

"何时所写？"这是编年者的痴迷。我们当然可以为那些广为人知且有稳定文本的作家做出相当好的编年，然而，也有记载不甚完备、作品归属不甚可靠的作家，记载非常不完备、作品归属非常不可靠的作家，更有除了一个名字之外什么历史记载都没有留下、作品归属完全不可靠的作家，等等，所有这些都要求我们针对不同情况做出不同处理。但是，证据越脆弱、问题越多，试图为作品系年的学者就越是展现独出心裁的智巧。我们看到令人头晕目眩的学问，但若考量其总体论述，通常是站不住脚的。

在这里我们可以考察一下三段推演式的论述，也就是说采取以下形式的论述："如果甲为真，那么乙就为真；而如果乙为真，那么丙就为真。"这个论证链可以很长，但这种三段推演论证的问题在于，它的强度仅与其最薄弱一环的水平相当；而一般来说往往会有一个甚至多个薄弱环节。

对中国文献学、考证学和历史学最具有破坏性的力量，恐怕正是所有人都视为理所当然、未经检视的"知识"。当一个学者检视"知识"的一小部分并证明它的虚假，那么建立在这一小小部分之上的所有其他论证都将受到冲击。很多人相信李清照《词论》是她的早期作品，因为其中没有提到周邦彦；但是，如果周邦彦在徽宗的大晟府中并不是一个突出的人物，那么这一论述将无法立足。断裂的环节会把通过它连在一起的链条一根根崩断，这些链条构成的证据网上开始出现越来越多的巨洞。

"怎样把它放回到创作时的历史语境里进行考量？"即使是考虑那些确实写于某一已知的历史时刻的文本，也存在很多问题。问题通常来自缺乏历史主义精神的后设观点，以为中华文明既然具有延续性，也就意味着单一的、不变的统一价值观。文本总是被放在政治大事的背景下，那些政治大事容易知晓；而不是被放在局部和具体事件的背景下，这些事件不容易追寻。在宋代以前对王朝的耿耿忠心并非普遍认可的价值等，诸如此类。

很多文本和文集都随着时间的流逝逐渐地演变"进化"。我毫不相信现在传世的柳永词集里收录的都是柳永词的"原作"。很多词作的面貌已经在歌伎反复使用的过程中更改，"柳永"只不过是一块吸引某类词作的"磁铁"而已，而吸附到他名下的词作类型也随着百年之中"柳永"形象的改变而变更。

宋前别集之传世者大多只是"小集"，经过了抄写者出于个人动机所做的删选。公元十世纪，李涪这样评论李商隐："无一言经国，无纤意奖善，惟逞章句。"李涪这么说，大概是因为他看到的只是一个李商隐"小集"，其中收录的恰恰是因"逞章句"才入选的诗。只有在杨亿经过多年搜求拼凑出一个相对完整的李商隐集之后，我们才看到那个我们今天所熟知的李商隐。但是，绝大部分的唐代文学都不曾受益于像杨亿这样的人。

如果我们能以不同的方式、带着更多的批评精神使用现存文献，我们就可以从文献中学到非常多的东西。如果我们可以这么做，那么中国文学史的很多内容将不得不进行重新估量。我们这个领域其实处在一个激动人心的时代——不是因为"理论"，而是因为我们可以从"文献"中得到的新知。

（刘晨 译 田晓菲 校）

下江南：关于东晋平民的幻想 *

* 本文初稿曾在哈佛大学 2005 年 5
月田晓菲、普鸣（Michael Puett）
主持的"东晋工作坊"上宣读。
原文收入王尧、季进编，《下江
南——苏州大学海外汉学演讲
录》（上海：复旦大学出版社，
2011），页 27—41。

"东晋工作坊"选取"东晋"作为主题，是从历史中截取一个片段。这种截取工作的价值在于，那些通常在历时的关系中被理解的文化现象，可以被投放到共时的关系中来。这会让我们洞察到当前按"专业领域"划分的学术研究通常所未见的共同的文化现象。但是，任何一种对历史的截取，都倾向于忽略那些难以确定时代的材料，还会漏掉一些属于"想象的东晋"的材料，它们可能主要从"东晋"自身取材，但是混合了后世的材料而有所变形。在热衷于为作品做出准确系年或者至少为材料进行历史化定位的文化里，这样的材料昭示出一副"永恒不变"的姿态。

　　此种对多少处于历史外部的文化世界进行切片分析的观念，在这个语境里显得很有意思。我们可以相信，一种真正的历史主义在公元五世纪后半叶至六世纪前半叶的中国开始显形——那时的学者开始发现，不同的历史时段具有其独特的性质，需要与之相应的一种复杂的文化叙事。于是，他们超越了"古"与"今"的基本的二元关系或者说从简单到繁复的转变；他们相信发展，并关注新变。过往的一切变为一幅遍布差异的地图，透过它，他们讲述了一个文化变迁的叙事。此种历史主义同十八世纪下半叶德国出现的历史主义的基本设定具有惊人的相似。

　　真正的"历史主义"的出现是一个文化中的重要事件，此类事件总是和一定的利益配套而生，其中包涵了被否定的或者被压抑下去的概念。我们考察一下德国的例子（及相关联的英国的例子），就会发现在有些文化里，这种关于"历史"的新意识密切地关系到对某些特定文化的叙述，在那些文化里没有同样意义上的历史。只要一些社会被视为是具有历史性的，绑定在按照时间顺序发生变化的故事之中，相应地，就有一些社会看起来是"永恒不变"的。

　　十八世纪德国的历史主义假定出各种各样的对历史的否定——上古的原始社会、一些被视为"原始"的当代社会、农民的社会，都被视为处在历史变化之外，而历史变化似乎是精英的西欧社会的标志性特点。[1]很多关于这种永久不变的"传统"社会的论断在十八世纪末十九世纪初的欧洲首次出现，至今仍然流行。它们是历史的"他者"。但是，我们最好将其理解为

---

[1] 这里应该再补充一个关于中国的特例，这一时期的欧洲把中国视为古老的、静止不变的社会。

历史主义自身的一个功能：历史主义需要它的否定物——以这个不变的世界形象为参照，才能清楚地说明它自身的那个发展与变化的世界。同那些更"文明化"的社会相比，这些没有变化的社会通常被描绘为更"自然"的，因此观察它们的人对它们既怀有优越感，又感到羡慕和向往。这就是席勒的"素朴说"（naive）与"感伤说"（sentimental），自十八世纪末问世以来，这个二分法一直为人津津乐道，以各种形式出现。

最终，人类学家认识到，现存的"素朴"社会的成员并不素朴，而且有时他们说出的是"高级文明"的代表所期待听到的东西，这时候"素朴"者相当狡黠，一点都不朴实。

历史主义的出现总是伴随着一种对"永恒不变""自然"以及"素朴"的嗜好——这个假说可以在我们考察六世纪时期中国的历史主义中得到支持：文化"历史"的出现，会引发对于某种似乎外在于历史的文化领域的兴趣。

对于六世纪初的贵族阶层而言，南方的文学文化是有历史的，从玄言诗的时代到山水诗的时代，再到声律的发现，再到"宫体"；但是，生活在都城周边的庶民的诗歌世界——"吴声歌"（暂且不论它最初指曲调还是歌词）的世界，似乎却一直保持着北方贵族初到南方时的样子。保存在《乐府诗集》中的南方音乐资料说，《子夜歌》是"晋、宋、齐辞"。

"晋、宋、齐辞"这个表面上看起来很简单的称谓值得思考。它可能是北宋末年郭茂倩编纂《乐府诗集》的时候加上去的，但是，考虑到郭茂倩十分忠实于他的资料来源，这似乎不太可能。这是一个很特别的称谓，因为在唐代以前的其他资料里，历史都被具体化到一个单独的朝代名称（不论"汉"与"南齐"这两个朝代在其时间跨度上有多大差别）。我们可以从这个称谓推出两个结论：第一，这些歌词被汇集的时期是在梁或陈，当时把这些歌词视为笼而统之的南方"古辞"。第二，这些歌不属于贵族的文化史，因为贵族文化史极其关注晋、宋、齐之间的区别。[2] 这种数百年的跨度，同乐府资料里企图把某些歌曲类型的历史起源固定下来的尝试（通常是固定于东晋或刘宋）形成了有趣的对比。我们将会看到，《子夜歌》的源头只能被定位在东晋，所谓的"有鬼歌之"。但是，一旦出现，它们似乎就从此存在于历史之外。

[2] 我们有理由猜想，这些作品及其产生时代的判断都来源于 568 年成书的《古今乐录》，这是一份郭茂倩相当依赖的资料来源。

人们无法确定它们到底产生于从东晋到齐近两百年间的哪一个年代。

我在本文中提出这样一个观点：这些区分——在那些有历史的与那些没有历史的、贵族文化与地方平民文化之间的区分，对于贵族来说是必要的。换句话说，从北方来到南方的贵族移民需要一个想象的南方平民的文化世界，正如在社会生活中他们的生存依赖于这个世界一样。他们需要这个幻想来建构自身的文化完整性。阶级差别当时在中国已存在千年，但是，发生在西晋末年的自北向南的大规模移民生产出一批"贵族殖民者"，他们需要建构一个文化差异的剧场，来维护自己的身份。

当然，非贵族阶层的诗作被贵族阶层保存，其诸多风格与主题被贵族阶层利用，这一现象古已有之：从《诗经》及"采诗"说，再到保存了曾经一度有可能流行于社会下层的"古乐府"的曹魏朝廷。我们会问：这些南朝乐府的保存，和早期贵族阶层对非贵族阶层诗歌的嗜好比起来，到底有何不同呢？一部分答案在于少数南朝乐府被系于贵族成员名下，它们或直接把阶级差异作为主题，或含蓄地突出了对等级屏障的跨越。至少在它们所流传的框架内，这些乐府显示出贵族越界进入平民的领域（通常以城市或城郊为背景）。另一部分答案在于，这些诗歌中有很多作品把"自然"或"天然"作为主题，也就是说，贵族阶层对平民百姓所抱有的成见被内化，而且放在"平民百姓"自己的口中表达出来。

东晋与前代相比，特点是殖民政权（尽管这是一种非常特别的殖民政权）。当时的南方本土已存在自己的贵族和平民。这些群体身份因而受到威胁，而对于保持群体身份最构成挑战的方面在于两性关系、恋爱与婚姻。跨越社会等级与地域群体的通婚，对于那些想保持自身独特性的群体来说，是不受欢迎的，也是一个常见的话题。在很多文化里，贵族分子都热衷于与平民女子恋爱的幻想（社会权力加强了性别权力），贵族殖民者就更是如此。这不仅只是纳妾，而是就像英帝国所说的"（殖民者）被本土百姓同化"（"going native"），是一种戏剧性的、想象的越界进入被殖民者的世界，时常带有强烈的情色成分。本文无意详尽论述欧洲殖民者的角色扮演，但是这样的角色扮演可以帮助我们理解南朝贵族移民对江南民歌文化的幻想。

我们也可以用中国的理论术语来重述此问题。《礼记·乐记》篇说："礼别"

而"乐同","礼"把人分隔开来（在礼仪与社会中，依据不同的人的不同角色与地位）；"乐"则发挥平衡作用，弥补"礼"造成的冷漠和疏离。但是，如果阶级障碍特别严重，我们在《乐记》里所看到的礼乐的完美融合就难以实现了，于是，"乐"就可能变为一种"越界"的行为，提醒我们在越界的过程中那些界限的存在。[3] 在关于东晋音乐的叙述中，我们发现了这种贵族与庶民之间发生"越界"的情景，放在歌曲创作与表演的情境里。

[3] 我们应当谨记等级制度的尊卑差别是礼制的核心所在。
[4] 逯钦立辑校，《先秦汉魏晋南北朝诗》（北京：中华书局，1983），页878。[宋] 郭茂倩编，《乐府诗集》（北京：中华书局，1979），页1061，引《乐府广题》。注意此曲属于"杂曲歌辞"，而不属于"吴声歌"。

> 谢尚为镇西将军，尝着紫罗襦，据胡床，在市中佛国门楼上弹琵琶，作大道曲。市人不知是三公也。

> 青阳二三月，柳青桃复红。
> 车马不相识，音落黄埃中。[4]

简短的序言旨在为读者解释《大道曲》的来历，并且把它追溯至四世纪中叶的一位有名的贵族。与其说它是一则轶事，不如说它是一个场景，一个引人注目的场景：谢尚的高级社会地位得到完美的戏剧化呈现——他被安置于门楼高处，俯瞰着集市里那个遭人蔑视的世界，在那里，忙于生计的平民百姓被车马扬起的尘埃所遮蔽。在这个情景中，歌曲的平民听众隐而不见，而贵族音乐家摆出一副舒坦悠闲的姿态，衣着与姿势的细节都显示出一种入时的华丽，以及身份和地位的排场。但是，我们必须注意到，他的姿势与衣着仅仅是展示给这则轶闻的读者的，而不是展示给集市中的平民听众的——因为倘若市人看到了那个奏乐之人，一定会立即看出此人有可能真的是"三公"之一。

关于此曲，我们被告知的唯一信息——也是让这则轶事值得注意之处——在于集市中的庶民不知此曲是一个贵族创作和弹奏的。对于我们，这则轶事的读者，它展示出作曲者与其听众之间的社会距离。但是这份距离被戏剧化地呈现，只为了让我们得以欣赏市井黄埃中的听众对这份距离的无知无觉。谢尚在奏曲与演唱中，得以越界，成功地冒充庶民。这带给他欢愉——在区分身份的同时，又隐匿了这个区分。"乐同"之说果然可信，贵族读者于此莞尔：它真的发生了，尽管社会屏障那么难以逾越。然而，我们绝对不要忘了，如果谢尚走下门楼，进入集市，没有被市人认出并且没有按他的地位被待之以礼，那么，我们则会有另一个截然不同并且远非如此潇洒的轶事了。因此，让我们把《乐记》篇里面的术语用更有历史具体性的方式重述一下："惟乐可同"（only music unifies）。

音乐在这里从高处走进低处，它创造了一种表面上的和谐，逾越了被精心展示甚至被夸张的阶级分界线，无论是贵族的歌手，还是轶事的作者，都对通过音乐混入平民世界的能力感到极大的乐趣。

但是，市井庶民可能没有被愚弄。他们所需要做的无非是仔细聆听歌辞而已。这首乐府的首句那么单纯，曾以略微不同的形式出现在数首当时流行的乐府里——而这个初春时节也只是歌辞里面常见的，满是黄埃的市井里未必得以见到。随即，我们看到了车马的流动，扬起的尘埃阻碍了视线，市人既看不到歌手，歌手也看不到他们。此处的语言是含混的，没有说清楚是谁和谁"不相识"——究竟是车马里来往的市人互不相识呢，还是下面的市人与门楼上的歌手互不相识呢？在这幅拥挤的城市图像里，尘埃的隐匿容许了同一首歌的分享。这是一种和谐的幻象，只要你不用面对社会等级的服饰标志——谢尚身上穿的"紫罗襦"。歌曲最后又唱到了它自己，告诉听众它究竟来自哪里，如何从在各种意义上都高高在上的歌手那里"落"下来。歌曲精辟地总结了这则轶闻，暗示了贵族与庶民之间的界限，以及一个视野模糊的世界，在这个世界里，界限可以被穿越。

这首歌曲，连同关于它的轶事，都把一个社会界限及其被模糊的时刻作为主题。这是取悦贵族读者的轶事，他们对于自己既能够和庶民分享音乐又可以和庶民区别开来的能力感到得意（如果是平民歌手演唱此曲，而贵族没能如此认出他来，他们也许就不会觉得这么有趣了）。因为这个时刻暗含的贵族精英文化规则是：我可以进入你的世界，但是，你不可以进入我的。这个规则不仅应用于阶级之间的关系，两性之间也是如此。

"越界"采取的形式在下面这首有名的《情人碧玉歌》里面有些不同。

这首乐府系于东晋诗人孙绰名下，一作宋汝南王（尽管刘宋没有汝南王）。无论哪个说法都不可靠，"孙绰"和"汝南王"不过是附加给当时的流行曲调的名字。这些诗的作者权和文本一样流动，当

[5]《先秦汉魏晋南北朝诗》，页902；《乐府诗集》，页664。
[6] 在《玉台新咏》里，"郎"字的四次重复大概因为显得笨拙而被编者进行加工处理，"郎"字被别的字取代，只出现了两次。

它们在不同资料里出现，诸多异文便构成了不同的版本。《乐府诗集》收录的五首《情人碧玉歌》都系于"宋汝南王"名下，第五首在《玉台新咏》里则系于梁武帝名下。

情人碧玉歌二首

其一

碧玉小家女，不敢攀贵德。

感郎千金意，惭无倾城色。

其二

碧玉破瓜时，郎为情颠倒。

感郎不羞郎，回身就郎抱。[5]

第一首的开篇再直白不过地点明了阶级的屏障。这个男人的地位远远高于碧玉，让她不敢奢望。穿越阶级的障碍有赖于贵族的恩赐，碧玉被他纡尊降贵的关爱所感动，而不是被他的容貌或者魅力。她感到自己配不上如此洪恩。

在第二首诗里，越界得以完成：这个贵族恋人被称作"郎"——平民歌曲里对男性情人的称呼。这个词语抹平了恋人之间的等级差异，它在这首仅仅二十个字的乐歌里重复了四次，其重复性加强了这个词抹杀等级差异的效果。[6] 如果在第一首诗里，碧玉尊重她和情人之间的阶级障碍，在第二首诗里，贵族情郎则被赋予平民爱情的热烈与直接——他为情"颠倒"，在这些南朝乐府里这个词很常见。这些歌曲描绘的平民姑娘的主要魅力，体现在她们对强烈情感的直接表达，这里我们找不到贵族女性在诗歌描写中通常所具有的羞怯，在那些诗歌描写里，过于羞涩是常见的情色特点。碧玉则

被情郎的热烈所感动，立即投入他的怀抱。

这些歌曲可能曾经在一种真正"通俗"的语境里演唱过，但是今天我们能够读到它们，是因为它们曾经在贵族社会里很流行。这些曲子可以取悦贵族或者平民，满足不同的兴趣。对于贵族听众来说，这是一种角色扮演，幻想自己成为他者。这种社会权力与性别权力的结合显然是具有吸引力的，但是，有很多乐府，在其中贵族扮演了庶民男子的角色（如行旅商贾），这表明角色扮演本身就给人带来满足感。

甚至声名显赫的王献之也以这种角色现身，对他的恋人桃叶歌唱：

桃叶歌三首
其一

桃叶复桃叶，渡江不用楫。

但渡无所苦，我自迎接汝。

其二

桃叶复桃叶，桃叶连桃根。

相怜两乐事，独使我殷勤。

其三

桃叶映红花，无风自婀娜。

春花映何限，感郎独采我。[7]

尽管这组乐府也是作为"吴声歌"收录的，但是第一首的末句使用了中性的第一人称代词"我"，而不是"吴声歌"里常见的吴地方言"侬"。[8] "自"显然带有纡尊降贵的意味。虽然它只是个填补空白的虚字，但是它对"我"的强调在这个语境里具有特别的重量。[9] 这句诗在英文里可以有多种译法，但是每种译法都提醒听者／读者：在某些情况下，他不能亲自来迎接她。

[7]《先秦汉魏晋南北朝诗》，页903；《乐府诗集》，页664。

[8] 尽管有些学者认为"侬"只限于指代女性，但是实际并非如此。

[9] 假设最后一行作"我来迎接汝"，语气就完全不一样。

虽然"桃叶"明显是主要的恋人，但是"桃根"常常被理解为"桃叶"的姐妹。因此，我们不能确定"两乐事"究竟是指他和"桃叶"的乐事呢，还是指他拥有两个女子。如果是后者，那么，我们就完全远离了《子夜歌》里那些用情专一、充满妒意的曲子，而更接近于贵族家庭充满妾侍的后房。终于，在最后一首诗里，我们看到女性向贵族情人对她独加青眼表达感激，尽管这里的贵族身份是隐藏在"郎"这个词里的。

上述的任何一首乐府，我都很难有把握地说它们真的是东晋时代的作品（同样也没有把握说它们不是）；但是，我们可以把它们看作对这个时期的贵族移民与南方平民文化的诗意地相遇与诗意地易装进入平民世界的反映，进入只不过短暂一瞬，而且从不忘记他们之间社会身份的鸿沟。

虽然《子夜歌》只是"吴声歌"诸多曲调类型之一种，但是在南方乐府里，"子夜"是最古老最有名的曲调之一。《宋书·乐志》试图根据两则轶闻记载把《子夜歌》的源头定位在晋孝武帝太元年间（376—396），据说那时有人听到鬼歌子夜。[10]《乐志》进一步认为"子夜"是一个女子，她创作了这个曲调，因此有理由推断她是太元以前的人。尽管关于曲调类型起源的传说不能据为可信的史料，但是沈约所引的志怪记载为这些歌曲确曾在东晋时期演唱提供了很好的证据。由于《子夜歌》完全是歌咏爱情的曲子（尽管《旧唐书·乐志》说它们"声过哀苦"），它们最初作为鬼歌出现显得很特别。[11]这让我们联想到系于南齐歌妓苏小小名下的一首乐府：

> 我乘油壁车，郎乘青骢马。
>
> 何处结同心，西陵松柏下。[12]

对"何处结同心"这个问题的答案暗示着坟墓，这在《子夜四时歌》的一首"冬歌"里表现得很明显：

[10] ［梁］沈约，《宋书·乐志》（北京：中华书局，1974），卷一九，页549。

[11] 《旧唐书》的记载，"晋日常有鬼歌之"，是有些可笑的。见［后晋］刘昫等，《旧唐书》（北京：中华书局，1975），卷二九，页1064。至于这条记载称其"声过哀苦"，可能是一种推断（因为鬼歌），也可能是源自现已散佚的音乐史料。

[12] 《先秦汉魏晋南北朝诗》，页1481。

何处结同心，西陵柏树下。

晃荡无四壁，严霜冻杀我。[13]

我们不能把这个答案看成是恋人相约在严冬的野外，而是暗示了这对恋人今生今世都无法实现"结同心"。

还有一首谐音双关的《读曲歌》，暗示了《子夜歌》与死者的关联。

打坏木栖床，谁能坐相思。

三更书石阙，忆子夜啼碑。[14]

这首乐府的第四句重述第三句以凸显双关语义，这种形式在《子夜歌》里很常见。"三更书石阙"即"夜题碑"（"夜啼悲"）；第四句的意义是"回忆你在夜里悲伤地啼哭"，但同时字面上也包含了作为人名的"子夜"之"啼悲"。从这些双关语里，我们可以很容易地看出关于鬼歌子夜的故事是怎么样慢慢成形的。

如果我们要找出一种社会语境来支持由双关语串联而成的故事（《子夜歌》常常利用双关语创造故事），我们应当注意到，《子夜歌》最初是女子在夜里清唱的，正如《子夜歌》第三十一首所说：

气清明月朗，夜与君共嬉。

郎歌妙意曲，侬亦吐芳词。[15]

"鬼歌子夜"的传说或许暗示了江南的文化世界对于北来的贵族移民来说显得多么奇异；这些歌在夜里不知自何处飘来，大概真的具有回肠荡气、不似人间的效果。

尽管《子夜歌》在东晋时期已流播的说法是可信的，现存《子夜歌》的文本和东晋没有任何具体的关联。正如上文所述，现存《子夜歌》很可能是六世纪收集起来的。不过与此同时，这些

[13]《先秦汉魏晋南北朝诗》，页 1048。
[14]《先秦汉魏晋南北朝诗》，页 1340。
[15]《先秦汉魏晋南北朝诗》，页 1042。

曲子的内容材料很可能在东晋就已经存在，至少 [16]《先秦汉魏晋南北朝诗》，页 1041。
公元六世纪的贵族听众（包括乐府收集者）会认
为它们代表了皇都台城以外的世界，这个世界自东晋起就没有发生过变化。
这便是吴地与建康的平民文化，也就是他们的祖先南渡以后遭遇到的文化。
我们知道，在六世纪的时候，这些歌曲是在贵族社会圈里，由那些被雇佣的
与受过训练的歌手，配上乐器的伴奏来演唱的。因此它们不再是无伴奏的清
唱、建康及其周边地域的平民女子的即兴随口创作。这些歌词很可能自东晋
起就已经被演唱，但是，在六世纪这个新的贵族语境里，它们变成了上演平
民文化的舞台。如果说还有一些不合贵族听众口味的流行曲子，那么，它们
就不会被演唱，也就因此不会被收集。也就是说，我们现有的南朝乐府可能
在某种意义上是"真实"的，但是它们是经由贵族口味的中介的。

我在上文里使用"殖民"这一词语，并非在严格的历史意义上，而是在
文化的意义上。贵族殖民者在被殖民者的映衬下，绘制自己"更为文明"的
身份地图，同时他们又时常对自己的优越感到矛盾犹豫，渴望越界进入那个
更"原始"、更"自然"的被殖民者的世界。这些古老的殖民主题依然在数
不清的电影里反复上演着。一般来说，那些被殖民的人们总是被影片表现得
更为热情奔放，情感更为强烈而自然。当我们看到这种情形成为《子夜歌》
一个明确的主题的时候，我们不禁怀疑，在歌手与听众之间存在着某种默契
与同谋，如《子夜歌》第二十三首：

> 谁能思不歌，谁能饥不食。
> 日冥当户倚，惆怅底不忆。[16]

"歌"与"思"之间的关系，正如"食"与"饥"：这里没有苦思冥想的
艺术雕琢，歌唱也并非来自有意识的决定，只是纯然身体的反应。如果我们
把这种关于歌咏的"理论"放在公元六世纪高度自觉、高度艺术化、充分意
识到流行诗歌时尚的诗学语境里，那么，我们会清晰地看到上文述及的观点：
平民的诗学属于身体，而不属于"历史"：它是一种想象的"自然"。

或许还是在比较早期的时候，"子夜歌"本身也被作为歌曲里的一个主

题。《子夜歌》的变体之一,《大子夜歌》, 赞美这种歌谣是 "天然" 情感的
完美表达:

其一

歌谣数百种, 子夜最可怜。

慷慨吐清音, 明转出天然。

其二

丝竹发歌响, 假器扬清音。

不知歌谣妙, 声势出口心。[17]

这里用 "假器" 这个词来形容丝竹乐器的特点, 和建康平民女子的语言
风格相差甚远, 反而让我们联想到成公绥 (231—273) 的《啸赋》中对自然
之音与丝竹之音所做的对比。但是, 它也表明《子夜歌》已经被带入宫廷,
并配以乐器的伴奏。这两首歌反映了贵族阶层对于 "天然" 或 "自然" 的观
念, 它们所描述的这种情感表达方式是所谓 "天然情感" 的对应物, 如同碧
玉毫无羞报地直接投入情人怀抱一样。这些乐府歌曲一再赞美恋爱中直接大
胆、毫无矜持羞涩与自我意识的行为。

欢愁侬亦惨, 郎笑我便喜。

不见连理树, 异根同条起。

性别与阶级一样重要:一对恋人亲密犹如一体, 但是, 女子的情感是第二位
的, 取决于她的恋人的心境。

但是, 逐渐地, 我们开始发现, 这些乐府所歌颂的情感的直截了当并
不真的那么直截了当, 乐府所描述的, 其实是 "直
截了当" 的概念。下面这首乐府 (《子夜歌》第
三十三首) 里的主人公站在自身之外, 嘲笑自己
的痴情:

[17]《先秦汉魏晋南北朝诗》, 页
1048。《乐府诗集》中华书局版
认为这两首乐府都属于晋、宋
辞。这是有可能的, 虽然我们
不能肯定。但是被系于陆龟蒙
名下则完全是个错误。

夜长不得眠，明月何灼灼。

想闻欢唤声，虚应空中诺。

在这里，我们需要指出"想"是脑海里虚构的形象，虽然被当作真实来体验。这首乐府带给我们的愉悦不亚于六世纪初带给宫廷听众的愉悦——"多么迷人！多么热情！多么全然缺乏自觉意识！"歌手或许会从听众那里多领到一些赏赐，带着并不淳朴的微笑转身离去。

在南朝，与"天然"相反的概念是什么呢？我认为不仅是"假"（"虚假"或者"假借"），还有"巧"（artful）。"巧"这个字在南朝诗学里最常见的用法是"巧似"，意思是对自然中的事物通过精心的艺术雕琢进行有效的再现。"巧"的另一种标准翻译是"clever"（机巧、灵巧）。这和情感的直截了当的呈现完全相反，显示了有意识的介入与干预。焦灼地等待着情人，相信听到了情人的呼唤并且应诺，这是直接的情感。但是，在乐府歌词里再现这个过程，却带有回顾和反思性，自觉地理解这种痴情的行为意味着什么，并且很清楚别人会看出这种行为的动人之处。这便不是直接地表达情感，而是一种带有反思性的"巧"。明白这是"巧"，并不是说这是"虚伪不真实"的。建康的平民女子肯定与梁朝宫廷听众一样喜欢这首曲子，即使他们在倾听这首歌曲时感到的愉悦可能带有不同的味道。

当我们读到"谁能思不歌，谁能饥不食"的时候，这是对所谓"天然"歌谣的观念性描述，它在本质上与"不知歌谣妙，声势出口心"无异。上面的《子夜歌》第三十三首"夜长不得眠"则稍微有些复杂，它体现了人们对所谓"天然歌谣"的理解，它表现了自然歌谣的意识形态，但是又潜在地透过它的"巧"来呼吁一种社会平等的群体。

"夜长不得眠"一诗可以很"巧"，但是，它至少可以说是有可能来源于实际生活经验。处于很多首《子夜歌》核心的谐音双关语则是纯粹的文辞之巧，并非来源于生活经验，这些谐音双关语在这些乐府诗里的核心程度还没有得到普遍认识。[18]

无论是使用现有的谐音双关语还是创造新的谐音双关语，都给人带来乐趣。双关语是"巧"的，

[18] 我们有很多理由怀疑《子夜四时歌》很大一部分是贵族创作的，比如说建康女子不太可能在歌词里使用西晋诗人的成句，但是谐音双关语在这些诗里的减少是一个显著的理由。

但它的巧是明显外露的巧。在大多数情况下，四句诗里的前三句只是为了末句的双关语作铺垫。

> 今日已欢别，合会在何时。
> 明灯照空局，悠然未有期／油燃未有棋。[19]

这首乐府的结构值得注意。末句的谐音双关既是对头两句中提出问题的回答，又是对第三句的重写。第三句用一个谜语回答了乐府诗开头提出的问题，而末句则用一个谐音双关语揭开谜底。

我认为，平心而论，这并不是一首被分离的痛苦折磨得死去活来的人写得出的诗。就像很多南亚爱情诗或者中国后世流行的爱情诗里常见的那样，这类诗歌咏恋爱过程中的某一个阶段，某一种主题。而且，只要我们看一下贵族诗学以及据我们所知是贵族成员创作的那些爱情诗，就会发现这类诗确实很不同。换言之，这样一种嵌在常见爱情叙事里的巧妙双关语，也许最好地体现了当时的通俗诗学。而这种对自发的歌曲与热烈的情感的表现，显示了贵族口味的中介作用。

有的诗不包含任何问题。诗的倒数第二句表面上看无关紧要，它的含义只能由末句的谐音双关语体现出来，例如《读曲歌》第七首：

> 奈何不可言。朝看莫牛迹，知是宿蹄痕。[20]

这首诗只有在双关语的世界或者说以谐音双关语结构而成的诗的世界里才有意义。诗中女子的"宿啼痕"只能用清早看到"莫牛迹"的谐音双关语说出来，其关联是纯粹语言性的。王献之的"桃叶"说出的话受制于她所处的情境：作为平民女子，她为贵族情郎的专注情爱所感动："春花映何限，感郎独采我。"

"吴声歌"里的女子常有嫉妒心，但是下面这首《读曲歌》里的女子却并不如此：

[19]《先秦汉魏晋南北朝诗》，页1040。
[20]《先秦汉魏晋南北朝诗》，页1340。

千叶红芙蓉，照灼绿水边。

余花任郎摘，慎莫罢侬莲。[21]

这首诗呈现的情境值得我们思考。"余花任郎摘"这样的许诺很不寻常，它纯粹是被末句的谐音双关语所决定的。我们当然会对这种许诺感到惊讶：为什么会对情人说出这样"大方"的话呢？但是诗的末句马上给了我们一个答案，而这个答案令我们微笑：她当然希望她的情郎"独采我"，但是如果谐音双关语是"罢侬莲／怜"，就只好先说出一句违反常情的话来进行铺垫。[22]

让我们回到本文所举的第一个例子，谢尚的《大道曲》。如果谢尚果如轶闻所载在门楼上弹唱了此曲的话，集市里的人可能知道他不是他们的一员。首先，谢尚或许是用"晋语"弹唱《大道曲》的，也就是用北方贵族移民的语言演唱的。其次，这首乐府并非"吴声"，而是用琵琶伴奏的。在这则作为歌曲框架的轶事里，跨越了贵族与平民之间障碍的那种越界（"市人不知是三公也"）或许只是贵族出于虚荣而制造出来的幻象而已——即使市人没有认出他是权贵，也可能已经知道他不是南方本土人士。

《乐府诗集》里的"吴声歌"是个大杂烩，就连《子夜歌》也是。贵族当然在这些乐府诗里占据主要地位，他们在诗里越界，把自己易装打扮成吴人，同时选择他们自己喜欢听到的歌词。他们甚至出现在《子夜歌》组曲本身之中：《子夜歌》最后两首系于梁武帝名下，第二十六首则明显用到《诗经》的典故。"吴声歌"里的其他乐府诗也都有"易装"的痕迹。

综观这些歌词，我们看到关于"天然"或者"自然"的意识形态：歌曲是对感情的天然或自然的回应。这种意识形态可能已经成为平民的歌曲传统的一部分，虽然他们的自我意识已经永远无法和外人对他们的看待和感知分别开来，甚至抛开显而易见的事实，也就是说，当他们为贵族阶层演唱时，只有依照贵族们想要看到的方式表现自己才可以获得赏识和奖励。在过去的一个半世纪里，我们已经看到很多例子，显示被殖民者和弱势群体如何把外人对他们的文化所做的正面描述进行内化，变成自己文化的一部分。

谐音双关语乐府流传到今天，虽然歌词本身

[21]《先秦汉魏晋南北朝诗》，页1340。

[22] 这种练习有强烈的怀旧感，这在后世被很好地证明，即某些行为是忌讳的（如分梨／离），因为它是一种不祥的谐音。

相当朴拙，却是十分宝贵的。这是一种不代表贵族阶层口味的歌曲风格。无论歌手是否真的在恋爱，对于这些即兴创作的歌曲来说可能都无关紧要。很有可能歌手只是想尝试一个新的谐音双关语，或者把一个用熟了的双关语再拿来重新使用。如果尝试成功或者使用得巧妙，同伴会报以会心一笑。但是，在贵族阶层的记载里，这些歌被形容为"声过哀苦"，以至于必须由鬼来演唱。

有很多"吴声歌"与"西曲歌"都系于东晋至萧梁有名有姓的诗人名下。这些歌绝大多数不同程度地采取了平民的口吻，这说明"越界"在当时贵族阶层颇为流行。尽管贵族诗人偶尔也使用流行的谐音双关语，如"莲"与"怜"，但是他们的诗作不是以谐音双关语作为中心的。他们"下江南"，是进入了一个他们想象出来的世界，一个满足了他们的需要的世界，一个充满了自发的与自然的情感的世界，现在，这些情感则在宫廷里被排练和搬演，配以宫廷乐师的伴奏。

（梁丹丹 译　田晓菲 校改）

学会惊讶：
对王维《辋川集》的重新思考 [*]

[*] 原文宣读于 2004 年 8 月北京首
都师范大学"中国中古文学国际
研讨会"，收入赵敏俐、佐藤利
行主编，《中国中古文学研究》
（北京：学苑出版社，2005）。

中国中古文学研究的前景是什么？新的考古发现在改变上古文学研究的面貌；明清文学尚有大量没有获得注意甚至未曾得到阅读的文本。中古文学，特别是唐代诗歌，却已经具有很长的诠释历史，这一历史有时是一种太重的负担。我们拥有一套约定俗成的阅读习惯，一批传统的概念和看法。当然，很多传统学识仍然是有效的，但我们需要为之付出代价。在阅读诗歌的时候，最重要的是感到惊喜的能力，可是，历史的重负往往会剥夺这种能力。如果中古文学想要继续保持它的活力，我们必须对旧有的概念和看法提出疑问；如果发现它们不再合用，就应该以新的眼光来看待中古文学。

王维的《辋川集》是一组著名的诗篇。在此我不打算对其中的每一首诗都详加分析，而只想提出几点简单的问题，借以探讨中古文学研究的一些新方向。

重感惊喜的方式之一是回到历史。不是说给一首诗添加更多的历史细节（虽然这是很必要的），而是试图在想象中重构唐诗写作的语境，考虑唐诗世界与后代诗歌和后代解读之间的差别。最深刻的区别，在于北宋以来诗歌知识的文本化，这一点在我们通常视为"传统"解读的清代诗学中尤其明显。也就是说，清代诗学往往认为阅读诗歌的语境是对文本传统的全面了解和掌握，这样的看法，在一个私人图书馆收藏着极大丰富的印刷版本的时代是很自然的。然而，针对印刷时代之前的诗歌文本，也许最好是考虑其同时代读者和作者群体的阅读实践。我们一旦做出努力，在这样的前提下进行思考，就会改变对一首诗的理解方式。

阅读《辋川集》，最好是从诗题开始。我们都知道在阅读唐诗时诗歌标题是多么重要。如果诗人处于一个特定地点，读者通常就会知道应该期待什么，做出什么样的联想。王维诗题中的地名，却没有给我们提供任何线索，使我们对这些地方有所了解。距离《辋川集》时代最近的地方胜迹组诗，是卢鸿一在开元初年所写的《嵩山十志》。但是，卢氏在诗序里对这些地方做出了详细讲解，给了读者一个很好的阅读前提。而嵩山的那些地名也的确十分富有诗意，比如说"云锦淙"就是一个好例。

试比较《辋川集》里面的一个地名：栾家濑。我们相信这一地名源于附近一个人家。问题是我们还在别处哪里见到过类似的地名，如果是士大夫的田庄别业，大概会用"氏"而不用"家"。我们意识到，这个地方在皇家版图上想必湮没无名，只有本地人才知晓它的所在。即使我们假设《辋川集》里部分地名甚或所有地名都是王维自己起的，这一地名也还是暗示了具有局限性的地方知识。

那么下一个问题是，这些诗的预期读者是谁。当然有裴迪，他和王维一样，来自一个显赫的家庭。还有所谓时时见过的"诸公"。"栾家濑"这一地名的意义，不在于人们知道或在乎"栾家"是什么人，而在于它是"地方性"的一个标志。

现在，我们可以看看组诗的第一首，并对诗题特别予以关注：

孟城坳

> 新家孟城口，古木余衰柳。
> 来者复为谁，空悲昔人有。

字典辞书尽可以开列"坳"字的意义，但这不是问题所在。我们应该问的是，这个字是如何使用的，又有多么常见。我们发现，在王维之前，这个字不仅极少单独使用，而且其意义也与此处的意义有所不同。在词组里面，"坳"通常出现于平地，而且，通常比这首诗里的"坳"小得多。这不是一个在早期诗歌中可以单独出现的字；在这里，它也只用于诗题，在诗里却被另外一个字取代了。用"坳"来表示城墙缺口处，当时的读者听起来会有何反应？

我们还可以检视一下诗题的另一部分：孟城。陈铁民以为，孟城即宋武帝刘裕建造的思乡城。这不是不可能，但没有人知道孟城究竟在什么地方。我们可以在《史记》里找到一个孟城，也可以想象其他可能性，但是它们不在蓝田。蓝田不是什么遥远奇异之地，它不过位于长安城南郊野，它的古迹应该是为人所熟知的。这里我们却看到一处陌生的古城墙或古堡。

这样一来，诗题有两处令人惊讶的地方：一个少有人知的地点，和一个用法特别的不常见的字眼。和"栾家濑"一样，"坳"听起来是一个本地人的土用法，地名向我们暗示了京城士大夫社区所不熟悉的当地知识。

《辋川集》里的很多地名都使用了类似的字。比如说《茱萸沜》，这里"沜"显然不是"泮"，古代学宫里的半月形池塘，而训为"水涯"。直到十世纪，我们才再次看到这个字在文本中的使用事例。这是一个借用字，一个口语字，一个本地的村俗用法。《南垞》之"垞"同样不常见，它的确切意义值得探究，而且从未在其他唐代诗篇里使用过。就连"鹿柴"的"柴"，通常也不作"栅栏""篱障"讲，它在这里的语义从来不是标准文学用法的一部分。一般来说，"柴"用于"柴门""柴扉""柴荆"。

这种有意为之的村俗语言是前所未有的。王维不仅和"秦山老"一起喝过酒，而且似乎接受了他们的语言。而这正是这座蓝田别墅的特殊魅力，它曾经属于在此享受幽隐生活的诗人宋之问：

蓝田山庄
宋之问

宦游非吏隐，心事好幽偏。

考室先依地，为农且用天。

辋川朝伐木，蓝水暮浇田。

独与秦山老，相欢春酒前。

不过，若要充分理解王维在此使用"村俗"语言的重要性，我们不能停留于"为农"——辋川别业和它的地名还有更多值得注意的因素。

组诗第二首再次让我们惊讶，不过惊讶的原因与第一首不同。如果"孟城坳"诉诸对本地的了解，那么"华子冈"引起的联想，则既不是村俗的，也不是地方性的。这一地名来自谢灵运的诗，《入华子冈是麻源第三谷》，"华子"指仙人华子期，而华子期的传说不属于蓝田。如果读者怀疑这里的"华子冈"和谢灵运笔下的华子冈不是一回事，我们必须指出王维组诗的第四首题为"斤竹岭"，而这一题目和谢灵运的《从斤竹涧越岭溪行》相映成趣。在王维之前的诗歌作品里，"斤竹"只在谢灵运的诗里出现过，只在庐山地区出现过，斤竹显然是当地的一种竹子，它不属于蓝田。

谢灵运这样描写他眼中的华子冈：

> 既枉隐沦客，亦栖肥遁贤。
> 险径无测度，天路非术阡。
> 遂登群峰首，邈若升云烟。
> 羽人绝仿佛，丹丘徒空筌。
> 图牒复磨灭，碑版谁闻传。
> 莫辨百代后，安知千载前。

谢灵运登上山顶，看到的只是仙人去后留下的"空筌"。它成为王维《华子冈》一诗的背景：

> 飞鸟去不穷，连山复秋色。
> 上下华子冈，惆怅情何极。

如果我们记得《孟城坳》中对于"昔人"的感叹，对遗迹的关注（"古木余衰柳"），我们会更清楚地看到王诗与谢诗之间的关联。谢灵运的华子冈毕竟有一个消失的仙人，但是在王维或裴迪的华子冈诗里，没有神仙的痕迹。只有在组诗第三首《文杏馆》里，我们才隐隐约约看到神仙的影子：

> 文杏裁为梁，香茅结为宇。
> 不知栋里云，去作人间雨。

笺注家都会征引《长门赋》中"饰文杏以为梁"的句子，但是，这种征引最早事例的习惯常常会把我们带入歧途。王维未必想到《长门赋》，他想到的也许是沈约《八咏》之一"霜来悲落桐"中的诗句：

> 薜荔可为裳，文杏堪作梁。

薜荔为裳是《山鬼》中女神的装束，她往往被指认为那位前往人间为云为雨的巫山女神。如果王维在这首诗里谈到"去作人间雨"，那么言外之意，这座文杏馆自然超越了人间。这些联想，可以在郭璞的《游仙诗》中得到证实：

> 青溪千余仞，中有一道士。
> 云生梁栋间，风出窗户里。

在云生梁栋的文杏馆，王维找到了属于他自己的"青溪"。

王维和裴迪的下一处吟咏对象是斤竹岭——这个地方和谢灵运的诗密切相关，因为正是在《从斤竹涧越岭溪行》一诗中，谢灵运遇到了那位薜荔为裳的山中女神：

> 想见山阿人，薜萝若在眼。
> 握兰勤徒结，折麻心莫展。

这时我们应该已经意识到，王、裴二人的诗，表面看来很单纯，实际上充满了对文学史的回声，这些回声不是偶然巧合。对这两位唐朝诗人来说，神仙余风犹在，只是踪迹已渺。现在处处只有竹林：

> 檀栾映空曲，青翠漾涟漪。
> 暗入商山路，樵人不可知。

这种存在于边缘的感受，为著名的《鹿柴》做出准备：

> 空山不见人，但闻人语响。
> 反景入深林，复照青苔上。

尽管人们就此诗写下过无数评论，但是没有人问问"鹿柴"到底是什么。任何农人都会知道，鹿柴是挡鹿的篱障。它是人工园林、人类社区的标志。

王维和裴迪似乎是站在鹿柴的外边，不仅因为"深林"，而且因为裴迪看到了"麋鹿迹"。只要是有农人和鹿的地方，就会有鹿柴。唐代中国的农人一定都有一个特别的词汇表示"挡鹿的屏障"，无论采取的是什么样的方言形式。当我们得知这是本词汇在文学作品里首次出现的范例时，我们才会体悟到日常生活的多大一部分是排除在文学表达范畴之外的。就像组诗中的其他地名一样，这个名字标志了"村俗"的特质。

至此，我们已经清理出组诗系列的两大主题：村俗性（rusticity）与神性（divinity）。这两种主题在隐士的形象里得到连接，因为从传统上来看，隐士可以成为农人，也可以成为神仙。在写到农人的时候，王维用到他们的语言；在写到神仙的时候，他则用到《九歌》的典故。我们继续阅读下去，会发现"成仙"的可能变得越来越明显了，哪怕这只是诗人的笔墨游戏而已：

> 日饮金屑泉，少当千余岁。
> 翠凤翔文螭，羽节朝玉帝。

在另一首诗里，王维对郭璞《游仙诗》中的一句，"漆园有傲吏"，做出了直接的回答：

> 古人非傲吏，自阙经世务。
> 偶寄一微官，婆娑数株树。

这把我们带回到宋之问的《蓝田山庄》："宦游非吏隐。"组诗系列的最后一首，《椒园》，以对《九歌》的明确征引结束：

> 桂尊迎帝子，杜若赠佳人。
> 椒浆奠瑶席，欲下云中君。

在开元、天宝年间所产生的大量关于在京城之外隐居的诗歌中，《辋川集》显得别具一格，不仅因为这些诗表面上的朴素单纯，而且也因为它们如此留意于地方性的村俗与近在咫尺的神性。辋川在天子脚下，是京都外围。从这些诗里，我们知道辋川的古老，知道它有农人也有（古老的）神仙；我们还知道它和长安城里的世界截然不同。这一组诗，几乎是对大唐帝国的心脏地区做出的宣言，和六十年后韩愈的《南山诗》堪称比肩。

本文是以想象字词的历史语境开始的。以此为起点，我们可以把这些诗篇放在其他文本所构成的语境里。有时，同时代的作品可以最好地帮助我们了解手头的文本，但是对王维这样的中年诗人来说，对自己青年时期文学世界的记忆可以成为更强有力的语境。王维在世时，武后和中宗的时代仍然具有诱人的光环。购买宋之问曾经拥有的别业是一个意味深长的手势：还在王维是个孩子的时候，宋之问已经蜚声朝野了。

蓝田的位置，在"城南"之南。武后、中宗统治晚期，城南的大片良田成为公主和要人们的别墅。宋之问购买蓝田别业的决定，基本上是在最接近长安城中心的房地产变得越来越昂贵的时候做出的。公主与要人们置办田庄，是因为他们厌倦了"绮罗与丝竹"，向往"自然"。但是在这些人工营造的田庄里，恐怕只有很小一部分的原生态"自然"得以保留。王维想必熟悉宋之问为太平公主城南别业而作的《太平公主山池赋》，在这里，人工兴建的园林建筑被诗人当作神仙境界加以赞美歌颂：

> 厌绮罗与丝竹，爱瑶池及赤城。构仙山兮既毕，侔造化之神术。其为状也，攒怪石而岑崟；其为异也，含清气而萧瑟。列海岸而争嵤，分水亭而对出。其东则峰崖刻划，洞穴萦回，乍若风飘雨洒兮移郁岛，又似波沉浪息兮见蓬莱。图万重于积石，匿千岭于天台。荆门揭起兮壁峻，少室丛生兮剑开。削成秀绝，莲华之覆高掌；独立窈窕，神女之戏阳台。尔其樵溪钓浦，茅堂菌阁，秘仙洞之瑶膏，隐山家之场藿。

在这里，我们看到王维的主题：乡居与游仙。但是宋之问的华丽辞采提醒我们注意所谓"自然"景观背后的人工巧艺。公主的田庄是对神仙境界的人为模拟，聚集了四面八方的仙山，包括东海的郁岛和蓬莱，北方的积石，南方的天台和荆门，以及嵩山的少室。也许，这会让我们更好地理解为什么在王维的诗里出现了两座谢灵运笔下神仙居住的山峦。如果宋之问的赋里也有樵夫钓徒的话，他们都隐藏在神仙洞府里。在某种基本的层次上，王维的《辋川集》可以说呈现了同样的情形。唯一的区别在于：王维诗中，"樵溪钓浦"掩盖了神仙洞府的存在，直到组诗结尾处，神仙才翩然下凡。

在《辋川集》的丰富文本背景中，《太平公主山池赋》不过只是其中之一例而已，但是，《辋川集》拒绝了这种背景。相对于其他文本在修辞方面的豪华和实际生活中的奢侈，《辋川集》在修辞上非常俭省朴素。乡居与神性的主题都还是保存了下来，但是它们被安置于视线所及之外，无论正在消失，还是即将消失。

文本的物质性和文本中的物质世界 *

* 原文是作者 2010 年 12 月在台北
"唐代文史研究的新视野：以物
质文化为主——纪念杜希德国际
研讨会"上的主题发言，收入《唐
代文史的新视野：以物质文化为
主》（台北：联经出版事业公司，
2014）。

杜甫有一首诗，题为《又于韦处乞大邑瓷碗》：

> 大邑烧瓷轻且坚，扣如哀玉锦城传。
>
> 君家白碗胜霜雪，急送茅斋也可怜。[1]

写下此诗的时候，杜甫刚刚搬到成都，正在营治家居。一个亲戚给了他一些资助（见《王十五司马弟出郭相访兼遗营茅屋赀》），他自己也到处向亲友赠诗，索要种种家居必备品，包括向这位名叫韦班的朋友索取松树苗，现在又向他讨求瓷碗。杜甫刚刚带着全家从秦州来到成都，一路上吃尽苦头，当然不会随身携带很多的家用瓷器。

这引发一个有趣的问题：在唐朝，是不是还有别的哪位诗人曾经写诗索取瓷碗？至少在现存的唐诗里我们没有看到类似的要求。一个人可以用诗索取很多东西，比如要求辞职——"乞身"；请假——"乞暇"；借贷——"乞钱"；求食——"乞食"或者"乞米"；可以求酒——"乞酒"，但是如果"乞一杯"，你索要的是杯中物，而不是杯子本身。你还可以用诗来乞花、乞马、乞墨、乞纸，但是，没有人乞瓷碗。

一种可能是，在整个唐朝，只有杜甫曾写诗乞过瓷碗；另一种可能是，杜甫集中有这首诗，牵涉到文本保存的问题。也就是说，我们今天能够看到这首诗，是由于杜甫诗歌保存的特殊性：他自己选择保存哪些诗篇，以及别人选择抄写哪些诗篇。在这第二种假想情况里，也许有别的唐代诗人也曾写过索要瓷碗或者类似日用器物的诗，但是他们或是没有留存底本，或者在编辑自己文集的时候剔除了这样的作品，或者别人在抄写他们文集的时候略过了这样的作品，因为它们太日常生活化、诗意不够浓厚。我们知道，当时抄写文集的人是常常随意剔除集中作品的。

这提醒我们，再现物质的文本，本身就是物质，它们就和其他物质一样是可以被选择取舍的，虽然在杜甫的这个例子里，文本的保存和流传受到社会力量的制约，而不是受到物理过程的制约。文本完全可以像家用器物一样被随意丢弃，因为觉得不值得存留。

[1] ［唐］杜甫著，［清］仇兆鳌注，《杜诗详注》(北京：中华书局，1979)，页 734。

我想大概很少人会觉得杜甫索要瓷碗的绝句
是多么惊心动魄的好诗，它被保存下来，是因为
杜甫在过了某一年龄阶段之后，似乎每写一首诗
都保存了底本，而杜甫集也是以其卷帙浩繁出名

[2]〔唐〕孟郊著，华忱之、喻学才校注，《孟郊诗集校注》（北京：人民文学出版社，1995），页427—428。
[3]《孟郊诗集校注》，页 449—450。

的。类似的诗篇，在白居易集中也有保存，同样也是因为白集的完整性。一
个抄写者，也许会对剔除一位著名诗人的诗篇感到不安，尤其是当这位诗人
的文集以卷帙浩繁闻名。其他诗人写日常生活的诗篇被保存下来，往往是因
为诗人的天才为日常生活赋予诗性。孟郊的朋友在冬日赠炭，把家庭空间的
寒冷不适转化为温暖舒适，孟郊的诗《答友人赠炭》把一个普通的日常生活
景象转化为富有想象力的诗篇，诗便成了炭的对应物：

> 青山白屋有仁人，赠炭价重双乌银。
>
> 驱却坐上千重寒，烧出炉中一片春。
>
> 吹霞弄日光不定，暖得曲身成直身。[2]

孟郊就和杜甫一样，在日常需求方面有赖他人资助，但他对诗的创造性
使用，得以保证他的诗被抄写流传。宋敏求（1019—1079）用数种不完全的
抄本拼凑出我们现有的孟郊诗集，那些抄本中至少有一种保存了下面的这首
诗，《借车》：

> 借车载家具，家具少于车。
>
> 借者莫弹指，贫穷何足嗟。
>
> 百年徒役走，万事尽随花。[3]

"家具"或"家俱"这个词，都不曾在其他唐诗中出现过。虽然借车搬
家具就和索取瓷碗的题材一样在唐诗中极为少见，诗本身的魅力使它成为被
历代诗话引用最多的孟郊诗之一。

如果仅仅说到"文化"，那么我们会想到非物质性的东西，以及地位较
高的活动。但是因为绝大多数的音乐和视觉材料都已经亡佚了，"文化"的

重负就落在了文本世界上。我们对唐代物质文化的知识一部分来自考古学，考古学家与之打交道的一般是坚硬耐久的东西，比如瓷器，或者那些得以在气候干燥的西北地区保存下来的比较柔软的材料；其他知识则基本上依赖传世文献，以及通过考古发掘而得来的文本。这些通过考古发掘得来的文本好比冰山一角，不过是当时广大的文本世界的一小部分。有无数唐诗没有流传下来；那些流传下来的，除了学童的打油诗之外，都是基于美、有用或者重要性所做的决定，这和我们搬家时清点家用器具、决定哪些舍弃哪些带走没有什么两样。

这提醒我们，文本文化并不是超越了物质文化的抽象存在。文本的物质性，在白居易的《题文集柜》一诗中得到表现：

> 破柏作书柜，柜牢柏复坚。
> 收贮谁家集，题云白乐天。
> 我生业文字，自幼及老年。
> 前后七十卷，小大三千篇。
> 诚知终散失，未忍遽弃捐。
> 自开自锁闭，置在书帷前。
> 身是邓伯道，世无王仲宣。
> 只应分付女，留与外孙传。[4]

白居易不愿"遽弃捐"他的文字，把三千篇诗文都保存在他的文集柜里。标有他的姓名的文集柜，因为收存了物质文本，成为物质层次和话语层次上的双重存在。出现在唐诗里的家具，提醒我们注意文本卷轴的体积和重量：丰富的藏书需要占用多少空间，搬运藏书又需要花费多少人力，更不用说生产与复制它们所需要的时间和人工。

杜甫索讨瓷碗的诗所能告诉我们的东西，远比第一眼看起来要多。首先，它告诉我们杜甫连这样一首小诗都保存了底本。我们完全可以推测当时的大多数诗人就算是写了这样一首诗的话也不见得会存底，比如说孟浩然

[4]［唐］白居易著，朱金城笺校，《白居易集笺校》（上海：上海古籍出版社，1988），页2072。

对自己的绝大多数作品都没有留底本。索讨瓷碗的诗得以幸存，说明诗人和自己的文稿之间有一种非常不同的关系，这种关系预兆了白居易与其文集的关系——虽然杜甫没有提到过一只永久性的"文集柜"。杜甫不仅保存自己的文稿，而且在颠沛流离之际带着它们辗转四方，从兵荒马乱的成都到夔州，从夔州又到荆州，躲过了洞庭湖上把他的藏书打湿的风雨，最终又把它们带出发生兵变的潭州。在他去世以后，有人——可能是他的儿子——把他的文集传之于世，任人抄写，这部文集包括了他的所有作品。

杜甫的诗集在九世纪初期即已在都城的圈子里面流传，并以其作品数目众多而出名。正因为以其作品数目众多而出名，杜集没有像其他诗集那样被大幅度地删削，虽然我们知道存在着一部早期的杜诗选也即"小集"——白居易的诗作数量更大，而且他也好像保存了自己的全部作品——但这时杜甫已经经典化了，因此他的全集和选集同时被人抄写，一起流传于世。

杜甫和白居易的例子使我们看到作品不仅仅是抽象存在、偶然被写到纸上的"文本"，而且是生活中的物质存在。在杜甫的情况里，我们看到作为标志或者象征的物向作为物质对象和财产的物发生转化。孟郊的木炭不是任何什么东西的标志或象征，它完全被其用途所消耗，它的目的只是为身体的舒适。

我对姑且可以称之为"所有权的考古学"（archeology of possession）非常感兴趣。在我关于中唐的著作里，我讨论了所有权话语的产生。最近我在北大所做的一系列"胡适人文讲座"就宋代完全成熟的商业文化谈到快乐和拥有之间的关系。今天，我不打算谈园林或者地产，而是希望配合研讨会的主题谈一谈物质。我们当然可以谈到价值重大的物质，但是我对普通的家用物品更有兴味。我们天天用到这些普通的物品，它们是我们的日常生活的一部分。我们的问题是日用物品话语的产生：人们是从什么时候开始描写日常生活器物的？"所有权的考古学"和物质话语的变化息息相关。

常用的标准类别词语会掩盖物质话语的改变。"咏物诗"这一词语是对物的修辞分类，不涉及物与具体个人之间的关系。谢朓有一首诗，题为《乌皮隐几》，一作《同咏坐上玩器得乌皮隐几》。[5] 这是诗人在宴会上分到的

[5]［南朝齐］谢朓著，曹融南校注集说，《谢宣城集校注》（上海：上海古籍出版社，1991），页 395—396。

诗题。当时宴会上一件具体而特殊的物品——乌羔皮裹饰、坐时用以靠身的小儿案，现在被诗人作为"类型"进行再现。谢朓显然并不关心当时坐上的那只乌皮几，它只是他借以显示诗才的机会而已。就和在"咏物赋"里一样，诗人先从制作器物的材料开始写起：一棵树的分枝被砍下来，作成隐几的三条支架。诗人接着赞美乌皮的选择，因为素色皮革太容易玷污了。诗的末尾叙述皮几的用途。虽然诗人面对的是一个具体而特定的乌皮几，他的诗可以是关于任何一个乌皮几的；诗中的乌皮几不属于哪个特别的人，可以为任何人所用。

> 蟠木生附枝，刻削岂无施。
> 取则龙文鼎，三趾献光仪。
> 勿言素韦洁，白沙尚推移。
> 曲躬奉微用，聊承终宴疲。

谢朓笔下的乌皮几，就和赋里常见的那样，是作为类型的物，被诗人进行解剖。在不是出现在咏物诗里的时候，特定的物件常常作为转喻的能指出现，成为某种品质或地位的象征。王维有一首诗的开头提到乌皮几：

> 纱帽乌皮几，闲居懒赋诗。[6]

乌皮几在这首诗里出现不是因为它自己，而是因为它代表了一种闲适的生活。

为王维诗作笺注的清人赵殿成无意之间给我们提供了一份资料，向我们显示为什么人们总是把文本文化和物质文化对立起来。对王维诗中的乌皮几，赵殿成既不把它放在象征的层次上理解，也不把它放在物的层次理解，而是把它放在文本的层次上理解，因此，他在注解这句诗的时候，引用了谢朓的咏乌皮几一诗。然而谢朓诗中的乌皮几，显然和王维诗中的乌皮几没有任何关联。

当然了，王维家中很可能真的有一只黑色皮

[6]〔唐〕王维著，陈铁民校注，《王维集校注》(北京：中华书局，1997)，页518—519。

几，还有一项隐士戴的纱帽，它们一起向读者显示了一个闲居的隐士，连诗都懒得写，除了在朋友带着素斋来看望他的时候。在另外一首题为《春园即事》的诗中他谈到一只鹿皮几：

> 宿雨乘轻屐，春寒着弊袍。
> 开畦分白水，间柳发红桃。
> 草际成棋局，林端举桔槔。
> 还持鹿皮几，日暮隐蓬蒿。[7]

这只皮几和在前首诗里一样，不能算是诗人拥有的家产，只能算是舞台道具，是一种象征，借以显示诗人的心态和意向。

我们不能确定王维是否真的拥有一只乌皮几或者鹿皮几，但是杜甫显然拥有一只。随着岁月流逝，杜甫的皮几逐渐积累起层层叠叠的历史，在这一过程中它完全脱离了象征的层次，进入到物质的层次。对于杜甫的读者来说，它几乎就好像对杜甫本人一样熟悉了。我们首次看到这只皮几是在成都。成都曾发生兵变，杜甫暂时避难入巴。杜甫第一首提到乌皮几的诗题为《将赴成都草堂途中有作先寄严郑公五首其五》，告诉我们成都发生兵乱之前，乌皮几在杜甫的成都草堂。此后，乌皮几跟随它的主人辗转于潭州、衡阳、荆州等地，和它的主人一样饱经风霜，日益朽落不堪。

> 锦官城西生事微，乌皮几在还思归。
> 昔去为忧乱兵入，今来已恐邻人非。
> 侧身天地更怀古，回首风尘甘息机。
> 共说总戎云鸟阵，不妨游子芰荷衣。[8]

在这首诗里，杜甫的乌皮几还没有完全脱离象征的层次，但是它和王维的乌皮几有一点根本性的不同，因为它具有更为物质性的存在。在诗的开头，代表了闲适的乌皮几似乎可以略微弥补成都生计的不定。诗人把它从成都草堂的家具里单挑出来，

[7]《王维集校注》，页 450。
[8]《杜诗详注》，页 1109。

[9]《杜诗详注》，页 1659。
[10] "两"，《杜诗详注》作 "雨"，
但各种早期版本均作 "两"。"焉
得辍雨足"，问何时雨止，在上
下文中比 "两足" 为佳。

作为注意力的焦点、吸引他回归成都的特殊物件。就像他回去以后发现原来还在的破船那样，这只乌皮几既具有象征性，又是诗人恋恋不舍的具体而实在的家用器物。在严武平定成都兵变之后，杜甫的诗显然是在期待严武提供经济资助，使诗人得以享受坐靠在乌皮几上的闲适生活，同时诗意十分清楚：他不希望再和以前那样继续在幕府任职。他熟悉的乌皮几是他在乱离中弃捐的财产，现在则召唤他重归闲适的生活，和诗中没有任何物质意义、只有象征意义的 "芰荷衣" 形成鲜明的对比。

等杜甫到了夔州，乌皮几更是已经成为家庭日常物质生活的一部分。曾经一度，它代表了诗人渴望回归的家庭空间；现在就好像一把舒适的旧扶手椅一样，它代表了纯粹的物质享受（靠在乌皮几上 "令儿快搔背"），而不再是隐士生活的象征。乌皮几和诗人的柑林联系在一起，代表了物质资产给诗人带来的舒适和乐趣。

阻雨不得归瀼西柑林 [9]

三伏适已过，骄阳化为霖。

欲归瀼西宅，阻此江浦深。

坏舟百版坼，峻岸复万寻。

篙工初一弃，恐泥劳寸心。

伫立东城隅，怅望高飞禽。

草堂乱玄圃，不隔昆仑岑。

昏浑衣裳外，旷绝同层阴。

园甘长成时，三寸如黄金。

诸侯旧上计，厥贡倾千林。

邦人不足重，所迫豪吏侵。

客居暂封殖，日夜偶瑶琴。

虚徐五株态，侧塞烦胸襟。

焉得辍两足 [10]，杖藜出岖嵚。

条流数翠实，偃息归碧浔。

拂拭乌皮几，喜闻樵牧音。

令儿快搔背，脱我头上簪。

在《寄刘峡州伯华使君四十韵》一诗中，乌皮几的物质性表现得更为明显。在这里，诗人的乌皮几已经使用了相当长的时间，使用的历史在器物上留下了印痕：

……

药囊亲道士，灰劫问胡僧。

凭久乌皮绽，簪稀白帽棱。

林居看蚁穴，野食行鱼罾。

筋力交凋丧，飘零免战兢。[11]

绽了线的乌皮，积累了越来越多的意义，成为可以阅读的物质文本，显示出服务时间的漫长。用旧了的日常器物变得越来越舒适，从而获得了一种新的价值。我们不能回到唐代，去问问诗人他是不是愿意拿他的旧皮几换一只新皮几，但是设想这样的问题是合理的，而杜甫也很有可能回答说，他偏爱用绽了线的故物。

皮几在杜甫的生活中获得了越来越多的重要性。离开夔州以后，他的生活越发漂泊不定，颇受冷遇。《移居公安敬赠卫大郎钧》一诗，显然希望可以从卫钧那里得到热情的款待：

……

入邑豺狼斗，伤弓鸟雀饥。

白头供宴语，乌几伴栖迟。

交态遭轻薄，今朝豁所思。[12]

用惯的乌皮几现在是他唯一的伴侣，是孤寂

[11]《杜诗详注》，页 1717。
[12]《杜诗详注》，页 1928。

[13]《杜诗详注》，页 2091。

生活的标志和补偿。王维提到乌皮，是为了显示
他对孤独生活的眷爱；对杜甫来说，乌皮几是家产，
是他唯一还拥有的东西。

乌皮几出现在《风疾舟中伏枕书怀三十六韵奉呈湖南亲友》里，这可能
是杜甫生平最后的一首诗：

> ……
> 生涯相汩没，时物自萧森。
> 疑惑樽中弩，淹留冠上簪。
> 牵裾惊魏帝，投阁为刘歆。
> 狂走终奚适，微才谢所钦。
> 吾安藜不糁，汝贵玉为琛。
> 乌几重重缚，鹑衣寸寸针。[13]

在杜诗中，乌皮几逐渐变成了真正的"物"，诗人年长日久与之朝夕相伴、
对之感到恋恋不舍的家用器具。在前面引用的第一首提到乌皮几的诗里，皮几
还可以说象征了一种生活方式；但在这首诗里，它不再是任何东西的象征，只
是它自己，是杜甫日常生活的一部分。因为剥落破绽，不得不重重缠缚，皮
几遂成为身穿补丁鹑衣的衰迈诗人的对应物；但皮几在这里更多的是转喻
(metonymic)，而不是比喻 (metaphoric)，它是与诗人生命整体紧密相关的一部分。

杜甫对享受舒适生活——比如坐靠乌皮几、让儿子给他搔背的梦想——不
觉得任何不好意思。但是，如果太沉溺于物质享受，则有可能让人感到不安。
没有人比白居易更爱好他的物质财产了，这在白居易的《新制布裘》一诗中
显得格外清楚。然而，布裘的舒适终于让诗人感到不适，于是他转向杜甫求
取一点无私的理由。布裘最终还是一样给人带来舒适的物件，但是有点荒唐
地被诗人转化成了覆盖天下的大袄：

> 桂布白似雪，吴绵软于云。
> 布重绵且厚，为裘有余温。

[14]《白居易集笺校》，页 2072。
[15]《杜诗详注》，页 831。

> 朝拥坐至暮，夜覆眠达晨。
>
> 谁知严冬月，支体暖如春。
>
> 中夕忽有念，抚裘起逡巡。
>
> 丈夫贵兼济，岂独善一身？
>
> 安得万里裘，盖里周四垠。
>
> 稳暖皆如我，天下无寒人。[14]

诗人的灵感显然来自杜甫的《茅屋为秋风所破歌》。但是区别在于，杜甫"安得广厦千万间、大庇天下寒士俱欢颜"的愿望，来自他自己遭受的极端不适。杜甫的茅屋被风吹破，寒冷、漏雨，诗人一夜无眠；白居易的新制布裘却是又软又厚，让诗人温暖如春、安寝至晓。杜甫的布被同样具有物质性，但是远远没有那么有效：

> 布衾多年冷似铁，娇儿恶卧踏里裂。
>
> 床头屋漏无干处，雨脚如麻未断绝。
>
> 自经丧乱少睡眠，长夜沾湿何由彻。[15]

我们可以回想一下杜甫，因阻雨不得归，怀念他在瀼西的柑林，想象坐靠在乌皮几上脱簪披发命儿子搔背该有多么舒服。对于这份想象中的舒适，他完全没有任何负罪感。到白居易则不同了：他的舒适不是想象，而是现实，但是他半夜醒来，却对这份舒适感到内疚，好像觉得他的享受太自私了。这反而更加提醒我们：布裘并不意味着和象征着任何东西，只是物质财产；而"财产"的本质，就是排他性。白居易强烈地意识到，布裘是属于他的。如果当时有个饥寒交迫的平民百姓或者士人闯进白居易的宅子拿走他的布裘，就会构成盗窃罪。

对私人财产感到的乐趣，基本上是一种"中产阶级"的感情。贵族几乎什么都不缺乏，因此对普通器物没有特别的感觉。贵族对财产，只有在过度奢侈中才能体会到乐趣——无论是最华丽的豪宅，最名贵的宝剑，还是最珍奇的食物。对普通物质感到的乐趣来自占有，而占有来自获取。要想充分地享受所有，一个人必须首先明白"没有什么"是一种怎样的感觉。强烈意识到自己拥有别人所没有的东西很容易带来负疚感；白居易写诗赞美布裘，为自己的布裘赋予诗意的价值，但是他的歉疚感给他的享受投下了一道阴影。他带有负罪感的乐趣只能用诗来抚慰——在诗里想象一件"万里裘"覆盖全天下人——但是白居易并不打算放弃他的布裘。

　　人们和物质世界的关系不断发生变化，我们可以在文学里看到这些变化的痕迹。没有人明确地、有意识地探讨这些东西，因此，我们要想看到这些变化，必须细心地探寻，发掘经常被人忽略的东西，这就是为什么我在前面会用到"所有权的考古学"这一概念。从六朝到中唐，发生了很大的变化。谢朓可以咏"物"，但他并不歌咏"财产"。三百年后，到了白居易的时代，物质财产既是乐趣的源头，也是让他感到不适的原因。

（田晓菲 译）

佛教如何影响唐代诗歌 *

* 原文初稿是作者在 2005 年科罗拉多大学的演讲稿，简稿曾在武汉大学 2016 年"文学与宗教"研讨会上宣读。英文版见 "How Did Buddhism Matter in Tang Poetry", in *T'oung Pao*, November 2017, Vol.103(4–5):pp. 297–333.

这篇文章本来是要在某学术会议论文集中发表的，但那本论文集由于种种原因而没能出版。后来又要收入另一本论文集，但是这另一本论文集也没有能够出版。就在这周折的十余年中，这项研究领域已经取得了很多新的进展。本文的论点仍然是新的，不过需要一些解释。我提出的问题很简单：佛教如何影响诗歌——不仅是作为诗歌主题或诗人的个人信仰，也作为某种改变了诗歌本身的东西。田晓菲后来出版的《烽火与流星：萧梁王朝的文学与文化》一书对这一问题做出了比我更为深入也更令人信服的回答：佛教赋予了诗歌一种"观照"的视野，在有限的空间中观看到变化中的脆弱的瞬间。这是一个伟大的宗教为文学表现所带来的伟大的巨变。

在本文中，我想从另一个层面出发，讨论佛教如何为"什么是诗人，诗人又能做些什么"的问题提供了一种思维模式。

有一个学者们常讨论的话题："唐诗中的佛教"。这个"什么中的什么"表达，显示的是小物在大物中，好似诗歌是汤，佛教则是赋予诗歌某种独特风味（蔬食味）的食材。这一比喻并不完全是随意的：在宋代，僧侣诗常常因为缺少僧侣气息而受到称赞，至少在一个僧人的情况里，他的诗被夸奖是因为其"无蔬气"。[1] 从这一观点出发来看，中国的佛教仅仅是文化大杂烩中的一种原料，它随着诗人的性情或当时社会需求的变化而呈现出不同的浓淡。这在很多情况下也的确符合实情。

不论佛教与帝国及世俗社会做了多少调和，它不仅仅只是各种社会元素中的一种而已。佛教的价值观为帝国提供了某种它所缺乏的东西，它是帝国在根本上无法消化吸收的成分。佛教的信仰使帝国及社会都变得无关紧要，出家意味着脱离家庭，包括改名换姓。出家意味着落发剃度，改服、吃素，从此进入一个与世俗的政府组织完全分离的权威结构与规则系统中。僧侣身上的每一点都明显地印刻着与帝国社会全然不同而且排斥帝国社会的标记。佛教与世俗权威之间的调和并不容易，因为中华帝国总是企图要（至少在理念上）整治、齐一天下一切的，而且唐代尤其强调将政治权威凌驾于僧伽之上。

[1] 如［宋］王十朋（1112—1171）称赞某位僧人的诗歌："两篇诗好无蔬气。"见《梅溪集》，卷八，《四库全书》本，页3b。

如果说佛教展示它与容纳它的国家政权与社会迥然不同，那么诗歌又呈现出另外一种挑战：

诗歌是一种无分别的话语，它不仅将佛教囊括在这文化大杂烩中，而且在某些时候，随着情形的需要，还欢迎和采纳佛教的价值观。一个人创作诗歌的语境有很多种，根据情况的不同，诗人也许会采用佛教之外的话语。针对佛教徒、道教徒、得志的士大夫、新中举的书生、科举落榜者、隐士等等，讲话的方式各不相同。佛教话语绝对没有被诗歌排除在外：在拜访僧人、游览佛寺以及佛教价值观十分适用的某些人生遭际里，诗歌都会使用到佛教话语。佛教术语的使用并不意味着一首诗具有严格意义上的宗教性。在宽泛的意义上，我们可以将游览寺庙时所可能产生的那种信仰灵光也算作具有真正的"宗教性"。但这里的问题是，如何将诗歌中的信仰灵光与诗人对寺庙僧人的客气而热情的夸奖区分开来？这一点都不比区分表达真爱的诗篇和一份修辞练习更容易。

一个像王维这样的诗人经常谈到佛教，而且并不是为了响应社会情境的需要，这意味着他的佛教信仰相当真诚。但是，王维也经常采用诗歌中常见的其他角色与价值观，一个编者完全可以通过巧妙的编选而从王维选集中删除掉一切佛教的痕迹，这就好比一个编者也完全可以通过巧妙的编选而把杜甫呈现为虔诚的佛教徒。

道教徒以及"儒学"复古派有时敌视佛教。敌对者基本上很好处理。如果诗歌与佛教是针锋相对的，就不会有任何问题。会有争辩、和解，以及理论上的分歧，等等。同样地，如果诗歌仅仅用佳句来表达信仰，就像很多诗僧所尝试的，那也是很好处理的。但是，诗歌既不是一种敌对的信仰，也不是一种中性的表达方式，它是在社会上、哲学上及宗教上都无分别的。对诗歌创作的投入，对于一个有信仰的人来说很有可能成为一个问题，因为对诗歌的激情很自然地会把诗人置于某些和他的信仰相冲突的情境。

但是，有那么好几个世纪，佛教确实深深地影响了一大部分的诗人，这种影响和改变在此后的中国诗学中一直都作为一个可能性存在着。佛教的成功，并不在于信仰的具体精神内容，而是在于"信仰"本身的形式，包括具有排他性的专诚投入，严格的守律和修炼，以及专注的心念。在社会价值观方面，诗人还是一如既往地做出多种多样的选择，但诗歌本身成了他们的信仰。在整个八世纪，诗歌只是生活的一部分和一方面，创作者有着其他的人生目标，诗歌在某种程度上只是达到目标的方式之一。从九世纪早期起，我们开始发现一些人表达出对诗艺的绝对专注，他们将自己界定为"诗人"，也被别人界定为"诗人"[2]。

人们经常会提到佛教对十一世纪后半兴起的道学（"新儒家"）的影响，这种影响值得商榷也常被商榷，商榷通常在内容的层面进行。但佛教对道学最大的影响恐怕应该是那些同样影响了诗歌的方面：具有排他性的专诚投入，严格的守律和修炼，以及专注的心念。系于程颐（1033—1107）名下的对诗歌的批判（这是中国传统中对诗歌最著名的批判之一）主要围绕着这一问题展开，应该不是偶然的。当有人问："作文害道否？"程颐回答："害也。"他解释说，为文需要"专意"，这会妨碍后生对道学的追求，因为那些追求也同样要求专一。[3]

人们可以很直接地在概念的层面上反对佛教，而文学与诗歌在纯粹的概念层面上对理学家来说是可以接受的。程颐对"文"的反对必须在更深的层次上进行，他足够聪明，意识到问题在于"专意"。[4]他的见解乍看起来似乎无关紧要，但它在程颐生活的十一世纪有着独特的重要性。程颐发出反对声音的背景是九、十世纪人们关于诗歌的认识，即诗歌需要全身心的投入——此时的"诗人"与欧洲观念中的"poet"类似，而与八世纪以诗歌参与社会活动的诗人完全不同。在本文中，我想揭示的是这种把诗歌作为人生之重大投入的理念是如何与佛教，尤其是禅，产生关联的。

痴迷于诗歌的诗人形象最初与佛教并没有联系。韩愈的交游圈有两位诗人符合这一形象，孟郊（751—814）和李贺（790—816），特别是李商隐（约813—约858）的《李贺小传》中所记录的李贺。[5]他们对诗歌的痴迷和狂热在韩愈交游圈中的第三位诗人——贾岛（779—843）的律诗中得到了新的展现，贾岛早年出家为僧，号无本，

[2] 我有时用到"诗人"这一概念时会不加引号；当我使用引号的时候，通常指的是这种九、十世纪的独特的"诗人"意识，以区别于那些仅仅写诗的人（尽管他们写了大量的诗）。

[3] ［宋］朱熹、吕祖谦，《近思录》，卷二，《四库全书》本，页23a。

[4] ［宋］程颐在反对"文"的时候到底在想些什么，我们不得而知，他考虑的可能是十一世纪关于"古文"的争论。不过，关于专意于文的认识与九、十世纪的诗学史紧密相关。他所提出的"专意"更容易和同样认同这一观念的诗人而不是"古文"作者联系起来。我们很难在现代人所公认的十一世纪的经典诗人身上看到这一观念，但是有一些在程颐生活的时代很出名的诗人完全符合他的批判。

[5] 参见 Stephen Owen, The Late Tang: Chinese Poetry of the Mid-Ninth Century（827—860）（Cambridge, Mass:Havard University Asia Center, 2006）, pp. 159—163. 中文版见宇文所安著，贾晋华、钱彦译，《晚唐：九世纪中叶的中国诗歌（827—860）》（北京：生活·读书·新知三联书店，2014）。

际遇韩愈后还俗。贾岛的交游圈及其追随者开创了一种精雕细琢的作诗传统，尤其体现在五言律诗中，这一传统一直持续到十一世纪（虽然这是一个有争议的说法）及十一世纪以后。尽管这一群体中的大部分是世俗中人，其中还是有不少僧侣参与。在这一传统里，关于诗歌创作的话语得到新的发展，这一新发展显然带有佛教与禅的回声。

我们在这里看到让程颐苦恼的"专意"问题。诗歌被认为是一个人一生所全心全意地关注与投入的事业，我们看到诗人们为了艺术是何等的苦心经营、殚精竭虑。早先诗人在谈诗歌语言时主要使用的术语是需要避免的"病"，现在诗人谈作诗越来越多使用到的术语是"律"，这与佛教的戒"律"不谋而合。作诗也有师父和弟子。诗人们谈到他们对诗艺如此全神贯注地投入以至于完全忽略了来自外面世界的感官刺激（诗歌成为一种自律），而且作诗的成功被称为"妙悟"（虽然这要等到北宋晚期），这标志着宗教形式的宗教内涵最终在形式上被掏空，并从宗教转移到了艺术。诗歌也许还不是完全意义上的信仰，但在一段有限的时间里，它获得了一些令人想到某种宗教信仰／想到禅的特质。

孟郊早年是八世纪晚期著名诗僧皎然诗友圈中的一员。尽管孟郊后来曾创作了一首常被引用的扬佛抑儒的诗歌，但他基本上是和儒学"复古"思潮紧密联系在一起的，而且比起大部分的诗人，孟郊算得上一位名副其实的"儒家"诗人，虽然是以一种相当奇怪的方式。他的诗歌创作几乎完全集中在古体诗，而不是上面提到的诗人群所青睐的律诗；他的作品常常可见疯狂的痕迹。孟郊与僧人淡公分别时写了一组诗，结尾这样写道：

> 诗人苦为诗，不如脱空飞。
> 一生空鸑气，非谏复非讥。[6]
> 脱枯挂寒枝，弃如一唾微。
> 一步一步乞，半片半片衣。
> 倚诗为活计，从古多无肥。
> 诗饥老不怨，劳师泪霏霏。[7]

[6] "谏"与"讥"都是诗歌创作的儒家追求。

[7] 19970。此处及后文注中出现的号码是这首诗在《全唐诗》中的序号，以平冈武夫、市原亨吉、今井清《唐代的诗篇》为参考，见《唐代研究指南》之十一、十二（京都：人文科学研究所，1964—1965）。

[8]《懊恼》，19755。
[9] 45247。

这样的一首诗让人几乎无从置喙。从组诗中其他几首的内容来看，孟郊很显然是在陈述所有诗人的命运，而且特别是在谈他自己，最终以淡公为他的处境落泪而告结。

九世纪末，语境发生了转变。孟郊提出一种新的观念："诗人"作为一种事业，而不是一种社会活动。孟郊承认诗歌可以是一种社会活动，但这不能把写诗的人变成"诗人"。正如他所说的："恶诗皆得官，好诗空抱山"。[8]到九世纪末，"诗人"一词被广泛使用：实干家们提到的"诗人"带有不识时务、不讲实际的轻蔑意味；自诩为"诗人"笔下的"诗人"则保留了孟郊意义上的专意于诗艺、对政治世界与社会感到疏离，不同的是没有了孟郊笔下的苦与狂，"诗人"的称号成为一种骄傲。

我们不知道诗僧贯休（832—912）何时写下《读孟郊集》一诗。不管时代已改变了多少，贯休将孟郊（东野）视为以"诗人"自命者之祖：

东野子何之，诗人始见诗。

清刳霜雪髓，吟动鬼神司。

举世言多媚，无人师此师。

因知吾道后，冷淡亦如斯。[9]

对诗艺的专心投入和苦修以及远离世俗社会联系在一起，这些特质虽然不能直接归结于佛教的影响，但这些主题中的很多元素强烈地暗示了佛教徒专心致志献身宗教信仰的行为范式。这些元素很多在九世纪早期已经出现了，但那时还缺少承载这一专意投入的特定诗歌体裁：这种诗歌体裁后来以写作技艺要求很高的律诗的面貌出现，尤其是五言律诗（这也正是贯休用以称赞孟郊的诗歌体裁）。

虽说五言律诗可能是唐诗中最常见的形式，但贾岛使之成为"诗人"所独钟的体裁。在接下来的四个世纪里，贾岛成为某种类型的诗歌及专意推敲诗艺的守护神之类的人物，虽然在有些时期他的影响相对减弱，但他不断以真正的"诗人"之典范卷土重来。在他的作品中，他对"苦吟"的执着追求和律诗尤其是五言律诗联系在一起。他是那个据说为了创作出一联佳句而花费了三年时间的诗人,也正是由于他在"推"和"敲"之间费心琢磨,使"推敲"成为表示反复斟酌的修辞用法的标准词汇。据说九世纪末的诗人李洞塑了一尊贾岛像;[10]《唐摭言》泛称其"事之如神",但这里的联想主要是佛教化的,如《北梦琐言》所称:李洞"常念贾岛佛"。

薛能(846 年进士)《嘉陵驿见贾岛旧题》首联:"贾子命堪悲,唐人独解诗"[11],与贯休对孟郊的称赞十分相似。贯休与薛能的赞语与初唐时期人们对诗歌的赞语是很不同的:孟郊和贾岛不是因为所作的诗歌如何伟大、如何人人传诵而受到称赞,而是因为他们几乎是在一种抽象的层次上理解"诗",他们对"诗歌"的深度透视使他们与众不同——孟郊在所有"诗人"中"始见诗",贾岛在所有"唐人"中"独解诗"。

对贾岛命运的悲叹也是对"诗人"命运的悲叹。与贾岛一样来自燕地的晚唐僧人可止所写的《哭贾岛》很有代表性:

> 燕生松雪地,蜀死葬山根。
> 诗僻降今古,官卑误子孙。
> 冢栏寒月色,人哭苦吟魂。[12]
> 墓雨滴碑字,年年添藓痕。[13]

九世纪的诗人经常会描写可止所说的"诗僻(癖)",如九世纪晚期的诗僧归仁在《自遣》中有着很典型的表述:

> 日日为诗苦,谁论春与秋。
> 一联如得意,万事总忘忧。
> 雨堕花临砌,风吹竹近楼。
> 不吟也白头,任白此生头。[14]

这首诗颈联的写作策略在九世纪关于诗歌的诗作里十分常见。在本诗的颈联中,第三字作为

[10] 见周勋初主编,《唐人轶事汇编》(上海:上海古籍出版社,1995),页 1464—1465。
[11] 30900。
[12] 这里也暗指"苦吟"的字面意义。
[13] 45012。
[14] 45018。

名词（译者注：花、竹）既是作为动词的第二字（译者注：堕、吹）的宾语，也是作为动词的第四字（译者注：临、近）的主语。但是我们在此发现，贾岛派"诗人"与早期沉迷于作诗的诗人是有着显著的不同：孟郊与李贺的诗歌常常语出惊人，再者，读者通常可以毫不费力地辨别孟郊的诗句和李贺的诗句。相比之下，贾岛派"诗人"们笔下的佳句和标准的律诗没有什么不同，只不过修辞稍胜，而且彼此之间没有很大的区别，读来如出一手。如果说孟郊与李贺开创了"诗人"的新概念，那么这个"诗人"是独一无二的。而825年以后的"诗人"们却主要致力于一种特定的诗歌体裁，力图用常见的意象创造出佳句。换句话说，个体性为实现"诗歌"的概念而湮没了，因为那个"诗歌"的概念是超越了个体的。

　　至此我们已经越来越接近一种以佛教禅思为典范的诗学，不过这仍然只是一种具有暗示性的类比。铺垫既已做好，下面，我们将具体来讨论贾岛诗人群的新"诗歌"概念是如何与佛教与禅紧密联系在一起的。

　　在诗歌中，一联对句中相对的词语往往是在概念上对应的，它们的关系也是开放的：可能是相似的、相反的或互相补充。它们有时候以对仗形式分别出现在两行诗句中，有时候又组合起来以复合词形式出现。在八世纪及九世纪初的诗歌中，"诗"与很多词都构成过对仗，最常见的是与"酒"和"名"成对：一个指向诗歌起到的"群"的作用，一个指向诗歌在公众生活中扮演的角色。在九世纪后期，"诗"开始与一系列佛教词汇形成对偶关系，最常见的是佛教与禅学意义上的"道"。如果说后来的道学家们在"诗"与"道"之间看到了某种对立，也许是因为二者的这种习惯性的对偶和对立的用法。

　　最早把诗歌与佛教对立起来的篇章之一（虽然不是出现在一联对句中的对应位置）可能是九世纪二十或三十年代姚合饯别诗僧无可（贾岛的从弟）的诗句：

　　　出家还养母，持律复能诗。[15]

　　　　　　　此联的逻辑很清楚：能诗与持律的关系，就
　　　　　　　如同养母与出家的关系一样。"律"是佛教的戒律，

[15] 26345。

081

也是诗"律"。虽然与世俗生活保持根本的距离是
为僧伽所支持和为政府所认可的,但在这里无可
似乎成为一个跨越宗教与世俗的特例。出家与养
母之间的矛盾,在持律与作诗之间的矛盾中继续。
在写给无可的另一首诗中,姚合将诗歌与佛教的
潜在冲突描述为一种对什么更投入的选择:"懒读
经文求作佛,愿攻诗句觅升仙。"[16]

[16] 26365。
[17] 41524。
[18] 傅璇琮主编,《全宋诗》(北京:北京大学出版社,1991—1998),页1449。尽管本文主要范围是唐代诗歌,但从唐代到十一世纪初的九僧有一个连绵不断的传统。
[19] 46225。

　　这种将"诗歌"与某个佛教词汇置于对偶位置的形式上的习惯,暗示着诗歌有着全新的、某种准宗教的意味,这本身比考虑具体用哪个佛教词汇和二者关系究竟是怎样的都更为重要。这种对偶形式是固定的,二者的具体关系则是多样的。南唐诗人李中在《赠东林白大师》中写道:"虎溪久驻灵踪,禅外诗魔尚浓。"[17]换句话说,尽管诗与禅截然不同,但它们在这位僧侣的生活中都可以占有一席之地。从九世纪初期以来,"诗魔"成为描写缠人诗思的一种普遍表达,在此诗中,"诗魔"虽然带有玩笑意味,但它仍然是干扰出禅高僧的"魔道"。北宋时期"九僧"之一的保暹曾这样写道:"诗来禅外得。"[18]无论李中还是保暹,都在回应齐己的《自题》:

> 禅外求诗妙,年来鬓已秋。
>
> 未尝将一字,容易谒诸侯。
>
> 挂梦山皆远,题名石尽幽。
>
> 敢言梁太子,傍采碧云流。[19]

　　尾联指昭明太子编辑《文选》,代表了齐己所不追求的那种荣名。这里重要的是拒绝把诗歌当成求名求利的途径。诗僧仅在禅外的"剩余时间"里创作诗歌。

　　在《喻吟》一诗中,齐己把诗与禅对举,称它们构成了他生活的全部。它们是日用之"专"——这正是程颐用来反对"文"的词汇。齐己还引用《论语》中孔子描述"诗三百"的话"一言以蔽之,思无邪",齐己在这里以"无邪"指代普遍意义上的诗歌。但我们看到,是在对诗而不是对禅的投入中,他的

头发变白了：

> 日用是何专，吟疲即坐禅。
> 此生还可喜，余事不相便。
> 头白无邪里，魂清有象先。
> 江花与芳草，莫染我情田。[20]

虽然诗和禅泾渭分明，但它们共同构成了一个封闭的体系，成为诗人隔绝俗情的屏障。在本诗中，在其他诗中，诗人可以诗意地使用"江花与芳草"，但我们下面将在另一首诗里看到，它们的诗意其实皆"似冰"。诗歌本身作为一种冥想活动不再是无分别的，诗歌的内容必须臣服于美学的戒律和苦修。

诗与禅或佛教的"道"是"平行"的，虽然它们之间的具体关系并不确定。当二者组合为"诗禅"一词时，就变得特别有意思。《汉语大词典》列举"诗禅"一词的最早使用以十三世纪的周密为例，实际上宋朝"九僧"之一的文兆在《寄行肇上人》一诗中就已写道："诗禅同所尚。"[21] 问题是这里的"诗禅"到底指什么，我们不得而知，它可能是"诗和禅"，也可能是"诗的禅"，如果是后者的话，我们不确定他是指某一类的诗呢，还是某一类的禅。

在探讨信仰和诗歌的关系时，我们发现诗歌不仅可以成为禅的补充，而且有时还取代了禅，如"九僧"之一的希昼在《寄怀古》中这样写道："遥知林下客，吟苦夜禅忘。"[22] 我们通过坐禅忘怀外界，但是这里诗人通过作诗忘怀外界，而且就连禅也一并忘记了。齐己《山中寄凝密大师兄弟》表达了同样的情怀："时有兴来还觅句，已无心去即安禅。"[23] 二者都暗示"诗禅"是"诗与／或禅"，也就是说，诗与禅是不同的。但"诗禅"也还可能是"诗的禅"，即一种以不同的、也许不太可能的方式进行的宗教生活。与齐己同时代的贯休曾写道："得句先呈佛，无人知此心。"（《怀武昌栖一二首》）"得句"一词本身和宗教修炼无关，仅指苦心经营律诗中的佳句（就如贯休所说的"句须人未道"[24]）。但不管经营方式如何，在这里它变成了一种宗教性的祭品。它是某种实践的成果，这种实践有可能是禅修的一种

[20] 46199。
[21]《全宋诗》，页 1450。
[22]《全宋诗》，页 1442。
[23] 46258。
[24] 45474。

特殊方式，其成果是可以呈献给佛祖的，而不像皮日休（834/840—883）"僧吟不废禅"（《初冬章上人院》）那样因为专意作诗而荒废了僧人的宗教日课。[25]

诗与禅也许不一样，但是很显然诗僧们并不认为它们完全格格不入；这与道学家们对诗歌的敌意截然不同。诗僧们试图界定二者的关系，齐己的《勉诗僧》提出了最有兴味的解答之一："道性宜如水，诗情合似冰。"[26] 这是一个特别妥帖的比较，因为诗的参照系是"情"，在此却变成了漠不关心的"冰"。水与冰的意象既相互反差，而在表面之下又是相同的。那么这是不是说诗禅之水在遭遇情时凝结成冰了呢？在九、十世纪，"冰"在这类诗中常被用来描述诗句；它与孟郊、贾岛诗中写到的辛苦遭际联系在一起，也常作为"玉壶冰"（这曾经是唐代科举考试中的一个诗题）比喻心灵的纯洁。

如果说诗僧们致力于调和对诗的投入与宗教修行，那么诗作为禅的对应物又把他们和像郑谷（849—911）这样的世俗诗人联系在一起。齐己在《寄郑谷郎中》一诗中写道：

> 诗心何以传？所证自同禅。
> 觅句如探虎，逢知似得仙。[27]

世俗诗人郑谷显然和齐己拥有同样的"诗心"，而且彼此相"知"。既然"自同禅"，那么诗僧并没有因为对诗的追求而离开宗教信仰，而世俗诗人也在不知不觉中被带入了禅境。诗句变成猛虎，探虎危险重重，但诗虎最终还是为诗人所"得"。这首诗用对禅修的执着专一来描写诗歌追求，诗僧没有迷失在诗歌的无区别性中，反而是世俗诗人在不知不觉中达到了禅境。比起诗僧尚颜所说的"诗为儒者禅"，[28] 二者的界限并没有那么明确。诗可以成为佛教徒的禅。不过，尚颜也确实认识到诗虽然是世俗的，但有时会跨越到禅修的世界里来。但是在诗与禅之间画等号还是令人不安的，齐己《逢诗僧》第一句有一处文本异文，很好地表现了诗人的矛盾之情：

> 禅玄无可并／示，诗妙有何评。
> 五七字中苦，百千年后清。

[25] 33606。
[26] 45956。
[27] 45959。
[28] 46605。

难求方至理，不朽始为名。

珍重重相见，忘机话此情。[29]

种种矛盾冲突在这首诗中充分展现，但首句的文本异文最贴合我们的话题。一本作"并"：无物可与禅之玄相比并；一本作"示"：禅之玄机不可显示。在前者中，禅是完全独立和分离的，没有任何事物，包括诗在内，可以与之比并。但这种解读与诗的第二句及后文并不照应。如果我们选择后者，则诗的首联意味着禅之玄、诗之妙都是难以言说的。一方面，这就好像在齐己的其他诗作中一样，诗与禅并列，成为平等的对应物；另一方面，本诗的下文都在谈论诗歌，这使后一种版本读来比较顺畅。作"并"的文本呈现给读者的是一种带有意识形态的宣言，在某种程度上就如同道学一样，旨在压制诗成为禅的并列和平等对应物的可能性。

我们所使用的例证都是诗歌，尤其是诗歌短章。无论是文学理论还是我所知道的当代佛教写作都没有提到这一内容。诗歌之外的那些形式更庄重，作者必须坚守自己的观点。诗歌本身的角色与价值却是混杂无分别的，它可以游刃于多种观点之间。直到宋代，对诗与禅关系的更加"严肃"的论述才开始出现。

最著名的论述是十三世纪严羽创作的《沧浪诗话》，在其中严羽基于禅宗模式与禅宗术语创立了一套完整的诗学理论。《沧浪诗话》产生了巨大的影响，被抄进各种通俗诗学著作中，这些著作有时把观点归于严羽，有时则完全不加征引，《沧浪诗话》遂成为元明时代诗学的基础。我们需要在此指出的是，严羽笔下的禅与前文提到的那些版本很不相同：它带有正统权威性，是通过严格控制的苦修而带来的开悟。

和九、十世纪的论调不同，诗禅关系在严羽这里变成了一种比喻："诗学"（研习作诗）就像禅。这样一来，在某种层次上诗、禅为一的可能性就不存在了。如果诗学"如禅"，那么诗歌与禅就是彻底不同的两个对象，这里的真正问题是如何作诗。这对九、十世纪的"诗人"们来说根本不称其为问题。

自从钱锺书在《谈艺录》中提到早在严羽之前诗与禅的关联就已经成为宋人经常谈论的话题，

[29] 46101。

很多学者都致力于用北宋文本来说明他的观点。在著名文学僧人惠洪（1071—1128）命名为《石门文字禅》的文集中，这一关联的确难以忽略。但是，虽然有些学者会把目光转向晚唐，宋代文学的研究者往往只阅读宋代文本，没有人追溯到九世纪之交新"诗人"概念里诗、禅关系的由来，这一关系又是如何在九、十世纪变成了一种常见的诗歌修辞，以及如何在十一、十二世纪延续下来并被理论化。

对于九、十世纪的"诗人"们来说，诗歌在某种方式上成了禅的影像——事实上很可能对诗歌的投入就是对禅的投入，是一种以意想不到的方式证悟的宗教。从禅的角度来看，佛性无处不在，甚至存在于粪便之中；那么，谁能说"诗人"对于锤词炼句的专一投入——表面上看来如此琐细轻薄而遭到帝国经营者的蔑视——本身不是一种修行呢？对那些想要在诗中找到某种特别的内容——佛教"主题"——的信徒来说，这样的说法可能让他们感到很不安。我并不想假装充分理解禅，但诗僧们的说法——宗教并不存在于它的主题中，而是存在于对某种特定的思维与注意力的形式的全身心的投入中——并不是荒谬的。它可以被质疑，但不是荒谬的。

诗人们的诗句常常是"冰冷的"，这种冰冷是一种对诗歌曾经许诺给读者的直接经验所保持的反思性距离。诗人尽可以写到感官世界和情，但是在齐己的妙句里，"诗情合似冰"。换句话说，一个人尽可以没有白发而悲叹白发，但是"诗歌"正是把情（情绪／情感／激情）变成冰的艺术过程。

如果我们回到文章开始时提出的问题——佛教如何影响诗歌？答案可能有很多种。最显而易见的一个回答是佛教主题与佛教的"思绪"，这非常适用于王维。但这种可能性没有触及诗歌艺术本身。另外一个更有意味的答案，是企图通过诗歌向读者解说或者传达宗教信仰，我们可以在王梵志诗作中看到简单的说理，或者在最好的寒山诗中看到较为深刻的说理。在此我想给出第三种答案。"宗教"的根本意义可以解释为"修行"，其变调之一是否定社会性的自我，把自我完全投据于占据了整个生命的修行之中。在一段时间里，中国诗歌倡导诗人对艺术的专注与投入，这就模糊了诗歌与宗教的界限。诗歌在主题上和社会方面仍是混杂而无分别的，但所有人都意识到这种类型的"诗歌"与它所表示的社会情境或价值观没有关系。在这种模式里写出的"别离诗"不再是人生别离之苦的载体，而成为一种被艺术的苦修把内容变得无关紧要的形式。

从九世纪到十一世纪初期，关于诗歌创作的诗句俯拾皆是。这种诗歌观念在其后的中国诗歌史上传衍下来、以各种不同的形式出现，但在十一世纪中叶一度出现了衰退。欧阳修《六一诗话》中对"九僧"有这样的评论：

> 国朝浮图以诗名于世者九人，故时有集号《九僧诗》，今不复传矣。余少时闻人多称之，其一曰惠崇，余八人者忘其名字也。[30]

欧阳修继而引述了一些他记得起来的诗句。但他忘记了这些诗人的名字。这是一个值得回味的时刻。欧阳修代表了一种将诗歌作为在社会与政治语境中展现诗人个性的观念的复苏。诗歌是使一个人留"名"的方式。"九僧"的具体姓名尽管已经被忘却——但他们并非为"名"而写作。就像齐己所说的，诗句可以流传久远，但那是另外一回事——就连欧阳修也记得起诗句。诗句展现了诗人好不容易才获得的境界——写下诗句的僧人的姓名不那么重要。欧阳修最后总结道："其佳句多类此。其集已亡，今人多不知有所谓九僧者矣，是可叹也！"在一个基本上把诗人视为社会性和政治性动物的诗学传统中，诗人为了追求艺术而丢弃社会自我的创作过程也许注定了他们将被遗忘，但在这些诗僧看来，他们的名不重要，诗句才重要。这就是真正受到了佛教影响的诗歌的观念——尽管中国的诗学传统觉得这种可能性让人很难接受。

（左丹丹 译　田晓菲 校改）

---

[30]［宋］欧阳修，《六一诗话》（北京：人民文学出版社，1962），页 8。

说烟：
幻想的借代 *

* 原文宣读于 2007 年 9 月加州
伯克莱大学 "中国文化传统中
'隐' 的书写" 研讨会，收入
Paula Varsano ed., *The Rhetoric of*
Hiddenness in Traditional Chinese
Culture (Albany : State University
of New York Press, 2016)。

赵执信的《谈龙录》是以这样的一番对话开始的，这本著作的标题也由此而来：

> 钱塘洪昉思（昇）久于新城之门矣。与余友。一日，并在司寇宅论诗。昉思嫉时俗之无章也，曰："诗如龙然，首尾爪角鳞鬣，一不具，非龙也。"司寇哂之曰："诗如神龙，见其首不见其尾，或云中露一爪一鳞而已，安得全体？是雕塑绘画者耳。"余曰："神龙者，屈伸变化，固无定体，恍惚望见者，第指其一鳞一爪，而龙之首尾完好，故宛然在也；若拘于所见，以为龙具在是，雕绘者反有辞矣。"

这番著名的关于诗歌表现（poetic representation）的讨论，从语言上来看多半是在探讨"艺术"和"现实"的关系，而由此引发的问题则是：这三位著名作家是否确实相信龙的存在。这成为关于诗歌表现的一个极特别的比喻，或者说具有一种特别的虚构性，由一种模糊的、半隐半现的表象决定了这种虚构性的存在。可以肯定的是，这些文人都相信云的存在。而且，和雕塑家特有的忠实描绘原物的艺术比起来，云及其缥缈的变化能让龙的出现"显得"更加完美。这则关于诗歌表现的小故事不是在讲龙，而是在讲云。下面我会把云和其他云雾状的气体联系在一起，比如烟、雾、霭、蒙蒙细雨等。

我们在中古类书里发现，"雾"的条目并不是那么常用的，"烟"甚至都没有独立成条。在六朝和初唐时，"雾"也没有特别的诗意。可是到了九世纪，"烟雾"变成了重要的诗意标志。我们都知道到了后代，这种语言表达中的常见模式被运用于绘画中，并由此创造出一种独特的视觉模式，那就是部分有时甚至是绝大部分画面都被画家"轻描淡写"，留下模糊的线条甚至大片空白，以此来暗示一些认知上存在的事物在视觉上被抹去了。

我不太清楚从何时开始以及以何种方式"雾气"渐渐有了诗意，但是这个过程在王维的诗中明确地显示出来。请看下面王维与裴迪著名的赠答诗：

辋口遇雨忆终南山因献王维

裴　迪

积雨晦空曲，平沙灭浮彩。

辋水去悠悠，南山复何在？

答裴迪

王　维

淼淼寒流广，苍苍秋雨晦。

君问终南山，心知白云外。

　　这组赠答诗很明显地受到了佛教教义的影响：所有感官意念其实都存在于人心。王维的回答肯定了视觉上不可见的终南山存在在人的心念中，体现了佛教教义中的否定性意象。因山雨注入而变宽的溪流昭示了山的永恒存在，可是王维是通过心念使缺失的山的形象显现出来的。诗题似乎是裴迪定下的，用了"忆"这个词，意思是以怀旧的心态追忆过去，而且常常是对目前不在场的人或事物感到怀念。在这里，和其他形式的"忆"一样，感官所体验到的缺失使意象越发清晰地呈现在脑海中。

　　虽然不像九世纪诗歌中具有诗意的烟雾那样亲切，王维的《汉江临泛》是视觉上半隐半现的早期例子。如果说终南山在视觉上被抹去了，在这首诗中，山得到部分的呈现：

　　　江流天地外，山色有无中。

　　正像我们后来常常看到的，一幅视觉效果清晰的画面和一幅烟雾迷蒙的画面并置在一起。开阔的空间，江流，向天际延伸，并且俨然可以超越天际。正如在后代的绘画里一样，此处的山缺少"形"或者说线条勾勒出来的轮廓，有的只是"色"，一片淡淡的色块，没有界线分明的边界。就连那片色块也不清晰，在似有似无之间。诗人称之为"山之色"，说明头脑中肯定了一个已知物体的存在，可是这句诗却表明其存在是不确定的。在前面提到的绝句中，山是隐藏着的，此处的山部分地显现出来，它的存在是由心念而不是由缺少把握的感官确定的。

我想借用"雾气"这个意象来展示文学表现与理论的关系，这种关系在文章开头赵执信引文中表现为关于龙的比喻。

在《文心雕龙》"隐秀"篇中，学者们的兴趣大多集中在"隐"上，他们往往不太知道如何处理那个不但不"隐"而且可见度极高的"秀"。王维那联著名的对偶句提醒我们：中国文学的根基在于双重性，而不在于西方对"隐藏"固有的兴趣，或者说不在于西方文化的那种"言意不一"的文学模式。对偶句的第二句"山色有无中"依赖于第一句，视觉的移动从开阔空间到视线受阻，而这种阻隔最终与巨大山形的不确定的存在融为一体。就像顿悟一样，这联对偶句呈现了一种注意力的转换，在这首诗里具有重要意义的事件是诗人注意力的转换，而不是关于"隐"的那一句诗。如果将两句诗换个位置，我们会看到从"秀"到"隐"的移动过程，这种过程存在于杜牧的《江南春绝句》中，虽然《江南春绝句》的哲理性不像王维的诗句那么强。

烟雾可以将物体完全遮掩起来，可是更常见的是像那个关于龙的比喻一样，烟雾只是将物体半遮半掩，这种半遮半掩比完全的隐藏具有更强的表现力。富有诗意的烟雾已经是陈词滥调，但是每一种陈词滥调都值得探究其源头，也就是说揭示出为什么这些词汇有如此强大的感召力，以至于能够不断地引发过剩的再创造。

从赵执信所记载的讨论中，我们可以清楚地看到烟雾是视觉借代（visual synecdoche）的基础，也就是说以部分来表现或代表全体。视觉艺术有这样的专有名词，"显形"（figure）和"衬底／背景"（ground），而且次要背景可以取消主要背景，形象从整体中分离出来。欧洲近代画家们常常在画布的深层背景上画满各种细节，以此将画面的主体定位于一个完整的不断延续的世界，这些细节肉眼有时都无法看清楚。中国的画家们有时同样也会展示远处的细节，可是他们常常将大部分的画面用烟雾云气遮掩起来，以便将视线吸引到一个特定的细节上，这个细节是孤立的，而不是延续的整体的一部分。

在唐代的皇家地理体系中，整个国土在地图上得到展示衡量，分类注册，分区进行行政管理，到处设置驿站协助必要的移动，并通过设立路障和钦派官员限制不利的移动。对这种体系来说，除了诗歌意义以外，烟雾甚至带有政治上的意义。烟雾弥漫的画面诗意地抵制皇家统治下的空间，因为皇家空间中的一切都是鲜明的，一目了然的。皇都也称为"日下"，也就是说天子有如一轮红日，英明统治泽被全世。在抵达成都以后，提携杜甫的严武宴请他的部下，并邀请他们在酒宴上一同观览成都区域图。地图制作代表控制。与此相反，那些从政界隐退的人物往往隐身于"烟波"或"烟霞"。政府很难向烟雾弥漫的地区征求税收；我们也不清楚如何从"此地"到达"彼地"，因此常常迷失方向，这也是描写烟雾的诗歌的常见母题之一。政府无法控制那里的活动，人们常常从公众视野中消失。[1]

黑暗可以很简单地将空间抹去，可是烟雾只是将可见的世界淡化，使之渐渐地退化成不可见。与黑暗不同，烟雾能够展示一种纵深感，它既可以让物体淡化成不可见，也可以让物体从不可见中凸显出来。王维在他的《桃源行》中营造了自己心目中存在于政体以外的终极理想空间，而诗中渔人穿越山洞以后最先看到的是烟雾缭绕的树林："遥看一处攒云树。"只有当他继续前行时才发现还有人民。在诗的最后，当他试图重返世外桃源的时候，他所能看到的只有烟雾中的树林。

当人走近时，景物逐渐在烟雾中显现；当人离远时，景物逐渐在烟雾中淡去。这个过程或许可以解释为什么过去的事物常常笼罩在烟雾之中（时间上的过去常常表现为空间上的距离）。最近几年学者们开始关注"废墟"这个话题，废墟的美学意义在欧洲传统中占据极其重要的地位，在中国诗歌中没有太多的废墟，但是著名的遗址常常出现在烟雾之中，或者作为一种被淡化的存在，或者作为不明确的缺席者。这让我们想起著名的日本电影《蜘蛛巢城》开始和结束的场面（按：这是黑泽明导演根据莎士比亚悲剧《麦克白》改编的作品）。烟雾在视觉上的作用与大自然在感知世界中的作用极其相似：整体腐败、瓦解，或者以碎片的形式出现。

[1] 文化精英人物消失于"烟波"之中不会对政府造成威胁，可是这与一个重要的政治问题息息相关，而这正好是烟雾成为重要诗歌主题的时期。如果徭役、税收、兵役的负担太重，当地百姓就会逃离，由此给那些留守的人造成更大的负担。帝国政权的巩固因此在很大程度上依靠于把人民固定在有明确标志的地点。

杜牧堪称"烟雾诗人",因为烟雾出现在他的数首最有名的作品中:

江南春绝句

千里莺啼绿映红,水村山郭酒旗风。

南朝四百八十寺,多少楼台烟雨中。

杨慎（1488—1559）觉得杜牧的这首诗有失妥当,他认为"千里"一定是"十里"之误:"千里莺啼,谁人听得;绿映红,谁人见得?"可是,这个画面是呈现于脑海中的,而不是从诗人所处的某一点看到的。在江南千里之内有的是读者所期望的约定俗成的春天的标志——到处莺歌燕舞,绿叶映衬着红花。"映"这个词很有效地在视觉上衬托出烟雾的朦胧状态,"映"将两个场景并置,并使二者同时受到关注。这种并置常常意味着重叠,一种东西被另一种东西半遮掩着,就像在这首诗中茂密的叶子半遮住晚春的花朵一般。诗中也有山和水,山水中处处都有人家。

首联描绘了一幅靠感官不可能体验得如此清晰的画面,可是这幅画面只是为结尾作的铺垫。第三句中诗人计算南朝寺庙的数量,此时历史和书本知识进入了诗人的视线。当一个诗人把一首七言四句诗中的一整句都用来列举一个具体的数字,这就把读者的注意力集中到这个数字上面,并使得这个数字比起模糊的"千里"要明确具体得多。概括性的类别变成了特殊具体。拿书本知识衡量脑海中所见到的画面,诗人情不自禁要问:"到底有多少楼台?"面对着这一有关知识的问题,杜牧以蒙蒙细雨冲洗了首联中鲜亮明朗的画面,借此隐藏起问题的答案。有的寺庙或许会在烟雨中若隐若现,有的可能不会。他从遥远的过去呼唤出这些仿佛幽灵一般模糊的存在,借此解脱读者,使我们用不着拿当下的情景衡量从书本得来的历史知识。

这首诗的创作日期无法确定。按照中国传统的历史主义解读观点来看,创作日期对阅读诗歌可以非常重要。如果这首诗作于 846 年春天或者这年春天之后,那么就是在武宗的会昌灭佛以后。在这场镇压中大批的佛教机构被迫解散,各地佛教寺庙大批拆毁。作为池州郡守,杜牧想必得亲自监管郡内寺庙的关闭甚至拆除。在这样的背景下,杜牧提到南朝寺庙以及"多少楼台"的问题就带有更深一层的含义——那些寺庙被毁掉了,或者只留下断壁残垣,即使武宗死后禁令解除,寺庙旧址也是人烟寥寥。把所有的寺庙看得清清楚楚的能力,也就意味着精确计数、登记注册以及拆除摧毁、夷为平地的能力,而寺庙存在于皇帝的视线中。不论怎么说,那四百八十座寺庙已不复存在。被历史抹去的,在杜牧的诗句中得到部分重现,在烟雾的庇护下若隐若现。

我以赵执信作为开头,是想说明这样的场景并不单纯是作为抒情的装饰物,而是和诗歌的表现力具有重要关系,也就是说诗人如何将事物以富有"诗意"的方式呈现出来。如果我们再来看"隐"和"秀"的对比关系,我们会注意到杜牧的诗一开始呈现的是当下之"秀":永远复归的江南的春天。接下来在第二联中,我们看到的既是字面意义上的"隐",同时也是比喻意义上的"隐";我们看到使丧亡成为可能的历史,往事的磨灭,以及它们在诗歌中的重现,既不是完全在当下的展现也不是完全的消失,而是在烟雨中似有似无地存在着。

当然还存在着欧洲浪漫主义的烟雾。我们可以比较一下杜牧的烟雾和欧洲浪漫主义最有代表性的烟雾,卡斯帕·大卫·弗里德里希(Caspar David Friedrich,1774—1840)于1817年创作的《雾海上的漫步者》(*Wanderer Above the Sea of Fog*)。这幅油画的主人公背朝我们站立,他站在高高山顶上,穿过雾气向远处眺望,视线首先触及中景的山峰,然后越过另一片雾气移向远处的最高峰。这是对浪漫主义之"崇高美"的视觉表现。在这里烟雾的用法非常不同,它们被用来消除从"此处"到"彼处"之间存在的任何可以计数的距离,这样就把烟雾变成了"无限"的标识。近代的视觉表现手法将细节持续延伸到人类视线在现实中无法企及的远距离,我们应该在此背景下来理解浪漫主义者对烟雾的用法:对"崇高美感"来说,空间不可能持续地延伸,必须由雾气遮蔽从此至彼之间的距离。

相比之下,中国的烟雾将物体分割开来,把它们变得模糊不清,甚至完全隐形,但是,中国的烟雾不是用于遮蔽两点之间的距离。

让我回顾一下我和余宝琳(Pauline Yu)多年前以不同的方式提出的一个观点。中国的表达方式常常具有以部分代全体(synecdoche)的倾向。它可以是传统上约定俗成的隐喻，但借代手法仍然占据着极重的分量。由雕塑家或画家创造出来的龙可以代表皇帝。龙在云雾中显现一鳞半爪，也就是王士禛和赵执信所称道的诗歌表现手法，同样可以代表皇帝；但人们的兴趣集中在一点：龙是如何现身的。龙是否代表皇帝并不是重点，表现手法的有效程度和准确程度才是重点。

在二十世纪下半叶文学理论大转型的初期，雅可布森（Roman Jakobsen）在一篇具有里程碑意义的文章中提出文学中的"两极"：一端是"暗喻"型（metaphoric）文学，一端是"转喻"型（metonymic）文学。暗喻型文学是抒情诗的特别领域，而借代型文学（对雅可布森来说这包括借代也即synecdoche 在内）是叙事的领域。中国诗歌似乎很明显地属于转喻型文学。虽然雅可布森可能不会赞同，但在读杜牧诗时遇到的创作日期的不确定性恰好证实了这一观点。如果雅可布森的说法是正确的，那么这首中国诗作为一个巨大整体的一部分，它所指代的那个整体"叙事"是什么呢？我以为那就是中国历史的全部——这不是美国学术界所理解的历史，而是中国观念中一种不断被持续讲述的约定俗成的历史。

在云雾中龙爪一闪——我到底看没看到龙？烟雨中一片色块晃动——那是否南朝的一座寺庙？烟雾蒙蒙的画面不见得比阳光照耀下的村落更有诗意，但是烟雾能够保护空间以及存在于那片空间中的事物，使之免受皇家普照四方的强烈日光的侵袭。

在宣州的烟雾中，杜牧找到了那四百八十座寺庙中的一座——可以确定这是发生在会昌灭佛以前。这是一座名为"开元"的寺庙，有很多同名的寺庙遍及全国各地，但是一条旧注，大概是杜牧自己写下的，称这座寺庙建于东晋。杜牧的诗中常常包括一些从实际经验上来看不相连贯的画面，这些对句是由一系列快照组合而成的拼图，烟和雨在这张拼图中的运用很独特。

题宣州开元寺

南朝谢朓楼，东吴最深处。
亡国去如鸿，遗寺藏烟坞。

楼飞九十尺，廊环四百柱。

高高下下中，风绕松桂树。

青苔照朱阁，白鸟两相语。

溪声入僧梦，月色晖粉堵。

阅景无旦夕，凭栏有今古。

留我酒一樽，前山看春雨。

  一联联对句中的拼图本身就有如烟雾。很多的诗是由一连串的感官信息结合在一起而形成的，这些信息通过"借代"（synecdoche）手法来表现直线性的经验，而拼图手法将这些经验打成碎片并重新组合，以此来抵制在时间上属于直线性进行的阅读。在倒数第二联中，杜牧将拼图本身作为主题，他把黎明与黄昏的图景并置，让过去和现在并存。即使在此处，我们也得凭借皇家地理才能进入诗中的空间，而皇家地理也代表着历史的行进顺序。杜牧在诗一开始即对题目中的寺庙加以界定，通过小注还有诗的开头两句交代出与寺庙有关的诗人，寺庙的朝代以及所在地点。最终寺庙被定位于帝国疆域的边缘——"最深处"。

  诗的第二联以一个精彩的比喻把过去一笔抹去，就像鸟儿一样飞得无影无踪（也许苏东坡对人生在世譬如"飞鸿踏雪泥"的著名比喻就是受了这句诗的启发）。一个朝代或者几个朝代都逝去了，只留下一座寺庙在烟雾中。寺庙是"藏"着的，在诗歌中这是一个很重的词，暗示着一个非常主动的"隐藏"动作。此处的画面展示了一个渐进的过程，这个过程要发现隐藏的是什么。在余下的诗句中，诗人位于寺庙之内，他是从寺内向外看而不是从外面观看寺庙。皇家地理中横向的空间和探寻发现的过程不见了，取而代之的是纵向的空间，"高高下下"。在寺庙的空间之内有交流——微风，月光，声音，一片由情景与瞬间构成的拼图，直到最后诗人流连在那里，手持酒杯，眺望远处——不是望向前面诗句中描绘的任何一个画面，而是望向蒙蒙烟雨中。

烟舟

观望者注视着雾气蒙蒙的空间的时候或许有这样的想法：什么东西一定藏在烟雾深处，可能会显现出来。在八世纪后半叶，烟雾变得越来越富有诗意。

黄子陂
司空曙

岸芳春色晓，水影夕阳微。
寂寂深烟里，渔舟夜不归。

本文的作者不想发表鉴赏式的评论，他的顾虑是发达的文学数据库有可能证明他是错的，但是我仍想指出这首诗的第三句标识了公元八世纪下半叶。第一、二句中描绘的清晰画面标志着白昼时间的推移，烟雾的存在暗示着时间继续流逝，最后一句中的"夜"证实了这一判断（从破晓到黄昏到夜深）。在感官信息中明显存在的这种时间顺序暗示着一个主体在不断地注视着江水，虽然我们不知道他在寻找什么。第三句中充满惆怅的寂静是"衬底"，为渔船归来时发出的声音做好了铺垫。最后一句的妙处在于用了否定词"不"而不是"未"。"未"隐含的意味是主体期待着渔船终将归来，而"不"只是简单地陈述了一个事实（同时，"不"也可能暗示渔船"不肯"归来，隐含着渔人的主观能动性）。

真正的问题是：既然夜色的黑暗已经足以渲染本诗的主题，再加上"深烟里"有何作用？我的看法是其余的诗句都是由实际经验的能指所构成的，而"深烟"虽然在实际经验中不是没有可能的，它的主要作用却是一个纯粹诗性的能指，为渔船可能的出现创造了一个具有纵深感的三维空间。

这把我们带到另外一条船，一条哪怕千年之后还有可能从烟雾中出现的船。这是个尽人皆知的故事。范蠡帮助越王策划了向吴国复仇的计划，将美人西施献给吴王。吴王对西施宠爱有加，使她成为真正意义上的"倾国"者。在吴国灭亡以后，越王重赏范蠡，但范蠡没有接受赏赐，而是选择了畅游江湖。

这个故事有不同版本，有的说西施随范蠡同游江湖，有的说范蠡终于成了仙。

　　如果烟雾中的人物能够连接过去与现在，泛舟于烟雾弥漫的湖面上的范蠡有可能是存在的，也可能是不存在的，对于那些向往一走了之、离开人世的人来说他是一个令人神往的充满诗意的人物。对于范蠡泛舟的幻想，幻想他依旧在湖面上，在唐代的烟雾中飘荡，能够将烟雾连接过去与现在的力量和一条逃离过于清晰的皇家空间的出路统一起来。在九世纪二十到五十年代，范蠡泛舟于烟雾中的故事频繁地出现在诗歌中。那时的诗人明显在阅读彼此的诗，虽然由于没有确切的写作时间，我们不能肯定谁模仿了谁。

松江怀古

张　祜

碧树吴洲远，青山震泽深。
无人踪范蠡，烟水暮沉沉。

　　虽然在有的情况下从清晰向烟雾弥漫的转变反映了当地天气状况的实际变化，可是这种转变出现得如此频繁，值得我们仔细思考。如果范蠡是在首联所描绘的无比清晰的画面中泛舟，我们无疑可以找到他；按照诗中的暗示，我们之所以无法跟踪他是因为黄昏时水面烟雾弥漫所致。如果有人在首联设置的情景中去寻找他，这个人即使在远处也历历可见；可是如果在黄昏时出发，就连寻找者同样也会消失。

　　在这个时期的诗歌中，有很多诗俨然是这首诗的变形。诗人那双眼睛能够看到在帝国万顷良田上空飞过的一只白鹭，在烟雾中寻找范蠡时却迷失了方向。

利州南渡

温庭筠

澹然空水对斜晖，曲岛苍茫接翠微。
波上马嘶看棹去，柳边人歌待船归。

数丛沙草群鸥散，万顷江田一鹭飞。

谁解乘舟寻范蠡，五湖烟水独忘机。

这首诗镶嵌在第一句的"空水"和最后一句的"烟水"之间，很少有诗能像这首诗那样，如此完美地展示出从清晰到烟雾弥漫的转换。

烟雾和"忘机"之间的联系很值得我们思考，这又把我们带回到关于诗学的讨论。如果诗歌是为了"言志"，那么这就与"忘机"是截然相反的（我们当然可以说隐退到烟雾中也是一种"志"，但是因为"志"常常和政治抱负联系在一起，隐退之"志"也就否定了其他的"志"）。在清晰光亮的世界中，一切都是有动机的。范蠡打破了这个定式，拒绝奖赏，退隐江湖。温庭筠提议把他找回来，可是这意味着进入到烟雾中，在那里我们既寻找不到别人，自己也会消失。寻找范蠡是一种动机，可是想要在烟雾中发现这位古时的隐者，只有依靠意外巧合。

这给我们阅读杜牧的一首绝妙的范蠡诗做好了铺垫。在读《题宣州开元寺》一诗的时候，我们本来以为开元寺是孤立的；其实并非如此：寺的周围到处都是人家。

题宣州开元寺水阁，阁下宛溪、夹溪居人
杜 牧

六朝文物草连空，天淡云闲今古同。

鸟去鸟来山色里，人歌人哭水声中。

深秋帘幕千家雨，落日楼台一笛风。

惆怅无因见范蠡，参差烟树五湖东。

诗人在这首诗中运用了《题宣州开元寺》中同样的拼图技巧，但是这里描绘的不是一个静谧封闭的美的世界，而是强调在共同的衬底或者背景上人世的种种变化——欢笑，哭泣，最终回归于草木。这个变化的过程以笛声作为节拍，笛声引出了关于范蠡的遐想，脑海中浮现出五湖的画面，还有烟雾

中的树——或许其中之一是船桅吧。

行文至此，我们可以清晰地看到在九世纪二十到五十年代的诗歌中，五湖烟雾中的范蠡已经变成了某种文化偶像。最后我们再来看一个例子，这个例子展示了许浑独特的印象派风格。

经行庐山东林寺
许　浑

离魂断续楚江壖，叶坠初红十月天。
紫陌事多难数悉，青山长在好闲眠。
方趋上国期干禄，未得空堂学坐禅。
他岁若教如范蠡，也应须入五湖烟。

全诗的最后一个词是"烟"。那是诗人在实现了政治抱负以后梦想进入的空间。

一个人离开人世，离开仕途上的希望和琐屑，欢笑和哭泣，进入烟波深处。同样的诗歌能指也可以在一个完全不合适的场景中运用，而不会完全失去其表现力。祖籍成都的雍陶好像曾经游历到总是战乱四起的西藏边境。

塞上宿野寺
雍　陶

塞上蕃僧老，天寒疾上关。
远烟平似水，高树暗如山。
去马朝常急，行人夜始闲。
更深听刁斗，时到磬声间。

这是一首危机四伏的诗，字里行间充满了紧迫感：夜间锁上寺门，去马朝急，当地军营夜间报时的刁斗夹杂着寺庙的磬声。第二联完全是静态的，充满了遐想，我们看到这位与贾岛一派交往甚密的诗人在展示他经营诗联对句的才华。这一联写景的对句是律诗中绝对必要的，有山有水的描写是由比喻组织起来的：烟雾似水，而黑暗中的树就像水中浮现的山。可是根据诗中描绘的上下文来看，这个画面应该毫不静谧，因为在烟雾中很可能隐藏着危险，致使僧人们天一黑就迅速关上寺门。这联对句充满形式美，句法在诗人的牢牢控制之下秩序井然，还有丰富的联想寓意；通过这种形式上的严谨控制和秩序美，对它所处的现实世界中的危机进行抵制，就像皈依佛门的僧人抵制那种促使他们在太阳落山以后"疾上关"的需要，一直坐禅到夜深。

在完美的对偶句中，处于对偶位置上的字常常形成常见的复合词，每个词都可以促生属于自己的联想。在雍陶诗的对句中，我们看到"山／水"，虽然这里的水只是比喻意义上的水。我们看到一幅"高／远"的画面，这幅画面以其静谧抵制现实世界中的危机。我们还看到"烟／树"，这个意象属于杜牧诗中的画面——在五湖上消失的范蠡的渔船。

金陵的烟雾

当然我们不能完全忽视一种可能性，就是在全球气候史上，九世纪的金陵——唐代对南朝古都建康的称呼——有可能雾气特别重。可是如果烟雾是一个诗歌能指，那么把它与金陵景物特别联系在一起就有特殊的意义。金陵的烟雾与迷漫的五湖烟雾不同。五湖为范蠡以及希望远离仕途、出世甚至得道成仙的后来人提供了可能性，但是金陵的烟雾充满伤感和逝去的繁华。

首先让我们重温一下诗人们常用的一种手法，就是以一幅开阔清晰的画面开场，然后再描绘一幅隐藏在烟雾后的画面。接下来，让我们回想一下烟雾的政治意义，也就是说，它能够在皇家清晰可见的帝国版图之外创造出一个隐蔽的空间。如果我们把这两个原则同时投射到历史上，我们就会得到金陵：它的王朝如鸿鹄一般飞去，只留下烟雾中的空城。如此一来，烟雾弥漫的画面既存在于现代的帝国秩序以外，同时也是已经消失的帝国秩序残留的遗迹（我们不要忘记在唐代，北方王朝被视为正统，而不是像宋朝直到现代人所以为的那样以南朝为正统）。

唐代诗人在眺望金陵的时候，对这个城市的历史传奇极为熟悉。城市的绝大部分已经荡然无存了。隋朝的开国皇帝下令将金陵夷为平地——那是这座后来称为"南京"的城市所经历的众多无情破坏中第一次严重的摧毁。曾经一度，这座城市是一个权力中心。据说这里的"王气"如此强盛，以至于搅得秦始皇心神不宁，下令开秦淮河以疏散之。当诸葛亮看到这座吴国的都城，他感叹道，石头城犹如虎踞，而钟山则犹如龙蟠。

到了温庭筠的时代，这座城市充满诗意的烟雾已经成形了。温庭筠用"气"的变化来解释这座城市从权力中心到伤心之地的转变过程：

鸡鸣埭歌

……

盘踞势穷三百年，朱方杀气成愁烟。

……

"杀气"对于这座富有文化与诗意的城市来说是一种暴力性很强的气质，但是建康确实曾是一个军事重地，当得起那份让秦始皇担忧的"王气"。经过南朝的几个世纪之后，那种暴烈能量逐渐消逝殆尽了；"气"逐渐变厚，失去了能量，最终变成了烟雾。到温庭筠的时代，烟雾已经具有潜在的伤感与诗意，但在此处那份伤感被解释为先前活力的消失。

如果烟雾弥漫的空间能够容下那位极有手段的政治家范蠡，它同样能够容下一个已经逝去的、曾经充满活力的政体。那是一幅描绘缺席的图画，正如吴融在九世纪下半叶写的这首诗一样：

秋 色
吴 融

染不成干画未销，霏霏拂拂又迢迢。
曾从建业城边路，蔓草寒烟锁六朝。

虽然"锁六朝"这个短语是典型的晚唐表达方式，它还是会让我们思索：一个可见的空间怎么能够"锁"住一个历史年代呢？我们可以说：烟雾笼罩一个空间，六朝所有重大的历史事件都在这个空间中发生——要看到那个空间就意味着看到了历史。

最著名的一首金陵诗是以烟雾和月光开头的，这是备受诗人青睐的一种组合：

泊秦淮
杜　牧

烟笼寒水月笼沙，夜泊秦淮近酒家。
商女不知亡国恨，隔江犹唱后庭花。

在这首诗中运用的诗歌技巧是很明显的，完全符合王昌龄在《诗格》中提出的"直树一句，第二句入作势"，意即"题目外直树一句景物当时者，第二句始言题目意是也"。

诗中的情景是以烟雾和月光开始的，两个意象既照亮了夜景又让它变得朦朦胧胧，为一个传统的诗歌子题，"乘舟时倾听黑暗中传来的歌声"，创造了清晰的空间。王昌龄的《江上闻笛》是这个意境绝好的代表。在这个诗歌意境通常的模式中，诗人或者揣测乐师或歌女的心情和身份，或者像在白居易《琵琶行》里面那样去和歌人相见。可这是金陵的秦淮河，这里的历史被"锁"在了烟雾之中。诗人听到的，是在陈后主著名的《玉树后庭花》中如幽灵般重现的历史，这首歌的哀艳预示了陈朝覆灭的命运以及金陵这座城市接下来被夷为平地的噩运。

歌声是"隔江"传来的，穿过了被月光照亮的烟雾。诗人知道歌女是"商女"，这种知识使他能够传达歌曲的"教训"：对她来说，这只是一首艳歌而已，可是对诗人来说，这首歌满载着沉重的历史；如果歌女也了解这段历史，她就不会唱这首歌了。这首诗中重要的一个字是"犹"，过去延续到今天，和现在一起并存于这个"王气"变为"愁烟"的地方。这一变化发生在南朝三百年统治之后，就是陈后主写这首歌的时候。就像这个"犹"字，烟雾连接起过去与现在，将历史召唤回来，在烟雾中半隐半现。

几十年以后，诗人罗隐也在秦淮河畔的酒家近旁泊舟。这种情境当然非常富于诗意，他也果然赋诗一首，诗的开头运用了与杜牧诗相同的技巧。罗隐诗中的画面不如杜牧诗那样连贯与合理（烟雾和强风很难共存），可是烟雾作为对这座充满历史记忆的城市的诗歌能指，出现在诗的开头。罗隐也重新营造了历史，但他借用了月光中"六代精灵"的隐现来实现这个效果。在这首诗里，我们还注意到"王气"化为水波。

金陵夜泊
罗　隐

冷烟轻澹傍衰丛，此夕秦淮驻断蓬。
栖雁远惊沾酒火，乱鸦高避落帆风。
地销王气波声急，山带秋阴树影空。
六代精灵人不见，思量应在月明中。

虽然九世纪的诗人继续在清晰可见的画面和烟雾弥漫的画面之间寻找平衡，烟雾迷蒙的画面已经成为代表了"诗意"的典型意象。幸好唐代诗人常常十分明白地告诉我们什么是具有"诗意"的。八世纪末，韦应物在拜访王侍御的时候，为我们提供了这样一份证明：

休暇日访王侍御不遇
韦应物

九日驱驰一日闲，寻君不遇又空还。
怪来诗思清入骨，门对寒流雪满山。

这幅寒冷清晰的画面，可以和雍陶心目中富有"诗意"的画面形成对比，这首诗大约作于公元 830 至 840 年之间：

韦处士郊居

雍　陶

满庭诗境飘红叶，绕砌琴声滴暗泉。
门外晚晴秋色老，万条寒玉一溪烟。

当我在《全唐诗》中搜索材料时，在系于戴叔伦（732—789）名下的诗中发现了几个非常有特色的例子，比如说下面这一尾联：

回首风尘千里外，故园烟雨五峰寒。

然而，当我将《全唐诗》中的戴诗和戴叔伦集的一个现代笺注本进行比较，我发现我选出的每首戴诗都是由后代诗人所作、被误系于戴叔伦名下的（见蒋寅，《戴叔伦诗集校注》[上海古籍出版社，1993]）。这是值得注意的证据，说明虽然烟雾的意象存在于整个唐代的诗歌，但是那个变得富于传统"诗意"的烟景意象却是在九世纪时形成的。

而之所以有很多诗人笔下的烟景被误系于戴叔伦名下，恐怕多半是因为司空图曾经引用过的著名诗评："戴容州云，诗家之景如蓝田日暖，良玉生烟，可望而不可置于眉睫之前也。"

戴叔伦的烟雾诗学是一团模糊，其中除了生烟的良玉，别的什么都没有。它缺少龙爪的闪现，钟山的"龙蟠"。烟雾曾经是"王气"，而消失在五湖烟雾中的范蠡也曾击败中国当时最有实力的王国，那王国的统治者在自己的都城沦陷时还在做着称霸的美梦。龙不一定是真的，但是它是一个必不可少的可能性，它必须具有随时出现的潜力，否则烟雾就只是空虚的烟雾而已。

（田晓菲 译）

华宴：
十一世纪的性别与文体 *

* 原文是作者在复旦大学的演讲
稿，收入复旦大学文史研究院编，
《鼎和五味》（北京：中华书局，
2010）。

中国"古典雅正文化"（classical culture）之形成，发生于九至十一世纪之间，最重要的阶段是十一世纪也即北宋中叶。"雅正文化"之形成是个复杂而庞大的题目，本文只是对此进行初步的探讨。把"雅正文化"的形成锁定在这一历史时间段，意味着我对"雅正文化"有特殊的定义。这一定义建立在一个简单的见解上，也就是说，当时的知识界出现了一系列具有可变性的二元结构概念，改变了传统话语形式的意义。举一个最明显的例子：在诗歌话语中开始出现所谓"白话俗语"，"白话俗语"具有即时性、当下性，它改变了"诗性"的定义和价值，导致了"雅正话语"的产生。换句话说，在唐朝仅仅是"诗歌"的诗歌，到了宋朝以及后代则变成了"雅正的诗歌"（classical poetry）。今天，我准备谈一谈这一种另类话语空间的生成，这一另类话语空间把传统诗歌形式排斥在外，并通过这种排斥，使传统诗歌形式成为"雅正文学"。

今天我还准备谈到"两宋"，而我所谓的"两宋"并不是说北宋和南宋。我认为在宋代的精英文化中出现了一种分裂，这种分裂使得某些文化渠道不仅容许、甚至要求一种和主流精英文化背道而驰的自我再现。而且，这些渠道至少在一开始的时候涉及女性的在场；这些女性通过表演男性作家的作品，在男性作家和他们的作品之间形成中介。换句话说，当自己的作品被他者——这个他者通常是一位女性——表演，这无形中改变了作品的性质，即使人们知道这些文字出自男性作者笔下。

如果我们从文化上进行断代，那么我认为北宋真正开始于十一世纪的下半叶。在这一时期发生了一系列发生于许多不同层面然而具有内在关联的文化和社会巨变，这些巨变构成了一种强有力的文化叙事：比起唐代的科举制度，宋代的科举制度不那么受制于社会地位和势要人物的提拔，使更多地方上的精英人士有机会大展宏图；对于传统的经典诠释不再不假思索地全盘接受，喜欢提供独立的诠释；以原型科学态度探究自然现象；写作唠叨的长诗，以求模仿议论和交谈的节奏；欧阳修具有完美控制的古文，便于议论和说理，取代了形式造作的时文。我们也许不必称这一时代为"理性的时代"，但是很可以称之为"理的时代"。这样一种对于北宋的文化叙事是我们都熟知的。需要记得的是：我们对这一时代的印象来自他们的自我形象，这一自我形象是针对一个想象中的唐朝构造出来的，无论他们是在怀念失去的辉煌，还是觉得本朝较前朝为胜。我个人并不喜欢二元结构概念，但这是宋人自己创造出来的二元结构概念。

无论是经学研究，对自然现象的考察，或者对时文的攻击，宋人眼中看到的是一个似乎充满了表面现象的世界，这个世界虽然经过古人权威的认可，但宋人认为自己比前人更能看透它，看到它的本质。这在他们对人类行为的判断中也可见出端倪。我最喜欢的一个例子是欧阳修的《纵囚论》。据说唐太宗曾经放死囚回家探亲，并约定在某一时间回来接受刑罚，至期所有囚徒都回来了，太宗于是全部赦免了他们。欧阳修对唐太宗的行为做出严厉的批评。他分析太宗的行为动机，指出太宗之所以放囚徒回家是因为他知道他们一定会回来，而这是因为他知道囚徒知道如果按期回来就都会遇赦。换句话说，在欧阳修看来，表面上冠冕堂皇的行为和理由与内在动机不相称，君主和囚徒在合谋进行互相欺骗。欧阳修还建议做一个相当残酷的试验：先释放一批囚徒，等他们如期回来，就把他们处斩；然后再释放一批囚徒，如果他们再如期回来而没有逃跑，这才算是检验君主美德教化的真凭实据。欧阳修最后的结论是这样的事情是不可能发生的，因为第二批囚徒回来受刑不符合人性。君主以美德感化和教化百姓，这样一种被前人珍视的虚幻信仰到北宋已经难以继续维持下去。欧阳修不能够想象一个像唐朝那样充满戏剧性的政体，在那样一个政体中，所有的演员都沉浸于他们所扮演的具有丰富文化联想的角色。

理学家提倡"诚"，也就是说他们渴望一个人内外如一。揭露潜在动机的能力，和对于内外如一的渴望互为表里。"诚"要求信念、言语和行为的完全统一，而这是一种过分的野心，因为人性不如此运作。拿夏夫茨伯利伯爵的话来说：自然对于人类这样的野心必然会"实行报复"。

我以为，无论人们多么信仰某种公共价值，在这种公共价值之外，一定尚有一种"剩余价值"。问题在于一个文化怎样能够既真诚地信仰某种公共价值，同时又为人性中与这些价值互相冲突的成分留下一些余地，为人性留下一些余地。在很多文明中，我们都可以看到这样一种解决方式，也就是在一般的社会行为规范之外创造出一个特殊的时空，不受通常的社会规范制约。

因为这一时空对社会构成潜在的威胁，所以，它自身往往具有严格的规范，这些规范不比通行的社会规范宽松。这种另类时空通常被称作"派对"（party），或者狂欢节，而且通常伴随着饮酒。当某些行为和某类话语甚至对这些酒宴来说都不合适，那么，它们就会被进一步移植到虚想之中，这些虚想被表演出来，而人们也都知道这并不意味着表演者必然信奉这些虚想，虚想也许是，但不必是，现实。

派对是各式各样的。皇帝的御宴或者现代的国宴都有饮酒，但是这种饮酒十分节制，不能满足私人派对的需要。我不能说我读过所有的宋代笔记，但是在我所读到过的宋笔记里，还没有看到过诸如青年男女在曲江裸体狂欢的记载。唐代有些舞蹈听起来很像是现代脱衣舞，舞衣纤薄，可以看到肌肤。宋朝的派对相比而言要正经保守得多，但是，在宋代新的道德文化语境中，却仍然显得问题重重。

刚才我们曾经给出一个唐宋转型期的传统叙事，但实际上还存在着另外一种非常不同的传统文化叙事。这一叙事属于已经显得老套的文学史：在这一叙事里，我们看到文学创作的亮点如何从唐诗转向宋词；宋词则充斥着对于男女初次相见、惊艳、目成心许、密约偷期、怀念旧情等的描述，而所有这些都发生于绵绵落花中。然而这一切和科举制度的革新、对经典的重新诠释以及北宋知识分子客观理性的自我形象又有什么关系呢？对于那种客观理性的纯粹男性化形象来说，这些是被排除在外的"赘余"，就好像词是"诗余"一样。

对上述问题的回答之一，是看一看这些宋代知识分子如何消费这些文本，看一看他们在派对上的表现。

让我们首先探讨一下欧阳修的前辈，晏殊（991—1055）。晏殊在中国文学史上是一个很特别的例子，他在后代的声名导致了对其社会、政治甚至文学地位的歪曲呈现。晏殊曾经在中央和地方政府担任过一系列要职，他的社交圈子包括范仲淹和年轻的欧阳修。据说他曾经写有上万首诗，宋祁称之为前所未有。即使在南宋初年，他仍被视为相当重要的诗人，《苕溪渔隐丛话》前后集都特别提到晏殊的诗作，吕祖谦的《宋文鉴》也选入他的很多作品。晏殊的全集已经散佚，但他还是有相当一部分诗文存留下来，正是它们被保存在这些早期诗话和选集中之故。然而时至今日，晏殊却主要作为词人闻名后世，特别是以小令创作而知名。在晏殊的时代，小令与酒令具有密切关系，据现存资料来看，主要由歌妓在宴会劝酒时演唱。官方宴会有官妓和营妓，在青楼则有私妓；但是像晏殊这样的显官，却往往蓄有所谓的家妓，为来访的客人进行歌乐表演。

叶梦得《避暑录话》记载了一则有代表性的轶事：

> 晏元宪公虽早富贵，而奉养极约，惟喜宾客，未尝一日不燕饮。而盘馔皆不预办，客至，旋营之……每有嘉客必留，但人设一空案一杯。既命酒，果实蔬茹渐至，亦必以歌乐相佐，谈笑杂出。数行之后，案上已灿然矣。稍阑，即罢遣歌乐曰："汝曹呈艺已遍，吾当呈艺。"乃具笔札相与赋诗，率以为常。

在晏殊的家宴上，酒阑宴罢，晏殊便即遣散歌妓，并说："现在该是我辈献艺的时候了。"所谓我辈献艺，是指男性主人和宾客"相与赋诗"。这则轶事不仅使我们看到文体与性别的联系，更给我们看到它们被清楚地划出了各自的疆域，不得越界。

这样的派对一方面是为了享乐，一方面是政治活动的重要组成部分。很多派对成员都已经人到中年，而佐欢的乐伎则往往青春年少，年纪最小的才只有十一二岁而已（张先曾为一个十二岁的琵琶伎作《醉垂鞭》词）。在他漫长的政治生涯中，晏殊曾经被朝廷派往地方监察地方军队，上述轶事就曾提到他的"幕府"。在这种情况下，表演的乐伎很可能是"营伎"而不是晏殊的家伎。如果是这样，那么宋代朝廷有明确规定，严格禁止地方官员和营伎发生性关系。因为朝廷屡次申述这一禁令，我们怀疑这正是禁令贯彻不力、时时遭到破坏的结果。但是，违禁的官员会被斥逐，这也一定给派对上的欲望剧场增添了一份格外的刺激。

尽管演唱曲子词的女性声音必须和赋诗的男性声音隔离开来，但是，这些少年歌伎并不是曲词作者。她们演唱的想必很多都是现在署名晏殊的词作。因为晏殊集中有不少词作都系于不同作者名下，我认为我们应该把这些词视为晏殊手下的歌伎在表演歌乐时使用的词曲来源总汇，不必都是晏殊本人的作品。

那么，这些歌伎演唱的都是一些什么样的曲子词呢？以晏殊的《破阵子》为例：

> 燕子欲归时节，高楼昨夜西风。求得人间成小会，试把金尊傍菊丛。歌长粉面红。　　斜日更穿帘幕，微凉渐入梧桐。多少襟情言不尽，写向蛮笺曲调中。此情千万重。

唱这首曲子的人可以是女性，但是曲中的声音却属于男性：希求聚会，观看歌者微醺的红颜。在这些派对上歌伎显然也参与饮酒，因为有失控的危险，就越发增加了这种聚会的艳情意味。在曲词里，聚会虽然终结，但是留下"言不尽"的情怀，这些情怀在曲子词里流露出来——而且，曲词暗示说，也只有这些"曲调"才能充分地表达这些情怀。

我们在很多文化中都可以看到对不能得到满足而且常常是被禁止的欲望的表演。在我们想象的派对上，歌伎演唱《破阵子》，曲词暗示欲望也挑动欲望，但是表演突然中止，女性表演者被罢遣，集会的聚焦点转向纯粹属于男性社会化的文体：雅正的诗传统。虽然在上面所引的《破阵子》里，感情的对象很模糊，但是十一世纪的很多小令并非如此，它们十分明确地描写情人在派对上如何暗传情愫，或者以委婉的诗歌语言描写情人共赴巫山。需要指出的是：作为朝廷大臣的晏殊命歌伎在贵客面前演唱他写的艳词，不仅不为自己所写的浪漫曲词感到惭愧，反而从这些曲词中获得某种文化光环。

这就是我在前面提到的"另类时空"，通常的社会规范在这一时空暂时失效。在任何其他公开流通的话语形式中，一个具有像晏殊这样社会地位的人物都不可能在公共场合倾吐这样的浪漫情怀。但是，词这一文体却好像一柄保护伞。而且，晏殊到底是在以"晏殊"的身份写作，还是仅仅在扮演曲子词中常见的角色类型？这种暧昧不明也增强了词的保护性。在填词的时候，"戏作"常常被用来说明这些文字和作者本人的实际感情生活没有直接而强烈的关系，但是，晏殊的这一首词却强调"言情"——而这在传统上正属于诗的范畴。如果词的作用是言情，那么在派对上所赋的诗又算是什么呢？用晏殊的话来说，它们是"呈艺"——技巧的表现。

我们在这里看到一些倒置的发生，这些倒置和中华帝国晚期的标准话语——"宋词是唐诗的嫡传"——相吻合。创作半文半白、性别错杂的文体，表面上是"戏作"，却宣称可以表达真情；"诗"按说是严肃的男性文体，反而变成了"呈艺"，而"呈艺"也可以用于对词曲的表演。

这样一种话语有其自身的严格规矩，这些规矩常常受到被颠覆的威胁。在这样的对于欲望和情感的文字再现中，重要的是意识到各种界限的存在和位置。在一则著名的故事里，柳永去拜见晏殊，晏殊对柳永的填词表示不满，柳永回说："可是相公您也填词。"晏殊答道：填词是填词，可我从没有写过"彩线慵拈伴伊坐"这样的句子。对此柳永无言可答。这则故事之所以重要，不是因为它的历史真实性，而是因为它有可信度并广为流传。

像这样的故事构成了社会教训，教导一个社区群体认识到一种曲子词和另一种曲子词之间的差异，一种形象和另一种形象之间的差异。在界限的一端，一位朝廷重臣可以写作表达欲望的词曲；在界限的另一端，一个词人的名声被他的作品所毁坏，这在其他关于柳永的故事里也可以见到。柳永的句子描述的是一种家庭型的幸福、在一种小家庭氛围中身体的亲近，虽然原词建立在唐诗少妇悔教夫婿觅功名的主题原型上，可是被视为不妥当、不体面。与此相反，晏殊词里关于丧失与渴望的意象却是合法的，并得到社会的接受。这是因为这样的意象恰好体现了社会对于词曲表演本身的限制，就好像是晏殊在派对气氛升温之际突然罢遣歌伎。换句话说，晏殊的词以文字的形式演示了叶梦得所描述的基本派对形式：饮酒，听歌，然后离散——在词里表现为自然的分散，在故事里表现为人为的罢遣——留下一种不满足的情绪，在未来的酒宴与歌乐中复归。

晏殊的《破阵子》词，主题从派对发展到含蓄未尽的情怀，略过了当中男性友人在歌伎罢遣之后相与赋诗的片段。现在晏殊的诗集只保存下来一小部分，其中包括数首酒宴诗，但是除此之外，我们有大量其他当代诗人的诗作，从中可以得知那些在聚会时写下的诗和上面所引的词风格全然不同。宋诗中在社会场合下女性的缺席和唐诗形成鲜明对照，但是晏殊和唐代相距尚近，还是会在诗中提到女性的在场。在一首写于重阳节的诗《九日宴集和徐通判韵》里，我们看到歌舞伎的出现：

> 清歌咽后云生袂，妙舞翻时雪满裙。

这是当时宴会诗的典型程序：一联描写歌与舞的诗句，毫不涉及歌伎和歌的内在情感世界。"歌"是类型化、普遍化的，没有具体内容。

诗的结尾没有出现充满渴望的孤独主人公形象，相反，只是礼貌地暗示应该继续举行更多派对：

> 秋光屈指犹三七，莫向宾朋绮宴疏。

这里的语气和《破阵子》中充满孤独渴望的男性语气十分不同，就好像是晏殊罢遣歌伎的自信声音和《破阵子》词里满怀渴望的声音之间的差异。前一种声口是我们通常和宋代文化联系在一起的，但还有另外一种声音——对某种可望而不可即的东西或者某种失去的东西充满向往或者怀念——一直贯穿整个宋代，以各种不同的姿态出现，而它也许正是那个满怀自信、脚踏实地的声音的必要的影子。这就是我的"两宋"：一个文化现象，体现在"诗余"这一词语里，是雅正诗歌的"补充"或者"盈余"，外在于自我封闭的男性空间。

但是我们应该知道，这一时期的词不属于女性空间，而是属于一个男女性别混杂的空间。在这一空间，词里面的男性声音常常在表演意义上显得"阴柔"，也就是说，一个男子在面对女性的时候，在某些方面往往表现得"像一个女性"以取悦女性。一个男子能够用这种"阴柔"的声音讲话，从理论上来说，对女性构成吸引力，但是即使在男性社会群体中也具有某种光环。这是一个被标志出来的空间，就好像是剧场的舞台。它必须只能占据有限的时间，有开始，也有结束；结束的方式是把女性遣散，改变话语形式。

张先算是一个中级朝臣，晏殊的追随者。张先常常拜访晏殊，晏殊也总是让自己的家伎演唱张先的词。在词里描写得不到机会的浪漫感情十分普遍，但是，让我们假设一个可爱的十五六岁歌伎在晏殊的派对上演唱下面这首张先的词：

菩萨蛮

中吕宫

　　闻人语著仙卿字，嗔情恨意还须喜。何况草长时，酒前频共伊。　娇香堆宝帐，月到梨花上。心事两人知，掩灯罗幕垂。

　　我想要理解的，是词曲所创造出来的社会空间和演唱这些词曲的实际社会空间这二者之间的关系。这一点很重要，因为这些在派对上演唱的词曲往往以派对为主题。

　　张先的词告诉我们什么呢？我们得知，女主人公爱上了一个人，这一关系显然已经持续了一段时间，因为他似乎做下了什么事让她嗔恨，但是嗔情恨意还是让步于爱情，因为哪怕听到他的名字，她都会感到暗暗的欢喜。这显然是一个非常小的社会圈子，因为别人会在她面前提到他的名字。只有在暖和的天气里（"草长时"）和室外的派对上，她才有机会和他频频见面。词的下阕仍然呈现室外的景色（"月到梨花上"），但是也提到"宝帐"和"罗幕"，很可能是挂在亭子上的帐幕。词的最后一句显然是在描写二人共入罗帏的情景。

　　当时人该怎样理解这样的词曲？在《莺莺传》里，我们可以看到一个著名的"解读"类似文本的范例。莺莺遣红娘送给张生一首诗：

　　　　是夕红娘复至，持彩笺以授张，曰："崔所命也。"题其篇曰："明月三五夜。"其词曰："待月西厢下，迎风户半开。拂墙花影动，疑是玉人来。"张亦微喻其旨。是夕岁二月旬有四日矣。崔之东有杏花一株，攀援可逾。既望之夕，张因梯其树而逾焉，达于西厢，则户半开矣。

　　虽然红娘对张生的出现感到大为吃惊，莺莺也把张生教训了一顿，她知道他会如何理解那首诗，而且也的确半开房门等待"玉人"的来临。

　　如果我们在这种解读语境下阅读张先的词，那么它似乎是说："我们两人彼此了解对方的心事。换句话说,听众里有个人知道我是在对他讲话呢。今晚月亮升起来的时候,我们在梨树下见面,然后一起共赴罗帐。"如果谁对这样的理解感到怀疑,那么让我提醒读者:张先的这一小令所描述的情景,以及这一时期的小令里所描写的大多数情景,都和当时诗歌、文章和笔记里面对高级派对的描写十分一致,但是这些情景和柳永词曲里面对青楼的描写却并不一致。也就是说,这首小令所描述的不是青楼私妓的世界,而是家妓或者营妓的世界。

我们当然永远不会知道演唱这一小令的歌伎是否有个情人坐在听众当中,是否后来和他共赴罗帏。一个男子为她写了这个小令供她演唱,但也可能是她有意选择了这首"菩萨蛮"。这并不重要。重要的是这对在场的听众意味着什么:歌伎似乎是在对一个他们都认识的人倾诉衷情甚至发出邀约,一个他们常常提到名字的人,一个亲身在场的人。像这样的歌给这些派对增添了一层新的情色刺激,不是得不到满足的渴望,而是对于私约密期的咏赞。

问题在于我们不能把生活和表演截然分开。假设上面所引的小令和张先集里的下一首《菩萨蛮》一起演唱:

> 夜深不至春蟾见,令人更更情飞乱。翠幕动风亭,时疑响屧声。　　花香闻水榭,几误飘衣麝。不忍下朱扉,绕廊重待伊。

如果这首词和上一首词连续演唱,那么我们看到的就纯粹是一幕浪漫戏剧的上演:上一首词和情人订约,这一首词描写在挂着翠幕的亭子里焦虑地等待情人的来临。如果我们换一种解读,我们也可以说,第一首词给派对带来一阵激动,一点刺激,创造出歌伎和座上某人有私情的印象;第二首词则把一切都还原为表演和游戏,让人意识到前首词和现实无关。

下面我要谈到的问题将从性别的混合转向文、白语言层次的混合,这两种混合是一枚硬币的两面。我认为,这种语言层次的混合在差异、分离和无望相思的戏剧表演中起到了重要的作用。

我们都知道词是和口语联系在一起的。但是,除了一些敦煌曲子词和其他几个特殊的例子之外,词并非一白到底,而是以口语部分作为"高雅诗意"

的框架，作为对"高雅诗意"的评论。不同的语言层次参差对照，比如在下面张先的这首《醉垂鞭》里：

> 双蝶绣罗裙，东池宴，初相见。朱粉不深匀，闲花淡淡春。　　细看诸处好，人人道，柳腰身。昨日乱山昏，来时衣上云。

上半阕采取的是中性语言层次，既不过分俗白，又不过分文雅，这在小令里很常见。下半阕却以谈天式的口语开始，告诉我们"细看"的结果以及整个社群对她的判断（"人人道"）。这样一来，上半阕的"初相见"便成为一般意义上的观看和评判。这种轻松的语气格外衬托出了结尾两句充满"诗意"的意象：在迷蒙晚山中，少女被比喻为巫山神女。我们要注意这些句子是如何组织排列的：与前面对于细节局部的仔细端详形成鲜明对比的是一片广大的昏暗——"来时乱山昏"。在这一广大背景衬托下，我们再次看到细节局部，只是这一细节局部显得模糊暧昧，女子的出现隐藏在云雾中，因为巫山神女本身就是"朝云暮雨"。

在这种语言层次的突然转换中，"可爱"转化为神秘莫测：凡间男子不能主动选择和神女发生浪漫关系，神女有主动权和选择权，而且由她指定时间和地点。词人用一个传统的诗意形象把原本近在咫尺的女子移位到可望而不可即的远方，这在文本层次上构成了对晏殊罢遣歌伎的模拟。

对相亲相近的描写和可望不可即的诗意形象构成对照，二者相辅相成，但是都不属于"诗"的世界。如果所有男性文人都只赋诗而不填词，这一差异就不会发生；它只能发生在"词"的断裂世界里。

这里我们需要考虑一个大的问题：这和我们对宋朝的理解有什么关系呢？这只是一种附带现象，还是文化与社会整体的一个必要组成部分？假使我们认为这只是一种附带现象，我们就会遇到麻烦。为什么这种多愁善感、无助无望的女性化声音在宋代反复出现，即使是在没有女性在场的时候？在这一话语形式里，为什么那么多在严肃的思想文化中从不曾受到怀疑的价值概念，比如"诚"，自我与社会角色的完全统一，或者"真"，情境的非虚构性，都显得问题重重？

我可以就此提出一个关于"文学"的论点，也就是说：文学既是社会整体的一部分，也是社会整体非常必要的一部分，正因为它常常处于那些必须在公开场合被反复强调而且也确实被真诚奉行的价值观念之外。文学就好比是纸牌游戏中的一张"变牌"，牌值可以随时变化，代表了无法预言的因素。这张牌既属于游戏规则的一部分，又游离于游戏规则之外：根据游戏规则，持牌者会在偶然的机会里得到变牌，它可以具有持牌者所指定的任何牌值。如果"诚"——也就是表里的绝对一致和完美的透明度——是一种公共价值，那么曲子词把这种公共价值变得复杂化。这不是说曲子词只是文字游戏、只是对"诚"的简单颠覆（这种可能性本身已经被包含在"诚"的价值结构里）；而是说，这些曲子词有可能是真诚的：词的男性作者有可能确实充满了情感和欲望，也有可能不是；歌者有可能在利用歌词和听众当中的情人定约，也有可能仅仅是在表演。

这的确是在一个社会构造出来的空间里对语言的特殊使用，令人不能确定语言到底是被用来交流，还是仅仅被用来表现。这样的语言因为被置于女性之口而成为可能（苏轼试图把"词"这一文体变成像"诗"那样比较稳定的话语形式，曾经至少有一次命少年演唱他的词作）。这些女性在近距离演唱意义暧昧模糊的歌词，然后被"罢遣"。

我们再看一首晏殊的词《红窗听》，这和前面的《破阵子》有异曲同工之处：

> 淡薄梳妆轻结束。天意与、脸红眉绿。断环书素传情久，许双飞同宿。　　一饷无端分比目。谁知道、风前月底，相看未足。此心终拟，觅鸾弦重续。

这首词尽可以在一个社会构造出来的空间里演唱，但是它的内容完全抹杀了容纳派对的社会空间。对这首词来说，那个社会性世界——相与赋诗、谈论政务和晋升——才是不真实的。在这首词里，我们所能看到的只有情人的在场和缺席，以及对爱情的渴望。

我们再次听到一个男性的声音。这首词以情人瞬间的在场开始，我们在张先词里也见到过这种视觉描述。但是，情人的在场很快消解为往事：一个书信来往、两情相许的故事。下半阕则以分离开始，分离发生在一瞬间，就好像晏殊戏剧性地遣散歌伎那样突兀。但是填满这段分离的空隙的，不是构成我们生活主干的"外面的世界"，而是对情人的渴望，从视觉方面定义为"相看"。

我们必须注意字词的使用。在这首词的倒数第二行词人用了"此心"一词。如果我是在教课，我就会问我的学生："此心"和"此情"的区别是什么？"情"是心中的一种特别的震动，可以在其他时候以其他方式被挑动起来。"此心"要意味深长得多，它暗示了一种具有永久性的情况。对这种永久性欲望的解决方式更是有意思：欲望被谱成词曲，以表演的形式回到被歌词抹杀的社会世界里，而且，是为男性客人进行的表演。

我曾经提出，情爱话语一旦出现，隐居话语的显著性就大为降低了。这两者之间存在重要的相似点，简直可以说是可以互相取代的，因为它们都是对社会的社会性否定，都是对公共生活的消解与抹杀。二者都包含欲望和幸福感。情爱话语允许幸福存在于社会之中，虽然这个社会世界被降为存在于情人一次相会与下一次相会之间的空白。和隐居不同的是，爱情总是有丧亡，这就创造出对情人回归的欲望，或者对幸福可以继续下去的欲望。虽然在这两种话语的内部不承认这一点，但是，隐居话语和情爱话语都在根本上具有社会性，为一个珍视它们的社会群体所共享。在那个拒绝或者抹杀社会与政治社区的孤独声音里，这个社会群体找到了自己的声音。

晏殊的客人听到词曲，会把晏殊视为词曲的作者。他依靠对社会世界进行否认而获得价值，就像六朝诗人凭借隐居获得文化资本一样。这样的词曲为派对之后主人与客人的政治性交谈创造了一个新的空间，在这个新空间里，那些政治和社会的酬酢变得虚假或者至少对主人来说不是最重要的。至少词曲是这么告诉我们的。我不知道这是不是真的，但这显然构成一种话语可能。在历史上，有一些对社会的社会性否定如此持久和一致，很难让人宣称它们是不必要的或者不真实的。随着"外面的世界"里的话语变迁，这一话语也会改变它的形状，就像情爱话语使隐居话语黯然失色那样。

在演讲开始时我谈到"雅正文学"。我当然不是说所有的宋代诗文都可以涵括在晏殊遣散歌伎之后写下的派对诗里，但是，我们看到：所有的"雅正文学"都获得了一个影子，一个想象的另类选择，而且，人们不断回到这一想象的另类选择来。

晏殊及其客人在派对上写下的诗篇代替了歌伎的词曲。这些男性诗人在"呈艺"，他们在诗中描写当下的派对，而不是追忆过去的派对。雅正的诗篇不谈激情和欲望，除了对再次开宴的欲望之外。在这些诗里，歌者与舞者都是无名的，没有个体面目的，不是那个特别的、独一无二的情人。当那些歌伎在场时，情爱显得非常重要，这些雅正诗篇为情爱提供了一个社会性语境，并且容纳限制了情爱。

在现代学者开始论述白话文学的时候，胡适曾以这样的问题作为他的文学史的开场白："古文是什么时候死的？"他把古文之死放在西汉。这实在是一种糊涂说法。真正有意思的问题，是"雅正文学"什么时候变得"雅正"，虽然还是很重要，但是其意义被它所排除在外的东西所改变了。我们在北宋目睹这一现象的发生。雅正诗歌并不矫揉造作，但是它不能描写某些题材；为了弥补这一缺憾，它开始描写各种各样以前不能入诗的题材。只有词，被容许描写那在人生中比其他一切都更重要的东西——哪怕只能以暧昧游戏的方式来描写——但是如果这种东西真的最重要，那么在它的反衬下，其他一切也就都降为陈词滥调的常规。

（田晓菲 译）

"三变"柳永与起舞的仁宗 *

* 本文原为演讲稿，收入林宗正、
蒋寅主编，《川合康三教授荣休
纪念文集》（南京：凤凰出版社，
2017）。

目前在中国进行的文学史写作，总是在寻求某些东西，某些学者尽量试图提供的东西。它寻求和需要的，是历史上生活在某一特定时间和地点的作者，书写原封不动传到我们手里的文本。历史上的作者和文本是互补的：我们对作者的知识为我们理解文本提供一个稳定的语境，文本帮助我们理解作者。

这样一种处理方式，在很多时候，特别是对于宋代以降的著名作者的诗、文写作来说，都不能说不合适。但是，当我们面对宋代以前的文本，还有宋代以来某些类型的文本，这样的处理方式就未必那么有效；如果强行把那些文本和作者纳入现在的文学史执意寻求的模式，甚至会引起对文学史现实的严重扭曲。

这样的情形，呼唤一种不同的文学史。我们必须面对一个事实，就是在某种程度上，作者和文本的关系经历的是一个相反的过程：作者是在很长一段时间内由作品文本创造出来的。有时我们可以一步一步地跟踪这一过程。

有时我们更会看到这样的情形：在被一些文本创造出来、发展出了名望声誉以后，一个作者会吸引来另外一些作品，因为那些作品和人们想象中的作者非常般配，人们觉得"一定是"那个作者写出来的。当新的文本围绕作者出现，作者的作品集发生改变，作者的形象也不断调整移位，配合着新时代的价值观念发生变化。最终会有学者用尽了聪明才智回头寻找历史上的作者，而这个作者归根结底只是一个名字而已。

在今天的报告里，我希望以柳永为例，给大家展示一下，我们以为我们都知道的柳永是怎么样在他死后的一个世纪里逐渐成形的。

词人柳永，原名柳三变，在历史上是一个晦暗不清的人物。他的生平大多是从去世三十多年之后的琐闻轶事中拼贴而成。[1] 由于柳永的卒日及最早的轶事的确切时间都不可考，我们面对的是一个近似的世界。[2] 这些材料都来自笔记、诗话或词话，都是没有给出文献记录来源的故事。仅有的一则来自可靠文献的证据是一篇据说是柳永侄子所作墓志铭的残篇，已被薛瑞生彻底

[1] 关于柳永生平的材料广为人知并且已经并反复考察过。海陶玮（James Hightower）对这些材料以及他们的切实性进行过彻底的考察。参见 James Hightower, "The Songwriter Liu Yung: Part I"（下文简称海文），in *Harvard Journal of Asiatic Studies*, Dec, 1981,vol.41(2), pp. 323–332.

[2] 我在此处对年代进行了特定的处理。对于已知年份的文本，我采纳；但通常情况下——就如此处的"最早"——我则使用作者所属代际的年代。

推翻。[3] 除了这些琐闻轶事以及基于词作的推测，关于柳永的其他信息都来自较晚的地方志。[4]

就这篇文章当下的目标来说，我将暂不讨论地方志中的信息，而集中关注最早那些来自已知宋代材料的记事。虽然一些轶事包含"独家"信息，但大部分都集中于仁宗因柳永词而做出负面反应这一情节。关于此事的四个最主要的版本不仅各不相同，在关键细节处还互相抵牾。只可能有一种版本符合历史真实，但这并不意味着其中任何一则都符合历史真实。柳永取得进士的时间——通常被认为是可靠信息——在一则轶事中系于 1037 年，而其他几则系于 1034 年。[5] 更重要的是，虽然大部分柳永传记都说他晚年才取得进士，关于他生平的最早轶事（给出中举年份为 1037）暗示了他在更早阶段就通过科举，仕途的延迟是因为选调问题。由于中举年限和仕宦生涯开始前的长期滞留构成了对柳永生平所有揣测性记述的中心，因此滞留发生在中举前或后、中举时间究竟何时等问题都会导致对他生活年代的不同推测。然而，说柳永活跃于十一世纪三十年代至中叶这段时间应该是一个安全的"大概"。

柳永的大部分词作可归纳入下面三类：一小部分称颂帝王及都市生活；一大部分歌颂他在"东都南北二巷"花街柳陌的经历，旁观与身处其间之语兼有；还有相当一部分是关于离京后的行旅，称赞地方要员有之，结尾时表达对回汴京与二巷的期盼亦有之。一些词中很明显柳永在以自己的口吻发言；在其他一些词中他则明显进入了绝非柳永的角色；而在很多情况下，我们无从判断。

即使在柳永生活的年代，对一个胸怀抱负的年轻官员来说如此公开展现自己流连二巷、乐在其中也实非明智之举；在柳永逝去后的百年间，对行为道德的审查日渐严苛，此时回望柳永将自己情爱生活置于公众视野下的做法——姑且无论虚实——就显出某种难以理解的荒唐，亟须对此行为前因后果做出某种解释。而对于一个除了词人身份以外任何真确、独立的历史记录都阙如的人，他的生平便无法与他的词作分离，也不免要与哪些词是确切可

[3] 参见［宋］柳永著，薛瑞生校注，《乐章集校注》（北京：中华书局，1994），页 11—14。
[4] 见文末附注。
[5] 傅璇琮主编，《宋登科记考》（南京：江苏教育出版社，2005），页 167 选择了广泛认同的 1034 年，但是他所引的证据是最早的《渑水燕谈录》，而此书给出的时间是 1037 年。1034 或许确实是更有可能的，因为那一年仁宗下诏对多年未通过考试的年长考生进行宽限，进士人数剧增。参见《乐章集校注》，页 5。

[6]《书〈乐章集〉后》，见《演山集》，卷三五，《四库全书》本。

[7] 在唐代诗可以雅，可以俗，但诗这个文体本身并不算是雅。随着词作为文人常用书写形式的兴起，诗这种文体开始被视作"文雅"。单篇诗作可能是俗的，但它们仍然要收入作者文集。直到十一世纪词才开始被收入文集，且这一接纳经历了漫长的等待。即使收入文集后，词通常也被单独隔离于末尾。因此，文体可看作有一定的"阶级"：诗作为经典文学居于高端，而词只是一种处在被接纳边缘的文体。

[8] 张先以高龄逝世于 1078 年。由于他集中一些词作的标题所涉写作场景可系于十一世纪七十年代，此集大约编于他的末年。我们已知在当时至少还有一部个人词集（冯延巳）存在，或者还有其他。

考的、哪些词是被"视作"表现了词人本身这样的问题纠缠。

柳永词集的早期历史比他本人更加模糊不清。其中有一个版本（肯定是抄本）首次被提及是在十一和十二世纪之交人黄裳（1044—1130）的一篇后序中 [6]。现存最早的文本则收在吴讷十五世纪初的《百家词》——这个抄本有一部分大概是基于十三世纪初的坊刻本《百家词》，由陈振孙（约 1190—1249 以后）在《直斋书录解题》中著录。著名的藏书家、目录学家以及刊刻的赞助者毛晋（1599—1659）宣称他的收藏是以宋本为底本的，这部（或多部）底本已经失传；但即使此宋本确实存在，也未必是什么福音。如果北宋词人有两个较早的集子出现在我们面前，通常带来的是更多的文本不确定性。

北宋词的文本历史与"经典"文体（classical genres）编集的历史并不相同。[7] 我们知道经典诗集、文集是如何编纂的：作者通常会有一份他想保留的作品，或是原稿或是誊录，他去世后家族成员或弟子会将这些（不包括词）收录成集。相较而言，我们对北宋词集最开始时如何形成、在初期流传中有多少学术性的关注却一无所知。张先为晏殊的词集写了序，但已佚。[8] 晏几道也在 1089 年为自己的词集作序，但该集看来与传世本不同。这篇序中的一个细节大概会给那些天真地相信手头漂亮的排印本是传自从带有作者笔墨余香的原稿、到精心校对的抄本、再到依样刊刻的印本这一清晰谱系的人临头一盆冷水。晏几道谈到他的词由当时已故的某位友人的家妓演唱过，此后：

> 昔之狂篇醉句，遂与两家歌儿酒使俱流转于人间。自尔邮传滋多，积有窜易。七月己巳，为高平公缀辑成编。

这里最让我们吃惊的一点在于：高平公范纯仁（1027—1101）——晏几道词集的编者——是从歌儿处或者是从抄录了歌儿所唱歌曲的好事者那里搜

集来的词作。范纯仁很明显是晏几道的好友（正如他们的父辈也相友善），晏几道也有机会细看范纯仁搜得的手稿，检查其内容，而且很可能修改了在流传中被改动之处。这引出了这样一个问题：范纯仁在编辑过程中为什么不直接向晏几道讨要词作？紧接着我们便被引至这样一个必然结论：晏几道自己没有保存那些词——他当场写出后交给歌妓，就是如此而已。后来那些词又辗转回来，且有所变易——如果他的记忆正确的话。

我们很难说这种漫不经心在苏轼及其追随者之前的所有词人身上都普遍存在，但来自著名词人晏几道的见证使得从歌妓处收集词作这一编集方式成为一种严肃的可能。考虑到支持此说的其他词集的线索，[9] 这很可能是当时的常规。有材料告诉我们柳永当时极受欢迎，作品遍及"有井水处"。他的词集很可能就是通过这样的"缀辑"而成。只要词集有可能是来自搜集、或来自文人记录歌妓记忆中的词句，我们便开启了词作为口头传播存在的广阔天地。在这里，词的文本不仅可以随歌妓需要而调整，不知出处的词作还可能因为看起来很"合适"而被归到某著名词人名下。"合适"与当时词人的声誉相伴而生，而以此标准新加入的词作又反过来确认这一声誉并推着它向特定方向倾斜。[10] 简言之，我们经历了一个词人被"生产"的过程，在其间一系列大受欢迎的轶事共同创造出一个很可能与原历史人物大相径庭的文化身份。

在中国以外关于这一时代的其他文学研究领域中——尤其是对早期口头文学的研究——我们这里关于柳永生平和作品的"模糊"之处已可算足够精确。文本的流动性以及知名作者会成为文本"箭垛"这一点（也就是说，人们喜欢把作品系于知名作者名下）也被视为常情。然而背靠着至少可以追溯到宋代的漫长文学研究传统，中国文学的研究者们会试图追寻文本、作者和历史之间的透明关系；宋代的经典文学正好提供了这种关系。然而对于词这样正在兴起的文类，"作者"与"文本"并非一个起始点，而是一段延续的过程。如果我们足够幸运，这一过程仍然有迹可循。

[9] 陈世修在 1058 年给冯延巳词集所作的序中提到"采获"词作。我在"Who Wrote That?: Attribution in Northern Song Ci"这篇文章中有详细讨论，收入 Paul W. Kroll ed., *Reading Medieval Chinese Poetry: Text, Context, and Culture*(Leiden；Boston：Brill, 2015)。

[10] 一旦我们进入十二世纪中期，当词开始在刻本中出现时，我们就会见到坊刻表现出强烈的兴趣要接纳那些自豪于剔除了"一切编者基于作者形象"这一可疑标准而判断为错误归属的作品的学术整理本。最明显的例子是欧阳修的《近体乐府》，编者去除了那些不符合他"著名儒家学者"形象的词。

[11] 参见脚注7。

[12] 朱易安、傅璇琮等主编,《全宋笔记·第二编·一》(郑州:大象出版社, 2006), 页218。

[13] 参见王昌龄的《闺怨》。

我并非彻底的怀疑论者,我相信柳永集中很多词作确实出自柳永之手;然而,这种相信必须加上注脚。首先,我说的是"相信",并非"知道"。即并非如我说知道欧阳修写了某首诗、某篇论等经典文体 [11] 那样确定。第二,我不清楚哪些词是他所作,哪些不是。第三,如果我们接受词作可能是从歌妓处收集而来这一事实,我就不由得怀疑很多词与柳永原作已不尽相同。面对着苏轼之前这代词人的很多词作留下的无数问号,如果我们能把柳永看作一个"角色"(persona)——一个曾经真实的历史人物被其声誉包裹、吞噬后所变成的"角色"——我们反而能站在更加坚实的平台上。

我们知道在柳永去世三十多年后的十一世纪末期,关于他的故事已经传开,通常涉及下面几个方面:1)仁宗因他的词作而对他不满,2)此事后来阻碍了他的仕途,3)对他词作质量的褒贬不一,有的涉及用语,有的则涉及主题及用词的道德状况。我们不清楚这些轶事的作者们(黄裳除外)是否读过柳永的整个词集。如果他们仅仅听过柳词的演唱,我们便需要追问他们听过哪些、演出曲目的选择是否受当时柳永声名的影响。考虑到在中国那些流行但未必有代表性的作品常常轻易被用作衡量作家的标尺,我们恐怕不能预设他们拥有我们今天这样对柳永词集的相对全面的知识。

第一则轶事(未必是最早的)仅仅提到仁宗对柳永词不满及随后柳永的仕途问题;对柳词的负面评价则来自宰相晏殊——当时仁宗最宠爱的大臣之一。材料来源是张舜民的《画墁录》,年代不明,大约是十一和十二世纪之交:

> 柳三变既以调忤仁庙,吏部不能放官。三变不能堪,诣政府。晏公曰:"贤俊作曲子么?"三变曰:"只如相公亦作曲子。"公曰:"殊虽作曲子,不曾道'绿线慵拈伴伊坐'。"柳遂退。[12]

对于这首冒犯性的《定风波》,我们首先应当注意的是它与花街柳巷毫无瓜葛,且不能作为柳永的亲身经历来解读。确实,少妇思春、悔教夫婿出行在唐诗中是相当体面的主题。[13] 海陶玮将"伴"翻译为"nestle(依偎)",

但这里是一种更为中性的"陪伴"（坐在身旁）。人们可能会猜测是此处的亲密场景犯了禁，但对内闱的诗意窥探在唐诗和十一世纪中叶的宋诗中已可说是"源远流长"的写法。

在我看来，紧随 1080 年苏轼乌台诗案之后，此处真正的"深意"在于文学创作的危险性，尤其是使得作者之言得以散播四方的流行性带来的危险。这则轶事的读者会明白：通常沾有情爱色彩的词远未"小道"到可以逃离公众检视的地步，反而可以为仕途带来毁灭性的影响。"这一句中究竟哪里招来了非议？"——正是这种不确定性构成了警告：远离任何有可能显得"不宜"的话题。

张舜民这则轶事简单提及仁宗被"忤"，却未回答到底发生了什么。其他四则不同的轶事纷纷给出答案。这些轶事的作者／知情人（author-informants）形成了一条较清晰的代际序列，从十一世纪晚期延伸至十二世纪中期。开头的第一则可系于 1095 年，王辟之（1033—?）的《渑水燕谈录》：

> 柳三变，景祐末登进士第，少有俊才，尤精乐章，后以疾更名永，字耆卿。皇祐中，久困选调，入内都知史某爱其才而怜其潦倒，会教坊进新曲《醉蓬莱》，时司天台奏："老人星见。"史乘仁宗之悦，以耆卿应制。耆卿方冀进用，欣然走笔，甚自得意，词名《醉蓬莱慢》。比进呈，上见首有"渐"字，色若不悦。[14] 读至"宸游凤辇何处"乃与御制真宗挽词暗合，上惨然。又读至"太液波翻"，曰："何不言'波澄'！"乃掷之于地。永自此不复进用。[15]

这则对仁宗之怒的记述完全未提及柳永作为浪子和歌妓之词人的名声。在这一点上它与张舜民以及另一则更早的记事相近，即王辟之的几乎同时代人黄裳对柳永词集的后序[16]：

> 予观柳氏乐章，喜其能道嘉［嘉］祐中太平气象，如观杜甫诗，典

[14]《全宋笔记·第二编·四》，页 90—91。

[15]"渐"在词中意思是"渐渐"，但这个字也可以指"（疾病）加重"。为多病的仁宗祝愿长寿，用这个字实在显得不祥。

[16]《书〈乐章集〉后》，见《演山集》，卷三五；王兆鹏，《词学史料学》（北京：中华书局，2004），页 164。柳永集在十一世纪末期或十二世纪前三十年已为人所知并不意味着已经刊刻出版。我们所知的最早的柳词刻本是收入十三世纪前十年（完成于 1210 年）刊刻的《百家词》中的部分。

雅文华，无所不有。是时予方为儿，犹想见其风俗，欢声和气，洋溢道路之间，动植咸若。令人歌柳词，闻其声、听其词，如丁斯时，使人慨然有感。呜呼！太平气象，柳能一写于乐章，所谓词人盛世之黼藻，岂可废耶？

这里不仅没有任何对柳永浪荡子形象的暗示，黄裳甚至还将柳永与杜甫并提，而柳词被描述为"典雅"。这并非孤例，李之仪（王辟之的同代人）在 1115 年左右为吴可的词写了一篇后序，其中评论道：

> 至柳耆卿始铺叙展衍，备足无余，形容盛明，千载如逢当日。较之《花间》所集，韵终不胜，由是知其为难能也。[17]

吴可是《花间集》的推崇者，因此李之仪以这部词集作为他词史的开端。同黄裳一样，李之仪也把柳永词看作和平盛世的体现；欠缺处仅在于"韵"。晁补之（1053—1110）也以相似的语汇称赞柳词，同时也坦言关于他的风格颇有争议。虽然如此，对柳永词风的评价丝毫没有指向他的道德水平。

> 世言柳耆卿曲俗，非也。如《八声甘州》云："渐霜风凄紧，关河冷落，残照当楼。"此真唐人语，不减高处矣。[18]

这样的称赞与陈师道（1053—1101）在《后山诗话》中对柳永的评价大相径庭。在那里，柳永词被描述为"骫骳从俗"。[19]

> 柳三变游东都南北二巷，作新乐府，骫骳从俗，天下咏之，遂传禁中。仁宗颇好其词，每对宴，必使侍从歌之再三。三变闻之，作宫词，号《醉蓬莱》，因内官达后宫，且求其助。仁宗闻而觉之，自是不复歌其词矣。[20]

[17] 见张惠民编，《宋代词学资料汇编》（汕头：汕头大学出版社，1993），页 200。日期不详，但是李之仪为吴可 1115 年的诗集也写了一篇跋。

[18] ［宋］吴曾，《能改斋漫录》（上海：上海古籍出版社，1960），页 469。

[19] 使用陈师道《后山诗话》时需多加注意，已知其中有窜易添改。

[20] ［宋］胡仔，《苕溪渔隐丛话前集》（北京：人民文学出版社，1962），页 407。

此处我们看到关于柳永至少也是一个流连于 [21]《全宋笔记·第二编·十》，页285—286。
南北二巷的浪子的首次表现——但总的来说也只
是一个试图获取仕进的词人。值得注意的是此处仁宗"颇好"柳永词，仅仅
在发现柳永试图利用和内官的关系获得晋升后才有所收敛。《醉蓬莱》又一
次成为焦点，但这一则的语言暗示了虽然这首词是特地为禁中所作，仁宗所
喜爱的其他词却已享誉宫外。

这一位喜好流行曲子的仁宗在十二世纪彻底消失了。陈师道去世后三十
多年，这个故事在叶梦得（1077—1148）1135 年的《避暑录话》中再次出现，
但面貌大改。[21] 首先，叶梦得清楚指出当仁宗的不快发生时，柳永仍然在准
备科举，而非待选。叶梦得重复了陈师道提及的柳永游于二巷的情节，但他
修改语句以强调他拜访频率之高、所去之地之不体面："多游狭斜。"叶梦得
仍然说柳永擅歌词，却未评论其词风。叶版的仁宗不再喜欢宫外传入禁中的
流行曲，而是宫中乐师有新曲时，"必求永为辞"。最后，叶梦得宣称柳永的
出名是因为他的词作被用于宫廷。

到此，我希望有几股持续的力量在不断修改对"仁宗之怒"的讲述这一
事实已经清晰呈现。对柳永词风可能有过的负面评价被替换为对他品行的整
体评价。在社会阶层的另一端，仁宗也不允许对像柳永这样的人表示任何赞
许。如果陈师道仍然可以想象柳永词在汴京广为传唱，流入禁中波及皇帝，
叶梦得则只能接受这一影响过程的反向：从宫廷延及市井。在这则轶事的最
后一个版本中，宫廷和市井这两个世界之间再无牵连。正如我们后面会看到
的，宫廷与民众的这种截然分离与柳永词中所歌颂的上下共其雍熙的太平盛
世景象不啻天壤之别。

我们无法给出严有翼及其《艺苑雌黄》的更精确年代，只能说大致在
1120 年左右，但不太可能会早到王辟之与陈师道之时。这个版本中我们的
那则轶事经历了重大转变：严有翼把叶版仅仅提及的某些内容推到了前台。

柳三变，字景庄，一名永，字耆卿，喜作小词，然薄于操行。时有
荐其才者，上曰："得非填词柳三变乎？"曰："然。"上曰："且去填词。"
由是不得志。日与侥子纵游倡馆酒楼间，无复检约，自称云："奉旨填

词柳三变。"呜呼，小有才而无德以将之，亦士君子之所宜戒也。[22]

[22] 见［宋］胡仔，《苕溪渔隐丛话后集》(1167年)（北京：人民文学出版社，1962），页319。出自严有翼（十二世纪早期）《艺苑雌黄》。
[23] 见《乐章集校注》，页239，海文，页120，与吴讷《百家词》本参校。

这是一段与前面相比几乎面目全非的记事，由柳永操行不佳的恶名发展而出，并预设仁宗已经听闻他是一个词人；开头却将他的词作与他的名声作了明显区分（柳永喜作小词，然薄于操行）。这一则记事着力指出柳永在被推荐之前就已恶名在外（想必这也是仁宗对之做出风趣拒斥的原因）；然而，帝王的黜落反过来又成了柳永不再"检约"其行为的缘由。他词中所写被当成他个人行为的证据，而此后又同时成为他仕途不顺的原因和结果。柳永在遭受仁宗拒绝后的诙谐应对——"奉旨填词柳三变"则是对词人表现的一个重大转折：柳永从一个沮丧的求官者转变为一个以冒天下之大不韪的傲气来展现其反文化（counter-cultural）角色的人物。最终，我们看到笔记作者对柳永德行的总括性批判，比此前任何时刻都更加清晰。

在这一段后，严有翼进一步指出柳永与其他著名词人相比有多么不堪，称柳永仅仅因为迎合低俗趣味才获得人气。之后严有翼重提王辟之那则轶事，修改语句并删去了仁宗将柳词"掷之于地"的结尾，使得上面所引的这段看起来像是仁宗恼于《醉蓬莱》后的反应。然而这两段轶事的缝合纰漏百出。严有翼接着又从其他角度挑剔《醉蓬莱》，并把对柳永另一首词的批判塞入张先口中。这一则记事是对柳永的全面批驳，先在道德层面，接着又转移到词的审美层面。

我们一直关注的这则轶事的最后一个版本涉及柳永最著名的词作之一，在这一记载中仁宗对它非常熟悉，张口就可引用。这首词就是《鹤冲天》：

> 黄金榜上，偶失龙头望。明代暂遗贤，如何向。未遂风云便，争不恣游狂荡。何须论得丧。才子词人，自是白衣卿相。　　烟花巷陌，依约丹青屏障。幸有意中人，堪寻访。且恁偎红倚翠，风流事、平生畅。青春都一饷。忍把浮名，换了浅斟低唱。[23]

在后序可系于 1157 年的吴曾的《能改斋漫录》中，我们见到这则轶事的最后一个重要变体：

> 仁宗留意儒雅，务本理道，深斥浮艳虚薄之文。初，进士柳三变好为淫冶讴歌之曲，传播四方。尝有《鹤冲天》词云："忍把浮名，换了浅酌低唱。"及临轩放榜，特落之，曰："且去浅斟低唱，何要浮名！"景祐元年方及第。后改名永，方得磨勘转官。[24]

这一仁宗罢柳永故事的最新版本已经从拒绝对柳永的推荐转变为把柳永从进士名单中黜落（别忘了早些时候叶梦得是怎么把柳永变成举子的）。仁宗则从柳永词的爱好者变为严苛的儒家帝王，监视着所有合格进士的道德声望。而仁宗此处风趣的黜落之词与我们早先在《艺苑雌黄》中看到的完全相同（都以"且去"开头）。非常引人注目的是，这首词既是柳永落第的原因，也是结果。[25]

仁宗对柳永的种种不同版本的罢黜是互相排斥的，而且即使在最放荡不羁的想象中，仁宗也不可能在四个不同场合拒绝柳永、断其仕途。很明显我们此处面对的是一则在持续重述中被变形的轶事，而这一系列演变的推动力正是那大半个世纪期间文人团体价值与趣味的不断改变。在这个过程中，柳永从一位寻求王室青睐的出色词人变为淫邪浪子，正如他词中所写；同时，仁宗从"颇好"柳永词变成一位蔑视所有这类写作的顽固道德家。而一条明显贯穿始终的脉络则是发生于十二世纪初、在宋词的接受中日渐浓郁的道德评判色彩，这一现象在其他词人身上也可见。

助长这种道德式解读的前提与道德化本身同样重要。前面所引的晏殊对柳永的斥责从其他任何方面看都颇显荒谬，但如果从不喜慢词的角度切入，则可以理解。柳永描绘的是一位期待把丈夫留在家里、陪他坐在一处的娇妻，没有任何指涉南北二巷之处。晏殊自己的词则含有与十五六

[24] 见唐圭璋编，《词话丛编》（北京：中华书局，1986），页135。《能改斋漫录》，页480。还有一些更晚的版本，但很清楚晚出的都是在所引的这些轶事的不同版本上做文章。

[25] 我们当然可以通过把落第时间设置得更早来解决这个令人吃惊的矛盾；然而，那样做的话我们就相当于为了维护这一版本的可信度——一个与这则轶事的其他三种较早版本无法协调的较晚版本——而创造出一个除此以外无据可查的历史"事实"。

[26] 柳永集中有一些较早的关于社交场合的慢词，但没有标题。

[27] 见邹同庆、王宗堂，《苏轼词编年校注》（北京：中华书局，2002），页134。

岁的女孩儿——家妓而非高级私妓——隐秘约会的强烈暗示。然而，就算幽会确实发生过，那些词明显只被当作戏言——从没有人拿着那些词来质疑晏殊本人的道德。再看欧阳修，我们发现，在十一世纪这类词已经面临一道一旦越过就可能生成流言的边界。然而，在柳永活跃的十一世纪中期，词一般来说不会被理解为词人内在生活的由衷展现、也不会被拿去结合作者的传记或公众形象作解读。到了十一世纪七十年代，情况开始变化，而这些变化又反过来波及对柳永的接受。在七十年代我们看到越来越多的以特定场合为题的慢词。[26] 虽然所写的很可能是作者的真情实感，但它们仍属于表演性质。但词的主题范围开始延伸到表演之外。如果要为这一重大变化举例的话，我想特别提出苏轼作于 1074 年的《沁园春》，标题是指出了特定场景的《赴密州早行马上寄子由》。[27] 虽然这首词后来定然进入公开流传（更可能是以文本而非表演的形式传开），但这是苏轼独自一人时所作，作好后寄送给了弟弟；苏辙将会阅读此词，而不太可能叫来歌妓和乐师演唱。这首词中超出已有宋词传统的词汇和典故处处可见，所用的词牌首次出现在十一世纪七十年代（留下了京城之外的地方歌妓是否知道如何演唱的问题）。这事实上是一首"诗"，被"转译"进了新形式，它在开发这一新形式带来的各种可能性。

苏轼的崇高地位及其词作对其追随者的影响促成了传记式的写词和读词的模式。很多词仍然是用早期模式写的，但词可以代表作者的真实情感、观点和个性这一预设已传播开来。这便将词敞开置于精英团体的审视与品评之下。在一些情况下，比如欧阳修，对作者品行的正面评价已根深蒂固，以至于凡是以他名字流传的词作，哪怕道德上略显暧昧，也一般被当作是恶意归属而剔除。而在柳永的例子中，我们看到从对词作风格的负面评价到对作者道德品行的负面评价的转移。词人的道德水平必须和他词作的伦理意味吻合——无论是通过贬低作者还是通过剔除词作的归属来达到这一目标。

关于仁宗黜免柳永的这一系列轶事可以在宋词解读体制之演变这一背景下来考察。王辟之的《渑水燕谈录》中对柳永的评价并非基于其行为或恶名，他只是在上呈著作给皇帝方面缺乏应有的谨小慎微态度。但在陈师道和叶梦得的记述中，柳永使用了不恰当渠道以争取皇帝恩宠。到了严有翼的版本中，他已经恶名昭彰，而仁宗将此与他的词作直接联系起来。到了吴曾的版本，仁宗则是针对特定词作中一段特定的话来评判柳永（与苏轼在乌台诗案中受到的指控非常相似）。

在更深的层面，严有翼和吴曾的版本直接以这种新的读词方式来构成皇帝评判柳永的形式本身：混淆因果。词人创作词，但词也可以"创造"词人。在这两个例子中仁宗皇帝都说："就让他去做他词中宣称的要做的吧。"仁宗是在"正名"，以使名来副实，但不是通过对"名声"进行修正，而是通过命令柳永去成为那个他在自己词作里表现出来的人。

在王辟之和叶梦得的版本中，柳永都想要遵循常规的官僚升迁道路。即使在严有翼和吴曾的描述中，柳永在仁宗的拒斥之前也显出失望的样子。正如这些轶事的所有读者一样，仁宗知道柳永真正想要的不过是仕途的顺利。仁宗说的"且去"做你宣称的那个人明显是一种惩罚。这是意味深长的一种教训：你不可以在词中玩花样，一不小心你就很可能必须成为你玩儿的那个角色。在吴曾的版本里，柳永的改"名"（名字，也是名声）至关重要。在这一版本里从"柳三变"到"柳永"的改名似乎对勤奋官员柳永的产生具有一份重要的意义。

十二世纪的版本不再关心那个填词作曲子的历史人物（并且可以确定也没有获得新的可靠的历史证据），而是透露出对于游戏人生与角色扮演越来越重的焦虑。叶梦得关于柳永在睦州获得第一个职位的记述带有一种特别的感情色彩。[28] 知州推荐柳永升迁，叶梦得在这里解释说："选人初任荐举，本不限以成考。"此次对柳永的推荐看来引起了很大争议，在这过程中柳永因其"言"也就是他所作的词以及那些以他名字流传的词而备受责难，结果此次升迁被拒。据叶梦得说，自此以后，每一年的"成考"成为初仕选人获得举荐的必要条件。柳永再一次被放到了一个文化叙事的枢纽位置（如叶梦得所说，"自永始"）。[29]

在这个例子里，并非帝王因不满而干涉，而是具有道德意味的"公议"阻挡了柳永的仕进。对才能的欣赏，被官僚文书记载的资历所替代。

[28]《全宋笔记·第二编·十》，页 285—286。

[29] 薛瑞生指出"成考"政策其实很早就已实施（《乐章集校注》，页 6）。但叶梦得谈到的变化似乎是针对"初任荐举"的选人。

一首词里逾矩的一句可以毁掉一个人的一生，而"成考"则成为必要的证明，显示初入仕途的新官员是一个有进步的人，不一定多么才华横溢，但履行职责很忠实。

那么《鹤冲天》究竟如何？这是否确属柳永所作，向我们讲述他科场失意后的所思所感？或者柳永只是在扮演一个角色？这是否是一首因为"应该是"柳永所作而挑选了"柳永"作为作者的词？如果是，那么这会发生在我们这段纷繁变化的文化史的什么时刻？这些问题我们当然无法给出确切答案，然而我们可以把这首词和柳永的《看花回》其一并置，把这两首词间的差异和数则轶闻之间的差异做一下比较。

这首《看花回》与《鹤冲天》之间的关联，和王辟之轶闻与严有翼及吴曾版之间的关联有惊人相似。《看花回》：

> 屈指劳生百岁期，荣瘁相随。利牵名惹逡巡过，奈两轮、玉走金飞。[30]红颜成白发，极品何为。　　尘事常多雅会稀，忍不开眉。画堂歌管深深处，难忘酒盏花枝。[31]醉乡风景好，携手同归。[32]

我们记得在王辟之的轶事中根本没有提到科举落第之事。柳永职任的问题出在"选调"，明显与未言明的某处的敌意有关。《鹤冲天》是由科举失意推动的；在这首《看花回》中，词中人物选择了享乐而非官僚机构中的"极品"。这完全可以是某位已通过科举之人的感情，包括聆听欣赏这首词的观众，无论是在都城的二巷里，或者是在此词更广阔的流传范围中。《鹤冲天》的"青春都一饷"暗示一个青年；《看花回》则以比喻性的日月竞飞来写更加宽泛意义上的时间流逝，可指任何年龄。对歌妓的"偎倚"（"偎红倚翠"）换成了"携手"，而携手既可以是一男一女，也可以发生在两位男性朋友之间。两首词都有宴会场景，有音乐、酒和女人（《看花回》中的"花枝"）。

简而言之，《看花回》在表演语境下是可多次重复的，它可以诉诸精英阶层中几乎任何一位"客人"。假定代词的语境易变性使得这首词可以轻易代入任何一位献曲歌妓的口吻。相较而言，《鹤冲天》则是一个有特定年

---

[30] 玉兔指月亮，金乌指太阳。

[31] 此处的"花枝"是指女人们。

[32] 见《乐章集校注》，页39；海文，页60。

龄、特定经历的角色的声音；二巷的客人可能会 [33] 见《乐章集校注》，页 40。
欣赏其大胆直率，但未必会有个人性的认同，且
歌妓必须以男性口气来演唱，而不是以自己的声口。一句话，《鹤冲天》简
直就可以说是在寻找一位能写出如此歌词的作者。

我们可以想象在吴曾版的轶事中，《看花回》也同样适合浓重教化气息
的仁宗对柳永的黜落（"且去浅酌低唱，何要浮名"）。这确实是"浮艳虚薄
之文"。差别在于吴曾版中的仁宗很明显知道《鹤冲天》的其余部分，在其
中说话者表明科举未能拔擢贤才，但作为"白衣卿相"他并不介意。这首词
中对传统价值的蔑视性抵抗的强度与皇帝坚持这些价值的顽固程度可谓旗鼓
相当：《鹤冲天》的挑衅正好和仁宗的儒家式严苛两两相对。

然而上面所引的《看花回》并非孤立。这是同词牌两首词中的第一首，
第二首则把这种情绪放到了更广的背景下，在此我们突然明白了黄裳和李之
仪是如何解读柳永词的：

> 玉城金阶舞舜干。朝野多欢。九衢三市风光丽，正万家、急管繁弦。
> 凤楼临绮陌，嘉气非烟。　　雅俗熙熙物态妍。忍负芳年。笑筵歌席连
> 昏昼，任旗亭、斗酒十千。赏心何处好，惟有尊前。[33]

上古圣王舜帝在将恩泽广布朝野之后，在台阶上执羽杖起舞。开头的用
典明显是象征宋代皇帝，赞扬其仁治使万民和乐。他从皇宫（"凤楼"）向外
看去，福瑞之气延及四方，民众也在欢庆和平盛世、宴饮达旦。同第一首一
样，第二首《看花回》也以饮酒作结，但这是具有"政治正确性"的饮酒。
我们很难想象仁宗会觉得这样一首词有任何冒犯，且此处呈现的帝王统治的
图景与吴曾版本中严肃得近于苛刻、紧盯着轻浮文学的任何蛛丝马迹的仁宗
大不相同。这太平盛世的景象看起来才是黄裳带着怀念之情阅读柳永词集的
背景，那些酒楼倡馆之词并非浪子的"淫冶讴歌"，而是对欢乐盛世的歌颂。
对黄裳来说，柳永的词让人想起仁宗在位最后几年的嘉祐之治，那时黄裳才
是十几岁的少年。兴许黄裳知晓一些百年之后的吴曾所不知道的情况。

我们可能还注意到，《看花回》属于词的一个类型，这个类型的不同式

样在柳永的同辈及下一代词人处皆可见到。杜安世是一位生平事迹极其模糊的人物，我们关于他甚至比对柳永知道的还少；但他的词作数量在十一世纪中期词人现存的词作中屈指可数。杜安世有一首《凤栖梧》：

> 闲把浮生细思算，百岁光阴，梦里销除半。白首为郎休浩叹。[34] 偷安自喜身强健。　　多少英贤神圣旦。一个非才，深谢容疏懒。席上清歌珠一串。莫教欢会轻分散。[35]

这与柳永第一首《看花回》不尽相同，但这里的"白首为郎"却带出一些有趣的面向。并非拒斥官场，也非寻求晋升，而是恭顺地满足于闲职。这的确是解决出仕与鄙夷官场之间冲突的一种可能。此外，词的下半还以温和的自我批评向在上之人鞠躬致歉。如果"圣旦"确实是指帝王的诞辰，那么就像第二首《看花回》一样，杜安世把饮酒作乐和讴歌治世相连。

虽然他对此绝对不会承认，但伟大的词人苏轼恐怕是柳永最为忠实的"读者"。任何对这两位大家的词作进行过比较的人都不会错过柳永在苏词中的巨大存在，不管苏轼花了多少工夫想要隐藏。对这一类型的词，苏轼同样有他自己的演绎，尽管他的才华横溢而出，淹没了原型。一首《满庭芳》就是柳永《看花回》的精彩变身。最明显的变化是苏轼留下了酒而去掉了女人。

> 蜗角虚名，蝇头微利，算来着甚干忙。事皆前定，谁弱又谁强。且趁闲身未老，尽放我、些子疏狂。百年里，浑教是醉，三万六千场。　　思量。能几许，忧愁风雨，一半相妨。又何须，抵死说短论长。幸对清风皓月，苔茵展、云幕高张。江南好，千钟美酒，一去满庭芳。[36]

让我们再回到那首《鹤冲天》，以及我们早先提出的关于宋代词集编纂的问题。或许柳永的确作了这首词——虽然其语气与柳永其他词作相去甚远。正如我们所见，柳永的形象从升平时代的词人逐渐转变为传奇浪子，过着只有用仕途完全

[34] 指西汉的冯唐，他入仕很晚，有人问他为何高龄却官卑的问题。
[35] 唐圭璋编，《全宋词》（北京：中华书局，1965），页185。
[36] 见《苏轼词编年校注》，页458—461。

无望才解释得通的生活。如果《鹤冲天》被演唱后，有人追问歌妓这首词的作者，"柳永"会是那个最自然的答案。而且，由于《鹤冲天》与"变形"后的柳永的形象（流言蜚语的永恒目标）更加完美地契合，它也成为柳永最著名的词作之一。

[37] 这并非更早的逸闻中的那个柳永，也不是绝大部分词作中的柳永——虽然柳永词中确实有相当一部分是公开表现对自己选择仕途而没有留在汴京与二巷的追悔。

[38] 见隋树森编，《全元散曲》（北京：中华书局，1964），页574—575。李修生、李真瑜、侯光复编校，《乔吉集》（山西人民出版社，1988），页253。

在这样的情况下，我们可以说，柳永是否作了《鹤冲天》已经不那么重要了。真正要害之处在于这首词的作者归属促成了"白衣卿相"这个形象，一个身负贤才、却在科场失意之后纵情声色的才子的形象。[37] 这个形象是专属柳永，还是属于某一个类型？由于没有其他写到此种角色的北宋词作流传下来，这个问题已无法回答。但这一形象却将在未来的历史中继续发展，并终将再次折回到柳永身上。

这个角色类型的声音在大约三个世纪后以充满《鹤冲天》余韵的语调再次响起。这就是乔吉（约1280—1354）的《绿幺遍·自述》：

> 不占龙头选，不入名贤传。时时酒圣，处处诗禅。烟霞状元，江湖醉仙。笑谈便是编修院。留连。批风抹月四十年。[38]

乔吉的"科场失意"是纯话语性的，并非对特定经历的反应。然而他表现出与我们在《鹤冲天》中所见完全相同的对传统价值的公然蔑视，不在政府之中，而是在白话"反文化"（counterculture）中找到他的职衔。这并非南北二巷的世界，而是一种崇尚个人自由精神的私人生活，在这种生活里，成功官场生涯的种种标志（"状元""编修"）以新的模式重现。在这里，"白衣卿相"的含义还有值得玩味的地方：它到底是指一位"原本可以成为卿相却保持布衣身份"之人，还是指一位"布衣之中的卿相"？《鹤冲天》中说话者的意思大概是指前一种，然而如果证以南宋以降的白话文学传统，则是指后者，正如此处的"烟霞状元"。这是一个平行于官宦世界的、有其内部高下阶级区分的反文化（counterculture）世界。

乔吉很享受扮演反文化英雄一角儿，同时也给这个角色添了一些新佐料：

[39] 李汉秋编,《关汉卿散曲集》(上海:上海古籍出版社,1990),页26—33。

这首词末尾有强调意味的"四十年"告诉我们这位浪子正在老去。当然,乔吉此时是想着《鹤冲天》而进行某种程度上的"模仿",或者只是以自己的方式表现二巷中一个曲子词里常见的人物类型,我们不得而知。这首词以"自述"为题,蕴含着自传性的宣言。

老去的浪子同样出现在恐怕是最为著名的一个套曲中,关汉卿的《一枝花·汉卿不伏老》:

【一枝花】攀出墙朵朵花,折临路枝枝柳。花攀红蕊嫩,柳折翠条柔,浪子风流。凭着我折柳攀花手,直煞得花残柳败休。半生来弄柳拈花,一世里眠花卧柳。

【梁州】我是个普天下郎君领袖,盖世界浪子班头。愿朱颜不改常依旧,花中消遣,酒内忘忧。分茶撅竹,打马藏阄;通五音六律滑熟,甚闲愁到我心头!伴的是银筝女银台前理银筝笑倚银屏,伴的是玉天仙携玉手并玉肩同登玉楼,伴的是金钗客歌《金缕》捧金樽满泛金瓯。你道我老也,暂休。占排场风月功名首,更玲珑又剔透。我是个锦阵花营都帅头,曾玩府游州。

【隔尾】子弟每是个茅草岗沙土窝初生的兔羔儿乍向围场上走,我是个经笼罩受索网苍翎毛老野鸡蹅踏的阵马儿熟。经了些窝弓冷箭镴枪头,不曾落人后。恰不道"人到中年万事休",我怎肯虚度了春秋。

【尾】我是个蒸不烂、煮不熟、捶不扁、炒不爆响当当一粒铜豌豆,恁子弟每谁教你钻入他锄不断、斫不下、解不开、顿不脱慢腾腾千层锦套头。我玩的是梁园月,饮的是东京酒,赏的是洛阳花,攀的是章台柳。我也会围棋、会蹴鞠、会打围、会插科、会歌舞、会吹弹、会咽作、会吟诗、会双陆。你便是落了我牙、歪了我嘴、瘸了我腿、折了我手,天赐与我这几般儿歹症候,尚兀自不肯休。则除是阎王亲自唤,神鬼自来勾,三魂归地府,七魄丧冥幽,天那,那其间才不向烟花路儿上走! [39]

关汉卿在大都的卑微生活为他提供了比"白衣卿相"更加丰富的语汇,

但"排场风月功名首"和"锦阵花营都帅头"背后仍然是"白衣卿相"的模式。[40]

我们联想所及的这些曲子在表面看来已经离《鹤冲天》和柳永颇为遥远，但关汉卿这一著名套曲以一种特别的且充满问题的方式回到了柳永。在现代版的柳永词集中，我们看到一首《传花枝》。它有一系列的特别之处：除此词之外，这一词牌不见于现存的任何宋词（虽然仅有孤例的词牌名并不稀见，尤其是在柳词中）；它也未被收入吴讷抄本或者是毛晋藏本。经过某部明抄本或者是某种已佚的版本它直接进入了二十世纪的版本。在缪荃孙为吴重熹版(1901年首印)的第二印所写的校记跋中[41]，他提到一个"宋本"，此本的目录和校勘都被纳入吴重熹的第二印。[42] 这个目录收有《传花枝》，吴重熹版的第二印中也有。

在流传的各类抄本和印本中出现新增词作很常见，充分彰显了早期流传中词集的流动性及词作如何在不同版本中显隐。然而，《传花枝》却是一个异数，柳永的评点者们纷纷承认他们不太懂其中的某些词句。然而即使是凭借我们未必完备的解读，也能够清楚看到它与关汉卿《不伏老》的密切关系：

> 平生自负，风流才调。口儿里，道知张陈赵。[43] 唱新词，改难令，总知颠倒。解刷扮，能咮嗽，表里都峭。每遇着，饮席歌筵，人人尽道，可惜许老了。 阎罗大伯曾教来，道人生、但不须烦恼。遇良辰，当美景，追欢买笑。剩活取百十年，只恁厮好。若限满、鬼使来追，待俏个、掩通着到。[44]

这究竟是什么？此词的风格和语调与柳永词集中的任何一首都绝不相类。它绝不（如果我们借用陈师道对柳词的评价）"骪骳"。这是否一个北宋的文本——由柳永或某个不知名作者所著——因为柳永看上去是唯一有可能"合适"的作者而进入了柳永集？关汉卿是否知道这首词而在模仿基础上加以扩展，或者他是基于酒楼倡馆中一个已有漫长历史的、从汴京北传的词

[40] 正如李汉秋所注，在《宣和遗事》中李邦彦就被称作"浪子宰相"。

[41] 见《乐章集校注》，页286。

[42] 关于柳集版本渊源，见《乐章集校注》，页27。

[43] 没人知道这些姓氏意味着什么。薛瑞生说可能是"游侠"或者"能吏"。见《乐章集校注》，页57—58。而顾之京认为"道"是指"拆白道字"，一种文字游戏。见顾之京、姚守梅、耿小博编著，《柳永词新释辑评》（北京：中国书店，2005），页105—108。

[44] 见《乐章集校注》，页57。

的类型而演绎出自己的版本？[45] 或者，这有没有可能是一首元散曲，甚至是一首由关汉卿套曲改写成上下两阕的词？在某个时刻，柳永的名字与之挂钩。我们唯一可以带着些许自信所做的判断是，只有当柳永的形象从歌颂帝国升平的词人转变为反文化里颂扬花街柳巷的叛逆声音以后，这首词才会被加入他的词集。也就是说，《鹤冲天》必须先此成为定义柳永形象的词作之一。在柳永形象的演变中，正如《鹤冲天》比《看花回》前行了一步，《传花枝》又比《鹤冲天》更前一步。而随着这最后一步的跨出，我们进入了通俗文学中"柳三变"的世界。

（刘晨 译　田晓菲 校改）

[45] 谢桃坊认为关汉卿的套曲就是
　　受柳词的影响。见《柳永词新
　　释辑评》，108 页。

快乐、拥有、命名：
对北宋文化史的反思[*]

* 原文为作者在 2010 年北京大学"胡适人文讲座"的演讲稿，初篇英文稿发表于 *Frontiers of Literary Studies in China* (Amsterdam, Netherlands: Higher Education Press in association with Springer–Verlag，2011), vol.5(1).

引言

在这些文章里，我希望探讨中国思想史和文学史上的一个重要时刻，围绕的主题是人类快乐的性质，在所有的哲学传统中这都是重要的问题之一。北宋对这一问题的解答在当代仍能听到回响，因为我们仍然经常把快乐与特定的处境相联系，此外，和我们北宋的前辈一样，我们也经常把快乐与特定的地点和拥有物联系。在中国更早的传统中我们确实也能发现这些问题，但是北宋发生了重要的社会变革——商业文化兴起，出现由文化威望而不是家庭背景决定的精英阶层，由此对这一问题加以反思的声音达到了新的高度。

一篇好文章必须同时具有多个层面。第一层面必须植根于文本和文学史中，着眼于一个重要问题。在这些文章中，这个问题就是在北宋时期，快乐、拥有和命名之间的关系，尤其是这一关系在"古文"中的体现，我间或也会论及这一关系在诗歌中的体现。这是十一世纪的一个特有命题，与道学刚刚兴起时出现的相似问题密切相关。我要谈到的年代最早的文本来自1036年，最晚的文本则是后代对1127年一个文本的引用。在明清两代的货币经济中，快乐和拥有的主题发生了深刻的改变，变得更为复杂。至今快乐和拥有仍然是个重要问题。时至今日，我们不再那么关注"命名"（虽然我们确实对商标名称赋予了很多价值），但是我们似乎仍然相信，假如拥有了某些事物和空间，或者来到和置身于某些地点，我们便会更快乐。

在人类关于快乐的基本问题之下，还应当有一个理论的层面，它来自将文本置于其历史背景中对其进行处理。我不会在每篇文章里谈论理论问题，但是我要处理的理论问题是关于文学的，而不是哲学和思想史的。系统阐述这一点的最佳方式在于阅读文本：我要进行的是文学阅读，而不是哲学或者思想史阅读。"思想"这个词有其用处，因为它涵盖了文学和哲学，使我们得以询问两者之间的差异。这些散文题目中的三个词——快乐、拥有和命名——可以是真正的哲学和思想史问题，然而它们也常常是北宋文学文本的组成部分。我们称为哲学和思想史的阅读方式与文学的阅读方式，在描述思想上有何不同呢？

第三个层面最基本，因而也最重要。这就是我们怎样阅读，怎样学习去留意我们阅读的作品。在各篇文章中，我都会提出关于阅读的问题。

这些文章来自 2010 年 5—6 月在北京大学所做的"胡适人文讲座"。胡适本人是在两种文化的边界上耕耘的先行者。我们通过在交叉的边界上耕耘而得到收获，不只是肤浅的耕耘，而是回到两种文化深处借鉴它们的资源。

一、快乐、拥有、命名：对北宋文化史的反思

通常我们不会把这三个词放在一起，但是当我们阅读北宋的文本，尤其在阅读欧阳修和苏东坡这一代人时，围绕着这几个词产生的问题就常常以各种组合方式汇集起来，因而值得探讨的是，这些问题怎样以及为何会汇集起来。

快乐

这些词中的第一个是快乐。中国关于快乐的话语源远流长，颇有意思，以《论语》为发端，在《孟子》和道家论述中体现尤多。随后，与常见的关于"五情"的话语不同，关于快乐的话语只是零星出现，直到十一世纪北宋时才又变得显见。

可以肯定的是，快乐一直作为一种事实而存在：人们总是时而快乐，时而忧愁。事实与话语不同：话语不仅仅宣称某个人快乐，而且思考快乐的条件，以及何者使人快乐。在先秦话语中，人们可能在道、天、学、礼、义中得到快乐；但在上古，"物"或者财产拥有可能是快乐的组成部分这样一种观念，通常还没有成为讨论的问题。到了宋代，这种观念确已成为一项议题。我用"议题"这个词，并不意味着当时每个人都认为"拥有"某些物就可以带来快乐；反之，有些人显然认为流连于物使人不快乐。但是这些针锋相对的信念都建立在快乐和物品关系的问题之上。

唐代总是宋代的绝佳对比。杜甫热爱他的"乌皮几"，即使它因使用而

损坏,像他平生最后一首诗中所写的那样:"乌几重重缚,鹑衣寸寸针。"(《风疾舟中伏枕书怀三十六韵奉呈湖南亲友》)杜甫在别处也曾充满感情地描绘过乌皮几,他有一种很有趣的关于拥有的快乐,即快乐来自长时间地拥有这一物品;最重要的是,他拥有的是别人不会贪图希冀的物件。唐代作家也对带来舒适或在展示时可以增加个人威望的物品有感情。但是总的来说,唐代作家很少谈到何者使人快乐、快乐的必要条件是什么,以及快乐和所有权之间的关系是怎样。

在传统关于"乐"的复杂话语中,"独乐"和"与人偕乐"之间的对立这一特定的议题时隐时现地潜伏于北宋讨论快乐这一问题的作品背后。《孟子·梁惠王》有这样一个著名的段落:

> 孟子见梁惠王。王立于沼上,顾鸿雁麋鹿。曰:"贤者亦乐此乎?"孟子对曰:"贤者而后乐此。不贤者,虽有此不乐也。诗云:'经始灵台,经之营之,庶民攻之,不日成之。经始勿亟,庶民子来。王在灵囿,麀鹿攸伏。麀鹿濯濯,白鸟鹤鹤。王在灵沼,于牣鱼跃。'文王以民力为台为沼,而民欢乐之,谓其台曰灵台,谓其沼曰灵沼,乐其有麋鹿鱼鳖。古之人与民偕乐,故能乐也。汤誓曰:'时日害丧,予及女偕亡。'民欲与之偕亡,虽有台池鸟兽,岂能独乐哉?"

梁惠王在苑囿里的快乐和我们将要讨论的很多宋代古文里的快乐很类似,快乐取决于或依赖于拥有某物。梁惠王对孟子提的问题很有趣,因为它暗示贤人可能超越了这种寻常的快乐。孟子以其特有的方式改变了提问的方向,因此只有贤人才能享有这种快乐;但是快乐并不在于苑囿本身,并不取决于拥有苑囿,而在于与人民分享它。

《孟子·梁惠王下》里也有一段为人们耳熟能详的话,探讨的是同样的问题:

> 曰:"独乐乐,与人乐乐,孰乐?"曰:"不若与人。"曰:"与

少乐乐与众乐乐，孰乐？"曰："不若与众。"[1]

独乐是一种很有问题的快乐，在北宋更是如此。

但是，请设想我独自漫步山间，路逢美景，于是坐下欣赏，怡然自乐。这也是"独乐"，却不会遭到《孟子》中对独乐隐含的批评。独乐与"与众乐"之间的对立只在当你占有某物、对此物具有排他的独占权时才出现——这非常接近所有权（ownership）的一种定义。

所有权

用古代汉语很难讨论所有权。其实，在很多语言中讨论所有权都很困难。在西欧语言中，关于所有权的话语随着资本主义和哲学上的"权利理论"的出现才发展成熟。可能文言中最接近的词是"己有"，约略表示"一个人自己的"。现代汉语用"拥有"这个词表示所有权，《汉语大词典》中"拥有"的第一条释文来自毛泽东的文章。考察一下现代汉语中"拥有"话语的历史，一定会是相当有趣的。

当我们思考关于"有"和"拥有"的话语时，我们会发现很有意思的区别。假定我说"我有一杯啤酒"，或者"我有一捆青菜"。如果你试图拿走我的啤酒或青菜，我会说"那是我的"，这实际上是宣称拥有。但是如果我在几个小时内不喝掉啤酒，或在几天内没有烹饪青菜，它们就不值得再被"拥有"。如果我说我"有"一千元人民币，情况是类似的：我们都知道我终归会花掉这笔钱。假如有人要夺走它，我会报警。

但是现在假定说我有一千万元人民币。这不是我在一两个月内会花掉的东西。它成为我身份的组成部分，会改变其他人看待我的方式，也会改变我看待自己的方式。假定说我收藏有商代青铜器，它们可能价值一千万人民币，但是我们都知道这一点：除非我是古董商，否则无论它们多值钱，我都绝不会卖掉它们。转移拥有权是意义重大的举动：假如我把藏品传给子孙，这就成为家族遗产，与家族同在；假如我把它们捐赠给博物馆，肯定会有个小标签写上："宇文所安馈赠。"假定我有一座人人乐意拜访的著名花园，每个人都知道它属于谁，每当他们想起我，他们都会把我看成花园的主人。

因此人们和他们的拥有物之间有一种变动不居的关系。有很多种不同的价值，附着于某个物品的价值越多，我就越可能被等同于我的所有物，也越可能认同于我的所有物。在我说此话时，我离苏东坡《宝绘堂记》中的描述已经不远了。

此刻你可能在思索：这倒有趣，但是这和中国文学有什么关系？假定我接着说："我有一万卷书，一千卷古碑帖，一张琴，一局棋，一壶酒。"我是谁？

> 吾家藏书一万卷，集录三代以来金石遗文一千卷，有琴一张，有棋一局，而常置酒一壶。

你可能记得我开始时说"有"一杯啤酒。你应该意识到在"有一杯啤酒"和"常置酒一壶"之间的差别：酒壶里的储备显然源源不断，可以永远更新。这是一种不同的"有"——更确切地说是"拥有"。

命名

我在下文会回到快乐、命名和拥有互相关联的《六一居士传》。假如拥有在汉语里是一种难以表达的话语，"快乐"和"名字"则有很长的历史，此处不可能详细讨论这一历史的复杂性，我仅提出几个问题。

《论语》中关于命名最著名的段落之一是："齐景公问政于孔子，孔子对曰：君君、臣臣、父父、子子。"这开启了"正名"——让名实相符——的漫长传统。对于个人的道德修养而言，这意味着内化个人扮演的角色；对记述世界的人而言，这意味着用正确的名称称呼事物。由此儒家学说成为"名教"。

假如事物用正确的名称来称呼，那么只要事物或者用以命名事物的关系是固定的，名也应该是固定的。在文学传统中，命名常常是一种反思的行为，这种行为要求解释为何所命之名是正确的名称。从外面的视角来看，中国人对命名各种地点和事物的迷恋是种有趣的现象，特别是当我们考虑到名称在中国通常极不稳定的这一事实，这种对命名的迷恋就显得格外有趣。人们有不同的名字，地名常常变更。在作家与世界交涉时，命名的行为和名称的起源具有反思的重量，因为只有当作家得到了正确的名称，或者他们理解现有的名称为何是正确的时候，他们面对的世界才是明晰可解的。因此六一居士告诉我们，为何他先前的号是错的，以及为何他的新号才是正确的名号。

命名某物是拥有的一种形式，把自己的名字附加在某个地点之上。"醉翁"把一个亭子命名为"醉翁亭"。甚至在所命之名不是命名者自己的名字之时，只要名字伴随有一个文本并把文本分送给朋友们，"命名"就成了"有名"。建筑会倾圮坍塌，但是与一个持久的名字相联系的遗址常常得到重建，而且是持续不断地重建，因此是名字造就了地点。命名与拥有紧密联系：命名某物意味着提出所有权。

词的联合：《六一居士传》

《六一居士传》作于 1070 年，欧阳修人生的最后阶段。这一年欧阳修为自己起了六一居士这个独特而新颖的别号。和他过去的别号"醉翁"不同，六一居士是独一无二的；其他人也会想到称自己为"醉翁"，但是他们不会称自己"六一居士"。同时，这是一个需要解释的别号：听到的人会好奇地询问它的意思，以及为什么它是正名。

欧阳修把这篇文章称为"传"，但它是这一文体的一个非常独特的例子。它不是对作者生平的记述，而是对一个名字的记述。我们当然知道这种传的著名先例：陶渊明的《五柳先生传》。假如陶渊明在他的传里把"先生"和"五柳"合起来，很显然根据欧阳修的逻辑，他也可以是"六一先生"。《五柳先生传》也可以这样写他的五棵柳树："以吾一翁，老于此五物之间，是岂不为六一乎？"然而，《五柳先生传》中的"传"字有反讽意味，因为五柳先生没有可以构成通常意义上的"传记"的历史或生平。因为他没有个人历史，他被化约为一系列表象，唯一固定、可以定义他身份的词就是围绕他房子生长的五棵柳树。这个名称并无重要性可言，仅仅是种偶然，显示了所有名字的偶然。任何人都可能在宅边有五棵柳树。

> 先生不知何许人也，亦不详其姓字。宅边有五柳树，因以为号焉。闲静少言，不慕荣利。好读书，不求甚解，每有会意，便欣然忘食。性嗜酒，家贫不能常得。亲旧知其如此，或置酒而招之。造饮辄尽，期在必醉，既醉而退，曾不吝情去留。环堵萧然，不蔽风日。短褐穿结，箪瓢屡空，晏如也。常著文章自娱，颇示己志。忘怀得失，以此自终。

当一个人含蓄地把自己与过去的名人相比之时，他也在强调差异。五柳先生和六一居士都爱书：一位是"好读书，不求甚解，每有会意，便欣然忘食"；另一位是"吾家藏书一万卷"。五柳先生和六一居士都好酒：一位"性嗜酒，家贫不能常得。亲旧知其如此，或置酒而招之。造饮辄尽，期在必醉，既醉而退，曾不吝情去留"；另一位"常置酒一壶"。

我希望读者可以看到：五柳先生和六一居士与其心爱之物的关系有深刻的不同。五柳先生消费它们，在消费中感到不自觉的愉悦；六一居士"有"心爱之物，拥有它们比使用或者消费它带给他更多乐趣。他也许爱读书，但是他乐于知道自己有多少卷书读；他可能好饮酒，但是他乐于知道手边总是有酒。五柳先生的愉悦在于即时，是当下之乐；六一先生的愉悦在于前瞻，受到拥有的保障。他的快乐从预期的经验转移到了拥有本身。

两人的个人历史——此应该构成"传"的内容——也有差异。欧阳修被镶嵌在他的个人历史中，正如他的对话者对他的提醒：你不能摆脱你的名。他的另一个名字是欧阳修，当时最知名的思想家之一。陶渊明也有名字，在他的时代，他的名比起欧阳修来隐晦得多，但是他把陶渊明和五柳先生区别开："先生不知何许人也，亦不详其姓字。"五柳先生无个人历史，却可以有传，因为他无姓字和个人历史，只有表象。

第二个深刻的不同是，五柳先生需要一个外在的叙述者赋予他名字，以及他的一些特征，叙述者宣称除此之外对他一无所知。"宅边有五柳树，因以为号焉。"我们不知道谁给了他"号"，似乎是叙述者和其他对他有所了解的人。否则我们会认为是"自"号，就像《六一居士传》的开头："六一居士初谪滁山，自号醉翁。"

欧阳修的传作于陶渊明身后约八百年，他为自己命名，这个名需要详细的解释，而且他的解释必须谈到名号的改变，放弃先前给自己起的名。名作为一种总结置于人生叙事的结尾。

> 六一居士初谪滁山，自号醉翁。既老而衰且病，将退休于颍水之上，则又更号六一居士。

此处的"名"当然仅仅是个号，号是人们用来反映个人身份意识的名。但是他首先回顾了一个较早的时候，当时他曾给自己起过不同的别号，"醉翁"，我们从其他作品得知，这个别号指谓他与众人在天下太平的祥和环境中共享的快乐。这种"与众偕乐"在《六一居士传》中完全消失了，在此文中他的身份似乎紧密地与"独乐"相联系。《六一先生传》中的物是他个人的拥有品，而不是太守和百姓聚会的地点。

"正名"是一个问题。在欧阳修早先的诗《题滁州醉翁亭》中，他告诉我们关于这个别号的真相，它与实际情形并不完全相符："四十未为老。"同样，在作于同一时期的《醉翁亭记》中，他说以"翁"自称，仅仅因为他是座中最年长者而已；他也否认别号中"醉"字的暗示，坚持说那只是另一种兴趣的转移。在《六一居士传》中他提到早先别号，幽默地暗示它的不准确：既然他现在真的老了，他要放弃"翁"这个号。从这个开场白来看，这篇"传"许诺别号与人会以某种方式达成一致。但是，我们知道名号可能是成问题的。

> 客有问曰："六一何谓也？"居士曰："吾家藏书一万卷，集录三代以来金石遗文一千卷，有琴一张，有棋一局，而常置酒一壶。"客曰："是为五一尔，奈何？"居士曰："以吾一翁，老于此五物之间，是岂不为六一乎？"

"客"作为对话者的存在是中国散文中的一个重要手法，涉及中国传统中对知识的推论。在"论"这一文体中，作者可能提供对非个人知识的直接解释；但是还有另一种知识，尤其是关于个人的知识，只有在被另一个人引发出来以后才能被认可。作者知道这个别号是古怪的，他需要一个人给他解释的机会。另一个人必须问他"六一"这个独特别号的含义，这个别号虽然公开，其含义却建立在需要注释的私人知识之上。为自己取这样一个令人费解的号目的就在于引起质疑，以便有机会解释；而我们可以看到最初的问题是怎样戏剧化地开展：先是自我命名，然后做出不完整的解答，仅仅揭示了"六一"中的"五一"。

　　欧阳修对别号的解释应该告诉我们这个人"是"谁，但是他只告诉我们他"有"什么，这些构成了"五一"。这种解释不免触发对话者进一步询问那没有被提及的"一"，原来这就是老于五物之间的欧阳修自己。正是在此处，我们认出这个宋代作家身份背后的"五柳先生"。我们可以指出五柳先生和六一居士之间另一项深刻的区别。陶渊明的五柳只是在那里而已，它们全都一模一样。柳树是偶然的存在，是人们用以识别一个否则完全无名无姓的自由古怪之人的权宜之物。而欧阳修则拥有长时间积聚起来的风雅收藏，以此自我命名。五柳先生的柳树根深蒂固，通过固定的地点定义宅中人。六一居士的物品则是在他搬家时不离不弃的随从，是可以随身携带的身份。它们标识出一个空间，主人只是假装作为众物之一种消失在那个空间里，即使他提醒我们注意在"吾"与"物"之间存在着根本区别。

　　当陶渊明的房屋被一把火烧光后，他发现，即使失去了所有的物质拥有，他也并没有改变。进而言之，假如五柳先生失去了五棵柳树，他也不会在乎。虽然欧阳修通过他所选择的特定物品——作为消遣的书、碑帖、琴、棋局和酒——来定义自己的身份，他仍然通过所有物来定义自己，在宋代这个新世界里，所有物通常是快乐的条件。如果他失去这些东西——书、碑帖、琴、棋局和酒——他就失去了六一居士这个别号和身份。

　　隐晦的"五"当然是有重要意义的数字，这正是五柳先生宅边柳树的数目。仅仅拥有"五"物，表面看来很朴素，但当然只是幻觉而已。"五一"中的两个一指向更大的数目："一万"卷书和"一千"卷古代金石遗文。隐士恬然自得于有限所有物的表象，实际上指向一笔相当可观的资产。欧阳修的同时代人，在洛阳撰写巨著《资治通鉴》的司马光，拥有的藏书仅有欧阳修的一半。就算欧阳修可能仅有一张琴和一局棋（再要第二张琴和第二局棋又有何用？），"一"壶酒带给人的有限感也只是幻觉——他面前可能"常"有一壶酒，几乎毫无疑问的是，只要他愿意，酒壶总可以重新装满。这位居士与陶渊明大不相同，陶渊明只是偶尔有"一壶"，有时根本喝不到酒。对有限的修辞暴露了它本身的不真实，作者的新别号和他早先的别号"醉翁"一样成问题。

这个人"拥有"物品，他的身份也被所有物定义。他的别号中隐藏着一个理论问题。拥有物品可以意味着被所有物定义，因此自我既是拥有者，同时也被所有物拥有。物品集合中的第六个成员试图简单地把自己加在另外"五物"之上，从而解决这个问题。但是作为"六一"中特别的"一"，他告诉我们他的地位与其他五物不同。

"客"在听到欧阳修对别号的解释后，借助"名"作为"名字"和"名声"的一语双关，提出了预期之中的反驳。

> 客笑曰："子欲逃名者乎？而屡易其号，此庄生所诮畏影而走乎日中者也；余将见子疾走大喘渴死，而名不得逃也。"居士曰："吾固知名之不可逃，然亦知夫不必逃也。吾为此名，聊以志吾之乐尔。"

"易其号"似乎是"逃名"的一种方式。成为居士即是退出公众视野，以求己名不为人所知；但是通过易号和选择这个独特的新号，欧阳修实际上在对自己"广而告之"。欧阳修回答说，他知道名不可逃（我认为此处的名应取其一般意义），因此他认为是否改变某个独特的名号无关紧要。他这样描述取名的动机："吾为此名，聊以志吾之乐尔。"他的措辞用"聊以"表现随意性，意在抵消人们对他取名以为人所知的怀疑。但是动词"志"暗示一种追求公众注意的动机，或者是为了防止某物被遗忘。这个号与早先的号"醉翁"一样，主要关注快乐。"醉翁"的快乐是反思性的，是为了他人的快乐而快乐。此处，通过回答"客"的问题，欧阳修描绘了他的快乐。

我们可以发现这是一种完全不同的快乐。

> 客曰："其乐如何？"居士曰："吾之乐可胜道哉？方其得意于五物也，太山在前而不见，疾雷破柱而不惊；虽响九奏于洞庭之野，阅大战于涿鹿之原，未足喻其乐且适也。然常患不得极吾乐于其间者，世事之为吾累者众也。其大者有二焉，轩裳珪组，劳吾形于外；忧患思虑，劳吾心于内，使吾形不病而已悴，心未老而先衰，尚何暇于五物哉。虽然，吾自乞其身于朝者三年矣，一日天子恻然哀之，赐其骸骨，使得与此五物偕返于田庐，庶几偿其夙愿焉。此吾之所以志也。"

关于快乐的话语试图解释快乐的原因，或者快乐的性质，而这正是"客"提出的问题。欧阳修的回答非常独特。快乐的状态可能无法言说，但是它可以通过个人全身心的投入而被感知，此处六一居士是全身心投入他的所有物。这是一个标出界限的领地。然而入神只能以否定的方式被描述。为了说明你不注意外界发生了什么，你必须描述你不注意的事情。这就是"结庐在人境，而无车马喧"的悖论。你必须陈说你不曾听到的声音的存在，以便表明你不曾听到。以欧阳修而言，在他入神以外的被忽略的世界是夸大的。"太山在前而不见，疾雷破柱而不惊。"他用来表示不足以譬喻其快乐的两种场景颇有意味。第一个场景是《庄子》中黄帝在洞庭之野的音乐演奏。

> 北门成问于黄帝曰："帝张《咸池》之乐于洞庭之野，吾始闻之惧，复闻之怠，卒闻之而惑，荡荡默默，乃不自得。"

黄帝告诉北门成这正是预期中的递进过程；但是，"惧""怠"和最后的"荡荡默默"，虽然可说是中国传统中少有的崇高壮美（the sublime）的例子，却不能提供入神地把玩碑帖或下棋时体会到的那种亲密的快乐。第二个场景是黄帝和叛乱的蚩尤在涿鹿之原进行的大战，与第一个场景相比，用来譬喻学者的消遣显得更为古怪。能够把这些譬喻和欧阳修的快乐联系起来的，是那种召唤注意和引人入胜的力量，只有欧阳修入神的深度能够与这种力量相抗衡。

"五物"对欧阳修具有控制力，反之亦然。似乎正是这种力量的平衡使欧阳修不仅是物的拥有者，而且与物处于同一层面，成为"六一"："五物"拥有他，他也拥有它们；主人被掌控了，这种势均力敌的相互控制以及由此制造出来的隔绝领地构成了年老的欧阳修对快乐的理解。与其他一些在物中寻乐的例子相比，欧阳修的例子显得格外具有说服力。

欧阳修几乎不需要告诉我们这种快乐是否定性的，隔绝的领地意味着排斥。这不仅是逃名，而且是逃避公务之负担，以及伴随外务而来的内在焦虑。这是在社会整体中寻找自治空间的渴望，不是与世隔绝的隐士，而是处于一个新型的、具有特殊构成的社群中。这是一个构成作者夙愿的空间，最终由皇帝的恩准而得以实现。

这种渴望使"客"提出下一个显而易见的反驳，指出"五物"和仕宦生活一样是种牵累。

> 客复笑曰："子知轩裳珪组之累其形，而不知五物之累其心乎？"居士曰："不然。累于彼者已劳矣，又多忧；累于此者既佚矣，幸无患。吾其何择哉？"于是与客俱起，握手大笑曰："置之，区区不足较也。"已而叹曰："夫士少而仕，老而休，盖有不待七十者矣。吾素慕之，宜去一也。吾尝用于时矣，而讫无称焉，宜去二也。壮犹如此，今既老且病矣，乃以难强之筋骸，贪过分之荣禄，是将违其素志，而自食其言，宜去三也。吾负三宜去，虽无五物，其去宜矣，复何道哉？"熙宁三年九月七日，六一居士自传。

"客"的反驳可以来自当时任何一位道学家。苏东坡在《宝绘堂记》中已经提出这种反驳：快乐不应系于物，尤其不应系于外物。对心爱之物的依恋和担任公职同样都是累赘。欧阳修以其典型的方式，用显而易见的经验事实对抗抽象道理：公务使其劳而忧，而"五物"带来愉悦。但他用的字很有趣：他把对所有物的入神欣赏状态称为"佚"。这个字通常含有贬义，让人联想起放纵。这个字可以表示过分，更容易与身体上的缺乏节制联系，而不是和书、碑帖、琴、棋局和壶酒联系。也许他不安地回想起苏东坡对于纵情外物的警告；他说"幸无患"，并且突兀地打断思绪，把思路引向不同的方向。他提出应当致仕的三个理由。第一个理由是他向来的愿望。在另两个理由中他表达了对公务的虔敬之心，他似乎意识到自己过分强调在"五物"中得到的快乐，便说即使无此五物，他也应致仕。从"夙愿"到根据"宜"而行动是种有趣的转变，他的话语在此处告终。

我们必须指出，欧阳修想象出来的"客"先提出问题，继而反驳，最终超出了他的控制。"客"一开始受限于欧阳修设计好的问题，但是"客"的反驳——一种自我审视的方式——渐渐使作者难以招架，不得不切断话头，试图为自己辩护。他承认自己的放佚，默认了公共责任对他的要求；这些公共责任对他的私人快乐提出质疑，展现的正是他试图逃避的累赘。

对一个几年后即将离世的老人而言，在文物和酒中获得享受并无害处。但在 1070 年，中国处于一个新时代，每种言论都会受到新兴道德标准的评判。欧阳修在《六一居士传》中所言，不免招致当时一些知识分子对其依恋外物的批评，认为他"非有道者"。苏东坡本人曾批评过对物的迷恋，但在《书六一居士传后》中他为昔日的老师进行辩护。

> 苏子曰："居士可谓有道者也。"或曰："居士非有道者也。有道者无所挟而安。居士之于五物，捐世俗之所争，而拾其所弃者也，乌得为有道乎？"苏子曰："不然。挟五物而后安者，惑也；释五物而后安者，又惑也。且物未始能累人也，轩裳圭组，且不能为累，而况此五物乎？物之所以能累人者，以吾有之也。吾与物俱不得已而受形于天地之间，其孰能有之？而或者以为己有，得之则喜，丧之则悲。今居士自谓六一，是其身均与五物为一也。不知其有物耶，物有之也？居士与物均为不能有，其孰能置得丧于其间？故曰：居士可谓有道者也。虽然，自一观五，居士犹可见也。与五为六，居士不可见也。居士殆将隐矣。"

苏东坡是个总能提出聪明论点的天才。放弃外物而后心安，与执着于物一样意味着被物所累。在这两种情形中，物无论存在与否，都是人们快乐的决定因素。幼稚的道学家把拥有看成潜在的危险，苏东坡总是比他们高出一筹。苏东坡认识到弃绝外物实际上是承认外物对人的控制力。"物之所以能累人者，以吾有之也。"从这个假设出发，苏东坡机智地赋予欧阳修唯一完美的解决方案：在不知何者拥有、何者被拥有的不确定性中，拥有消失了——"不知其有物耶，物有之也。"不过，尽管苏轼能够驳斥幼稚的道学家，他已经属于一个以是否"有道"对人做出判断的世界。

苏东坡为"六一"这个号提供了机智的辩护，他认为欧阳修把自己置于"六物之一"，而不是拥有者，因此没有拥有可言。确实，通过把自己化约为一个数字，欧阳修把自己降至与物同一的地位。当然，苏东坡明白，欧阳修仍然是那个分离的"一"。欧阳修以观察五物的姿态出现，但是通过加入它们而成为六，他消失了。"六一"和"六物"不一样。

苏东坡尽可以做出这样的高妙推论，但我们知道，这不是事实。假如欧阳修失去五物，他一定会感到失落——至少他不再是"六一"。

欧阳修站在一个新世界的边缘。道学的意识形态和北宋实际的社会价值尚未完全分道扬镳。一方面，很多士大夫在求索和收集贵重物品（他们深知文物开始具有相当高的商业价值）；另一方面，出现了鄙视"有物"的话语，在这一话语中，唯一合理的"有"是"有道"。很多人确实非常虚伪：他们热情地求索物品，但鄙视拥有的观念。有些人高高兴兴地求索和收藏，另外一些人则真心鄙视拥有物。当社会实践与意识形态发生冲突时，问题就出现了。欧阳修站在这一冲突的边缘，诚实地承认拥有物使他快乐。他拥有的不是巨大的财富，但也相当不少。他不想得到更多，但也不愿失去所拥有的。他在几年之后离开人世。他已经非常接近新的价值世界，因此对拥有带来的快乐深感不安。但是，无论他多么强烈地感受到他的拥有看起来和庸俗的"所有权"没有太大分别，他在他的"物"中体会到的快乐几乎是天真的。

解读

任何关于文学解读和诠释学的一般性理论都不可避免地会失败。每个文本和文本的家族都设定了一些条件，只有把这个或这些文本置于这些条件下才能进行有说服力的解读。有时文本的内在性质决定了解读方式，而有时围绕文本的相关信息决定了解读方式。这些应该是显而易见的。

无论是研究欧洲思想还是中国思想，学者们都希望得到普遍性结论。在诠释学和思想的其他分支学科中，确实存在可信的普遍性立场。问题是普遍性论断在某些历史时段和文本中产生了有趣的研究结果，而在另一些时段和文本中则不然。如果我们观察历史上这些普遍性论断被表述的方式，我们会发现普遍性论断产生于与某些文本和文化产物的密切关联，而普遍性论断又支持了对这些文本和文化产物的诠释。假如海德格尔见到的只是中世纪绘画，而不是凡·高的画作，关于鞋和存在主义艺术理论的哲学话语会大为不同。

这一论点，支持的是一种激进的历史主义。我们所有的，是文化产品的历史结构。此外，历史的精确程度存在差异：我在这些文章中探讨的差不多每一篇文字，我们都知道作于某年，有些甚至可以精确到某月、某日；对很多诗歌的系年，我们也可以达到类似的精确。但是我们很难对词系年，除了苏东坡那种附有关于词作场合副标题的词之外。"理论"是某一组特定的文化产品中表现出来的普遍性原则；它是归纳性的，因此从根本上是极端历史性的。

在十一和十二世纪，新作品在相对而言一小群彼此认识的作家中流传。在这个社群中，每个人都大量阅读彼此的作品。有很多作品是为了回应其他作品而作。这种情形创造出一个话语的社群，它要求我们以某种特定方式对之进行解读。

这种解读模式对《诗经》是无效的，对建安文学也近乎无效，因为当时只有少数有限的作品可以被准确地系年并被视为对早先文本的回应。清代文学是另一个极端，在那里我们通常有太多的话语语境，不仅出自当时人，而且来自重印再版和易于获得的前代文学作品。在北宋我们可以有把握地说，某些文本——包括这些文章中讨论的大多数文本——在这个作家社群中是广为人知的。对清代，多数情况下我们不再肯定哪些文本被阅读，而且，在当时书籍泛滥的情况下，即使文本被阅读，我们也不确定究竟哪些会被人们记住。因此对清代文学我们通常把一系列过去的经典文本作为语境。

正如很多学者，特别是包弼德（Peter Bol）和傅君劢（Michael Fuller）所曾指出的，宋代意义上的"文学"在十一世纪得到了一个强劲的新对手。这是道学发展的第一个阶段。新道学不只是一群思想家，它代表了当时思想氛围的一个新转向，在这一新的思想氛围中，无论言还是行都以其道德含意而受到审视。我们在大约十一世纪中期的文字中发现这一点，其文本内部的表现方式是以假想出来的"客"对早先提出的立场进行伦理批评，文本外部的表现方式是友善的注释者，他们对自己所尊重的朋友一些颇成问题的言论做出有利的诠释。

道学不是包围着这些文本的唯一外在力量。对所有权和"有"的兴趣，涉及当时正在发展的商业世界，以及文化价值和商业价值之间令人不安的联系。把高层次话语与商业世界隔开，是文学精英价值观的重要组成部分；但是在宋代，名人的便笺可以获得不菲的价值，为一座花园而作的文章会引得游客甘愿付费参观，在这样的世界里，文化和商业之间是难以保持严格界限的。在这个世界，物的商品价格、购买和估价，到处都在渗入精英话语。

遭遇过去

在十一世纪，作家试图在已经确立的精英文类中调和新兴的宋代文化和过去的古典价值。在此意义上而言，为了与在北宋开始出现或者说在北宋发展成熟的大量较低层次的文类——如词、笔记、诗话、尺牍书简——相区别，我们可以开始称已经确立的精英文类为"古典文学"。

对我们这样的后代读者来说，当宋代文人试图宣称与过去相同或者相似时，这只表明了他们与过去的差异有多么大。在一则题跋（这也是一个新兴的非精英文体）中，苏东坡写下这样一句著名的话："我即渊明，渊明

[2] 孔凡礼点校《苏轼文集》（北京：
中华书局，1986），页 2115。

即我（《书渊明"东方有一士"后》）。"[2] 这种对
于身份相同的说明只让我们注意到陶渊明和苏东
坡是多么不一样。也许最深刻的差异在于，陶渊明虽然把很多古人视为楷模，
他却从未写下过这种句子："我即某某，某某即我。"这种差异标志了一个
根本不同的时代。

如很多中国批评家早已注意到的，《六一居士传》只与一篇前代文本相
关，这就是陶渊明的《五柳先生传》。与前代文本密切的关联通常首先引人
注意到前后两个文本之间的差异。通过把陶渊明作为沉浸于快乐之中的楷
模，欧阳修希望"像"陶渊明；但是，我们最想成为的人，总是我们在根
本上无法成为的人。

通过解读的艺术，我们可以比较两位作者在做出某些声明时的具体方
式；我们观察一位作者省略了什么，而另一位包括进了什么。我们已经看
到，陶渊明在《五柳先生传》和欧阳修在《六一先生传》中都宣称好读书、
好喝酒，但是两者的文字表达这些乐趣的不同方式则形成引人注目的对比。
我们很容易喜爱陶渊明对五柳先生沉浸于乐趣之中的描绘；但是比较的目
的不是进行价值评判，而是帮助我们理解新的价值，以及新价值如何向过
去寻求确认。两种价值处于冲突之中———一种是在当下情景中自然而然感
受到的快乐，另一种是所有物带来的快乐和对未来快乐的许诺——两种价
值只能以这样的方式来表现。而这也正是欧阳修的文章常常超出很多同时
代人的原因。

价值冲突的一个明显例子是关于"有限"的修辞。欧阳修为自己取的
新别号告诉我们他有"五一"，而这也意味着他只有五物；但是当我们观察
这五"一"时，我们发现它们代表了富足，而不是有限。他为拥有很多而
感到骄傲，但同时又希望看起来好像是那个拥有极少的陶渊明。两种价值
对欧阳修而言都是真实的，它们不可调和，除非通过这个机智的别号来同
时确认两种价值。同样，正如"客"所指出的，他既逃"名"，又使自己更
有名。我们再次看到两种相互冲突的价值，它们只能通过文本才得以并存。

欧阳修也让"客"提出关于流连于物的问题。在帝制系统中，欧阳修
以其官职被命名；致仕后，他以其心爱的所有物被命名。两者都是欧阳修

可以在其中定位自己的稳固结构。而且，欧阳修比较了这两种流连于物的形态，一种给他带来烦恼，另一种给他带来愉悦。这不是什么优美的哲学性解决方式，它的好处是符合常识。但是，时至 1070 年，拥有的快乐已经被笼罩在道德怀疑的阴影下，这个问题要留待欧阳修聪明的晚辈朋友苏东坡来解决，他的论点解释了为什么前辈大师确实"有道"，而不是拥有外物。

二、桃花源的长官

我们开头讨论了欧阳修作于 1070 年也即他逝世前两年的《六一居士传》。欧阳修的很多写作实际上都与快乐有关。1036 年他被贬谪到偏僻的峡州夷陵县，在那里以相当幽默的笔触描写了夷陵的蛮荒落后：当地的市场非常拥挤，地方官不得不下轿步行，鱼铺的腥臭让他掩鼻而逃。"虽邦君之过市，必常下乘，掩鼻以疾趋。"但是地方官已经为欧阳修准备了舒适的下处，因此他非但不必理所应当地为导致贬谪的过失忧思忏悔，反而相当自得。

> 夫罪戾之人，宜弃恶地，处穷险，使其憔悴忧思，而知自悔咎。今乃赖朱公而得善地，以偷宴安，顽然使忘其有罪之忧，是皆异其所以来之意。

上文引自《夷陵县至喜堂记》。"至喜堂"在语词上抵抗着使官员忧思忏悔的皇权。我相信苏轼 1074 年写《超然台记》时脑海中一定有欧阳修这篇记的回响。

> 余自钱塘移守胶西，释舟楫之安，而服车马之劳；去雕墙之美，而庇采椽之居；背湖山之观，而适桑麻之野。始至之日，岁比不登，盗贼满野，狱讼充斥，而斋厨索然，日食杞菊。人固疑余之不乐也。处之期

年，而貌加丰。发之白者，日以反黑。[3]

然而在欧阳修和苏东坡逆境中的快乐之间有种根本差异，这种差异似乎与道学的兴起有关。对欧阳修而言，快乐需要一些对象物，如建筑，或者使快乐得以附着的某个地点。在夷陵县，这表现为地方官为他提供的相对舒适的居所。而苏东坡在《超然台记》中指出，快乐完全来自自身。

在欧阳修的《画舫斋记》中，水上旅行的危险被模仿画舫修建的书斋转变为快乐：

> 乃忘其险阻，犹以舟名其斋，岂真乐于舟居者邪。

但是随后他想到舟居也可以成为快乐的缘由：

> 然予闻古之人，有避世远去江湖之上终身而不肯反者，其必有所乐也。苟非冒利于险，有罪而不得已，使顺风恬波，傲然枕席之上，一日而千里，则舟之行岂不乐哉。

书斋的建造和命名对他的思考过程至关重要，借助思考，忧愁烦闷转化为快乐。

欧阳修在十一世纪四十年代中期担任滁州太守时写的一组文章是关于快乐和命名的最著名、最引人入胜的文本。写于 1045 年的《丰乐亭记》，开头一段体现了欧阳修的写作特点，这是一段我们很容易忽略过去的古怪文字："修既治滁之明年，夏，始饮滁水而甘。"这当然不是说欧阳修上任一年还从未饮用过当地的水——那除非他只喝酒不喝水。欧阳修好像是一个水的品鉴专家。这段话应该是说他在担任滁州太守一年以后才注意到这里的水是甜的。开头这一段话预示了"记"的主题：那些近在咫尺、司空见惯而因此被人忽略之物。一旦他意识到水之甘美，他就想要寻源/原。甘泉之源与受到忽略

[3] "某有罪来是邦，朱公于某有旧，且哀其以罪而来，为至县舍，择其厅事之东以作斯堂，度为疏洁高明，而日居之以休其心。堂成，又与宾客偕至而落之。"见［宋］欧阳修《夷陵县至喜堂记》。

的滁人快乐之原联系起来。

> 修既治滁之明年，夏，始饮滁水而甘。问诸滁人，得于州南百步之近。其上丰山耸然而特立，下则幽谷窈然而深藏，中有清泉滃然而仰出。俯仰左右，顾而乐之。于是疏泉凿石，辟地以为亭，而与滁人往游其间。

泉水的源头并不远，"得于州南百步之近"。可是一般来说，有价值的事物要么来自远方，要么可以行远。最昂贵的物品往往来自远处，最佳的计划必须是"远"虑，深刻的含意也须深"远"。就连《论语》第一则也说："有朋自远方来，不亦乐乎？"

然而在《论语》中，孔子的弟子子夏也曾提出，"近思"——思考近在咫尺的事物——是仁的重要部分。子夏曰："博学而笃志，切问而近思，仁在其中矣。"（《论语·子张》）宋代知识分子的优点的确就在于近思，从沈括的自然科学观察到儒家学者的哲学观察皆是如此。知识并不必然存在于远方，而是可以通过切近的观察和思考而得到的。

虽然泉水很近，它却并不显而易见，实际上，它被描绘成似乎处在遥远的地方。丰山屹立其上，幽谷处于其下，而泉水隐藏于两者之间的植被中。太守在这里建了一座亭子，供他自己和滁州人民游乐。他使隐藏之物暴露出来。

我希望就"幽谷"多谈几句，这个词大概是个描述性的地名。它尽可以"窈然而深藏"，但是欧阳修却把它公之于众。下文我们将看到，欧阳修把菱溪的大石置于此处，供所有人观赏。假设他把石头留在任何一个普通的"幽谷"，他的行为确实会显得相当古怪（他写道："弃没于幽远则可惜。"）。甚至幽谷这样与世隔绝的"幽"地，在皇朝一切皆被命名的地理图中也变得清晰可见。

仅仅找到甘泉的源头是不够的。必须开辟出一块空间，泉水的流向必须被控制和引导（就像大禹治水一样），必须树立一个建筑物，而且必须为它命名。这样，一部分幽景从而进入地名被处处标志出来的皇朝版图。

欧阳修为亭子取的名字有两个部分：丰，指的是泉水所在的丰山，也

[4] 参见林云铭《古文析义》中"忽
就滁州想出原是用武之地"一
条。

指滁人享有的丰硕收成；乐，想来是指欧阳修和滁人到此游览的快乐。野生的自然被清扫打理，泉水变得唾手可及。通过写作，太守为滁人打开了甘泉以及快乐的"源头"。

甘泉的源头需要被发现，滁人快乐的源头也需要被发掘，但是后者比找到泉源复杂得多。这要留待太守欧阳修来阐明。当他从城里来到隐藏于自然风景中的泉水时，论述忽然回到同样隐藏于自然风景中的过去：

> 滁于五代干戈之际，用武之地也。昔太祖皇帝，尝以周师破李景兵
> 十五万于清流山下，生擒其将皇甫晖、姚凤于滁东门之外，遂以平滁。
> 修尝考其山川，按其图记，升高以望清流之关，欲求晖、凤就擒之所，
> 而故老皆无在者。盖天下之平久矣。自唐失其政，海内分裂，豪杰并起
> 而争，所在为敌国者，何可胜数。及宋受天命，圣人出而四海一。向之
> 凭恃险阻，划削消磨，百年之间，漠然徒见山高而水清。欲问其事，而
> 遗老尽矣。

话题和关注点的转移是很有意思的，也是传统中国的文章评论家注意的地方。这种转移很机巧，绝对不是简单的联想，却表现了头脑做出联想的方式。[4]突然之间我们的注意力被导向环绕滁州的山水——清流山，和五代末发生在那里的战争，然后又转向滁州东门，当时还是后周将领的宋太祖在那里擒获了南唐将领皇甫晖和姚凤。我们意识到欧阳修在求原/源：正如他寻找甘泉的源头一样，他也在寻找快乐的源头。"近"物导引我们走向"远"处。但是，和甘泉的源头不同的是，当他按寻快乐之源的踪迹时，却发现无迹可寻。欧阳修感叹道，在过去的一百年里，英雄业绩已经甚至从当地人的记忆中完全消逝。历史没有在美丽的自然风景里留下任何痕迹。

> 今滁介于江淮之间，舟车商贾，四方宾客之所不至。民生不见外事，
> 而安于畎亩衣食，以乐生送死，而孰知上之功德，休养生息，涵煦百年
> 之深也。

此处我们见到一个独特的情景，也就是说，人们与世隔绝、心满意足地生活；但在另一种语境里，令滁人与世隔绝的地形却使此地成为战争的要地。人们在和平中生活，没有意识到，或者因为对过去的记忆而认识到，他们的快乐取决于帝国的太平。当欧阳修发现隐藏于植被中的泉源时，他也公开了埋藏在那里的历史和滁人今天之快乐的源头。

> 修之来此，乐其地僻而事简，又爱其俗之安闲。既得斯泉于山谷之间，乃日与滁人仰而望山，俯而听泉。掇幽芳而荫乔木，风霜冰雪，刻露清秀，四时之景无不可爱。又幸其民乐其岁物之丰成，而喜与予游也。因为本其山川，道其风俗之美，使民知所以安此丰年之乐者，幸生无事之时也。夫宣上恩德，以与民共乐，刺史之事也。遂书以名其亭焉。庆历丙戌六月日，右正言知制诰知滁州军州事欧阳修记。

我们又回到欧阳修的快乐，现在他是为了质朴的人民和太平无事的生活而快乐。"记"的目的，是让百姓了解到他们快乐生活的大的语境。虽然此地"无事"，刺史也因此而"事简"，但是"刺史之事"也就因此变成了彰显皇朝的恩德，并且是以一种呼应孟子的特别的公式，"以与民共乐"。

这种快乐与随同刺史玩赏园亭的快乐不同，与地僻人幽、只知道逍遥自得于近物的快乐也不同。这一版本的快乐，是知道自己为什么快乐，知道快乐的偶然性，知道这是从战争和痛苦中艰难赢得的快乐，而且既然如此，也是容易失去的。刺史来自外地，他知道已经被本地人忘记的过去。他的"事"是带来这种外部的知识，在本地人的快乐上投下一层阴影，让他们倍加珍惜快乐，并对除此之外不来多管他们的帝国感恩戴德。

文王的"与民偕乐"是一种与此相同的快乐，虽然文王要靠分享他的快乐来感受到它。欧阳修深知快乐有不同的种类；事实上，快乐也分等级，与生存的等级和社会的等级相应。一个人的生存和社会等级越高，对快乐的自觉意识就越强。

对欧阳修而言，快乐的场景有明确的形态，在其中快乐的等级呈现为同心圆。他宣布了一个景点，为其命名，占据其中心；其他人环绕簇拥着他，他陶醉于自己的中心位置。他对景点的命名也更加成就了他自己的声名。最简单的形态就是被他的"五物"所环绕簇拥的六一居士，他为自己新取的别号是六者的集合。在滁州，被群山环绕，他为景点取名丰乐亭或醉翁亭，在这里，他又被快乐的百姓和他从菱溪带回的石头环绕簇拥。在群山之外，他把自己的作品在朋友圈子当中散布流传。我们可以看到蔡襄、苏舜钦和梅尧臣回应《丰乐亭记》的诗作。近在滁州的有对他充满爱戴仰慕的弟子曾巩，为另外一座亭子写了一篇记，在其中欧阳修仍然处于中心位置。

曾巩的记在各个方面都代表了一个弟子的声音。记中所写的是建造于丰乐亭之后的醒心亭。造亭的目的，是让在丰乐亭中醉倒的人清醒过来。这篇记使曾巩"得以文词托名于公文之次"。

醒心亭记（1047）

滁州之西南，泉水之涯，欧阳公作州之二年，构亭曰丰乐，自为记，以见其名之意。既又直丰乐之东几百步，得山之高，构亭曰醒心，使巩记之。

凡公与州宾客者游焉，则必即丰乐以饮，或醉且劳矣，则必即醒心而望。以见夫群山之相环，云烟之相滋，旷野之无穷，草树众而泉石嘉，使目新乎其所睹，耳新乎其所闻，则其心洒然而醒，更欲久而忘归也。故即其所以然而为名，取韩子退之《北湖》之诗云。噫！其可谓善取乐于山泉之间，而名之以见其实，又善者矣。

虽然，公之乐，吾能言之：吾君优游而无为于上，吾民给足而无憾于下。天下学者，皆为才且良，夷狄鸟兽草木之生者，皆得其宜，公乐也。一山之隅，一泉之旁，岂公乐哉？乃公所以寄意于此也。若公之贤，韩子殁数百年而始有之。今同游之宾客，尚未知公之难遇也。后百千年，有慕公之为人，而览公之迹，思欲见之，有不可及之叹，然后知公之难遇也。则凡同游于此者，其可不喜且幸欤？而巩也，又得以文词托名于公文之次，其又不喜且幸欤？庆历七年八月十五日记。

作为弟子的曾巩也充当了老师心意的笺注者："公之乐，吾能言之。"当然，曾巩的解释是欧阳修的快乐不在于眼前的风景，而在于天下太平，这种快乐在山水风景中得到了表达。

曾巩的解释对欧阳修的自述做出了有趣的扭曲。欧阳修记中写道，天下太平是快乐的前提，而并非快乐的对象。一种微妙而深刻的差异存在于两者之间。曾巩明确否认欧阳修在自然风景和游览中感到快乐："一山之隅，一泉之劳，岂公乐哉。"但欧阳修自己从未这样说过；对他来说，风景和游览确实是快乐所在，不过他认识到只有通过天下太平，这种快乐才是可能的。曾巩代表了年轻的一代，对他而言，在现下和当地感到的快乐不过是"乐道"的具体实现而已。曾巩的快乐对象在本质上是抽象的，也许对此最明显的表示是他描述欧阳修快乐的最后一句："夷狄鸟兽草木之生者皆得其宜，公乐也。"正如中国诗人常常指出的那样，自然界其实对人类的悲欢和政体的得失完全无动于衷。曾巩补加的这句话很重要，它把自然界仅仅当成"道"的体现。然而，在《醉翁亭记》中，欧阳修，一个幽默的经验主义者，对自然和人类之间的关系作了完全不同的表述："游人去而禽鸟乐也。"虽然欧阳修描绘了皇朝对人类的快乐起到的必要作用，他很清楚，禽鸟并不关心人民或他们的皇朝，它们只是希望不受打扰而已。

陶渊明的桃花源在中国文化中非常重要，因为它想象出一个没有国家政权的社会，一个自给自足的社会空间，不是帝国的组成部分。桃花源是极权帝国中的一个洞。一些痕迹逐渐引人发现到它的存在，它的名称本身就来自于那些痕迹。

欧阳修是我们的"桃花源的长官"。"环滁皆山"，正如桃花源也被山包围着与世隔绝一样。很少有外人来到滁州，它隐约具有乌托邦的性质，它的居民与桃花源的村民一样不知道历史，不知道外界发生的一切。《桃花源记》中的渔人告诉村民秦代以后的历史；在《丰乐亭记》中欧阳修提醒滁人他们已经忘记的过去——仅仅一个世纪以前在此地发生的战乱——但借此也就提醒了他们，他们的快乐依靠的是皇朝的太平。渔人一旦离开桃花源，就再也找不到回去的路，桃花源继续存在于帝国之外。欧阳修则是来自外界的皇朝代表，他下令修造公共建筑，铭以名称和日期，用这些与民同乐的景点把历史和等级教给本地人，而历史和等级从而把他们变成了一个大整体中的一小部分。假如滁人的满足是独立自主的满足，皇朝就是不必要的。通过提醒他们已经忘却的暴力过去，他们的满足就成为皇朝的恩赐，而太守的与民同乐也就成为对皇朝秩序的欢庆，在一个原本无视权力等级的世界里重新建立起等级。

欧阳修这一阶段留下的最著名的篇章，当然是写于一年之后的《醉翁亭记》。在这篇文章里，同样的问题以新的面目呈现出来。《醉翁亭记》延续了权力等级的主题，这一主题与知识的等级有关，因而也与快乐的等级有关。这一切都与身份识别和命名的权威密切相连。

> 环滁皆山也。其西南诸峰，林壑尤美。望之蔚然而深秀者，琅邪也。山行六七里，渐闻水声潺潺，而泻出于两峰之间者，酿泉也。峰回路转，有亭翼然，临于泉上者，醉翁亭也。作亭者谁？山之僧智仙也。名之者谁？太守自谓也。

这篇记的风格独特，十分有名，但是值得问一下，重复使用虚词"者""也"的用意何在。这是一个权威的声音，在确定一个地方的位置，并为其命名。文章开头集中在山水景物中的一点，识别它，并给它命名，最后把太守命名为有权力赋予名称的人。《醉翁亭记》的结尾明确地提出作者，但和一般游记中点出作者之名的惯例不同，此处的作者被标为滁州一切景物和百姓之中唯一一个有能力作这篇记的人，因为他代表了外部世界。他既处于事物的中心，享有所有的关注，也拥有来自外部的视角，看到自己正处于中心。

我们应该仔细观察这种情形的运作。在《丰乐亭记》中，欧阳修发现了隐藏的原/源，使滁州成为众乐之地。《醉翁亭记》更具戏剧性地集中在隐藏于植被中的一个点。欧阳修开头从一个宏大的视角观察滁州被群山环绕的全景；画面集中于全景的四分之一处，然后又聚焦于隐藏在绿树丛中的一点。随着潺潺水声，以及泉水本身的引导，我们进入那隐藏的地点，被引到泉上的亭子，那将成为滁人快乐游览的舞台。假如我们可以从这一被戏剧性地控制的视觉运动中得到某种教训的话，那就是快乐的具体地点是包含在一个更广阔的世界之中的。正如欧阳修在先前的《记》中寻找甘泉的源头一样，此处他循声至泉，由泉及亭，亭子早已造好，只等着他的命名。

泉水有一个名字，"酿泉"。它首先表现为声音，可以被追溯到源头的声音。泉水引出亭子，亭子通过作亭者——一个本地僧人——得到它的身份。接下来，太守不仅理所当然地为自己拿取到命名亭子的权力，而且以自己的名字为其命名。文本的叙述者提出的问题把答案引回他自己，整个过程在他占据了中心位置的景色中展开。亭子的新名字与酿泉一起确认了源头和结果在皇朝中的次序：酿泉之水可以酿酒，酒可以使太守醉，而太守是名称的赋予者。

僧人当然不会亲自动手，而是雇人建造了亭子。造亭的资源来自布施。人们出于寻求福佑或恐惧报应而做出的布施，很难说是完全"自愿"的，但是至少比向朝廷纳税或服徭役更出于自愿。佛教僧寺与国家政权之间的矛盾由来已久，在这里，佛寺的资产被国家政权象征性地挪用，变成一座舞台，上演了一出古意盎然的德政戏剧。凭借着同样的为公共利益服务的权威，欧阳修还挪用了菱溪最后剩下的石头。

让我们对"名之者谁？太守自谓也"这两句话多进行一些回味。第二句话有两种解释："太守以此称呼自己"（这种解释并没有对名之者谁的问题做出回答，除非我们把"名之者谁"理解成"谁把自己的名字赋予亭子"），或者"太守本人这样称呼它"。两种解释都貌似有理。与六一居士一样，自我命名延伸出去，伸展到周围的事物。此外，"谓"的不确定性，转化为具有确定性的"名"。名称要有其来历：喝醉的场合是什么？为什么要称"翁"？作者对"翁"的解释是他在座中年纪最大（虽然后来他也否认这个字的贴切性），但这并不意味"翁"这个字是不是合理的，而且我们很快会发现"醉"这个字也很成问题。

太守与客来饮于此，饮少辄醉，而年又最高，故自号曰醉翁也。醉翁之意不在酒，在乎山水之间也。山水之乐，得之心而寓之酒也。

五柳先生又一次在背景中浮现："造饮辄尽，期在必醉，既醉而退。""醉翁"的酒量差得多："饮少辄醉。"但是此处这些宋代的新名称只是相对的和比喻性的：这不是"正名"，而是另有所指的名。"翁"只不过是指众人之中的最年长者，与"翁"这个特定名称的本义并不一致。"醉"甚至也都不是醉，而是一个被替换的能指："醉翁之意不在酒，在乎山水之间也，山水之乐，得之心而寓之酒也。"让我补充一点：对五柳先生而言，他的"意"确实在于酒；对陶渊明而言，"意"不在于一个充满各种能指的世界，而是饮酒的渴望，假如其中有更大更深的意，那么它在人的心里。正像从太守转移到亭子的名字一样，太守心里的"意"从山水转移到酒。山水空间（欧阳修用语言修辞把自己放置于山水之中，"在乎山水之间也"，就像他后来作为"六一"居士把自己放置于使他快乐的五物之间一样）是经由一个逐渐的过程才转变为快乐，快乐首先得于心，随后被寓（暂时寄予）于酒。酒不是快乐的手段，而是快乐的比喻性外在表达。

假如我们比较一下陶渊明和欧阳修的世界，两者之间的差异是很显著的。陶渊明居住其中的物质世界似乎是表里一致的。陶渊明在夕阳中看着山顶的雾气，并在其中发现"真意"——"山气日夕佳，飞鸟相与还。此中有真意，欲辨已忘言。"陶渊明的"真意"存在于物质世界之中，而不是被观者的心寄予其中。在欧阳修的记里，被命名和描绘的物质景象不完全是一个物的世界，而是一个能指的世界，这些能指需要阐释。意义是不稳定的，总是不断产生新的阐释。他先是谈到他的快乐在于山水（"山水之乐"），但最终他的快乐在于他人："太守之乐其乐也。"

欧阳修在下一段文字里描绘了一天里面的变化和季节的变化，把变化和乐趣的无穷等同起来。人、地、名都是稳定和持久的；只有这舞台的风景在变化，这种变更似乎是快乐持续下去的条件。而持续也是拥有的条件。

若夫日出而林霏开，云归而岩穴暝，晦明变化者，山间之朝暮也。野芳发而幽香，佳木秀而繁阴，风霜高洁，水落而石出者，山间之四时也。朝而往，暮而归，四时之景不同，而乐亦无穷也。

其他人在此首次出现，进入欧阳修的山水（"至于负者歌于滁，行者休于树，前者呼，后者应，伛偻提携，往来而不绝者，滁人游也。"）。他们钓鱼、酿酒、采食野味。在这一切的中心是太守，宣布自己是宴会的主人："太守宴也。"他率先感到微醺；各种活动围绕着他进行，最后，他就在众宾当中颓然地醉了。

在文章最后，我们看到这段著名的文字，描写了生存的等级，也就是快乐的等级。

> 已而夕阳在山，人影散乱，太守归而宾客从也。树林阴翳，鸣声上下，游人去而禽鸟乐也。然而禽鸟知山林之乐，而不知人之乐；人知从太守游而乐，而不知太守之乐其乐也。醉能同其乐，醒能述以文者，太守也。太守谓谁？庐陵欧阳修也。

处于等级最底层的是禽鸟，它们的快乐发生在人类离去之后，它们无法理解或分享人类的快乐——事实上，它们的快乐只有在人类消失时才能完全实现。成群结队来此地游玩的"民"处于第二层，他们虽然游玩得十分快乐，但是无法理解太守因见到他们快乐而感到的快乐。这是一种极端政治化的、服膺于国家政权的儒教，回应了孟子对《诗经·灵台》的解读："古之人与民偕乐，故能乐也。"统治者与民偕乐，因此他才能够感到快乐。这可能是欧阳修的文字的背景，但是"偕乐"与"乐其乐"究竟不同，后者要更加复杂得多。

我们终于看到最后的命名：从"醉翁"变成"太守"，而太守最后点出自己的名字欧阳修。以第三人称指谓自己并不奇怪，但是这篇文章从头至尾都是如此，似乎在最后的某种心理中介过程中，"我"发现他的快乐在于他自己乐他人之乐的形象。此处欧阳修不是"欧阳修"，而是"太守"，是皇朝等级制度中的一个职位。一旦致仕，脱离了大半生以来在其中为自我找到定位的官阶等级制度，无怪乎他要在《六一居士传》中创造出一个"物"的新体系，以便在其中定义自己。

让我们回到欧阳修的"乐其乐"，注意一下他的一个同时代人一首未系年的诗，这个人与欧阳修一样对快乐问题感到着迷。这就是邵雍（1011—1077），这首诗题为《无苦吟》：

> 平生无苦吟，书翰不求深。
> 行笔因调性，成诗为写心。
> 诗扬心造化，笔发性园林。
> 所乐乐吾乐，乐而安有淫。

　　这是一种非常自觉的快乐，不仅仅必须知道自己是快乐的才能感到快乐，而且认为快乐不在于原始的一手经验，而在于间接的、反思的经验。邵雍似乎是说，比较直接的快乐难免有"淫"也就是说过分的危险，只有自觉造成的距离才能避免失控。

　　这个时期的文本彼此呼应，并且回应过去的文本。当滁人爱戴地围绕在欧阳修身边时，他的文章也在更广阔的世界里流传；年长和年轻的朋友都送来应和的诗文，庆祝和赞美他的快乐。苏东坡是一个忠心耿耿的晚辈，在上文我们已经见到他为年老的欧阳修辩护。但是苏东坡也很有竞争心。在十一世纪四十年代中期，欧阳修在偏远多山水的滁州担任太守；1061 年，26 岁的苏东坡刚刚进士及第不久，到干燥的陕西担任他的第一份职务：签书判官。在《喜雨亭记》中，他温和地调侃了《丰乐亭记》的作者。欧阳修写道："修既治滁之明年"，苏东坡则写道："余至扶风之明年。"当然了，苏东坡作为一个签书判官还谈不上"治"，于是他用了"至"这个字，这两个字在当时大概还不完全像在现代汉语中一样是同音字，但是它们的发音是相当接近的。

喜雨亭记（1062）
苏　轼

　　亭以雨名，志喜也。古者有喜，则以名物，示不忘也。周公得禾，以名其书；汉武得鼎，以名其年；叔孙胜狄，以名其子。喜之大小不齐，其示不忘一也。

余至扶风之明年，始治官舍，为亭于堂之北，而凿池其南，引流种树，以为休息之所。是岁之春，雨麦于岐山之阳，其占为有年。既而弥月不雨，民方以为忧。越三月乙卯，乃雨，甲子又雨，民以为未足，丁卯大雨，三日乃止。官吏相与庆于庭，商贾相与歌于市，农夫相与抃于野，忧者以乐，病者以愈，而吾亭适成。

于是举酒于亭上以属客，而告之曰："五日不雨，可乎？"曰："五日不雨，则无麦。""十日不雨，可乎？"曰："十日不雨，则无禾。""无麦无禾，岁且荐饥，狱讼繁兴，而盗贼滋炽。则吾与二三子，虽欲优游以乐于此亭，其可得耶？今天不遗斯民，始旱而赐之以雨，使吾与二三子，得相与优游而乐于此亭者，皆雨之赐也。其又可忘耶？"

既以名亭，又从而歌之。曰："使天而雨珠，寒者不得以为襦。使天而雨玉，饥者不得以为粟。一雨三日，繄谁之力？民曰太守，太守不有。归之天子，天子曰不然。归之造物，造物不自以为功。归之太空，太空冥冥，不可得而名，吾以名吾亭。"

幸福的滁州人似乎总是很快乐，扶风人则长期为干旱感到焦虑，直到一场大雨把焦虑化为快乐，而亭子也正好就在此时竣工了。

假如欧阳修写这篇记，他会为百姓的快乐而快乐。"乐其乐"，在欧阳修文中会被描绘成为公众谋福利的行为，在苏东坡文中却被当成私利。苏东坡当然不是在一本正经谈论私利，他只是在戏谑而已。他把雨完全看作是为他个人带来利益的事物。他和几位朋友想在亭中优游。假如干旱持续，发生饥馑，就会造成社会动荡，盗贼横行，以及种种令到访官员"有事"的问题，而他和朋友就会无法优游自在。苏东坡所期待的悠然自得来自雨的恩赐，他通过喜雨亭这个名字来纪念这件事。

苏东坡对欧阳修最大的偏离在于快乐来源的问题。对欧阳修而言，快乐来自宋朝的建立和持续的德政，而他就是这一德政统治的代表。苏东坡用了"赐"这个表示皇室恩典的字。首先这是天之赐："今天不遗斯民，始旱而赐之以雨。"然后这也是雨本身对苏东坡及其朋友的赐："使吾与二三子，得相与优游而乐于此亭者，皆雨之赐也。"

当用到"赐"这个字时，必须有一个施主，一个需要感谢的赐予者。关于谁或者什么是赐予者的不确定性，把我们带到典型苏东坡式的幽默思考，表现在寻找施动者的滑稽歌谣中。做出感谢是必要的——主要是因为苏东坡已经用了"赐"这个字——但是没有人知道该感谢谁。这里好笑的是没人站出来承担责任。这是一个偶然的世界。有时候会出现快乐。

还有一个小细节需要注意：苏东坡说了欧阳修没有说的话："吾以名吾亭。"苏东坡把亭子称为"吾亭"。

解读

这里我们没有一个像《六一居士传》那样的单一的源头文本，我们看到的是一个发展中的关于快乐的话语，通过文本在朋友中间流传，这些朋友为话语增添新的成分并改变它。从 1036 年到 1062 年这大约四分之一世纪的时间里，在可以按时间顺序排列的文本家族中，我们看到这一话语的发展过程。我们经常把这些文本孤立起来阅读，或把它们看成代表了"宋代古文"的样板，但是只有把它们看成一个家族，才能最好地理解它们，家族整体对于理解单个成员乃是必要条件。我们知道苏东坡在《喜雨亭记》结尾展现出幽默，但是我们必须想到欧阳修的《丰乐亭记》，才能充分欣赏他的幽默。

这些文本家族具有纵横交错的关系。有像陶渊明这样的祖先，他在很多这些文本的背景里浮现。有像欧阳修这样的单个作者写出系列文本对快乐的性质做出思考，写作时间从 1036 年他担任地方官开始，直到作为六一居士的晚年。还有其他作者做出回应的文本，如曾巩那样提供补充性的解释，或是如苏东坡那样对文本进行机智的扭曲。

在阅读中，我们学会留意使人感到意外的部分，试图想象当人们初次阅读它们时是怎么样的情形。中国有一种治学传统非常重视记诵，似乎只有当我们记诵一个文本时才能真正理解它。记诵当然有其优点，但我想指出其局限。当你可以记诵一个文本时，一切都非常熟悉，字句自然地流泻出来，很容易让人把那些出乎意外的部分视为寻常。引用一段话是容易的，但是要留意到它却很困难。当文本变得太熟悉时，那情形就与苏东坡第一次阅读欧阳修《丰乐亭记》完全不同了。当欧阳修写道："修既治滁之明年，夏，始饮滁水而甘"，他讲的正是一种习而不察的现象；而当文本通过记诵变得过于熟悉时，我们也就不会留意到这段关于习而不察的文字。但是，这段文字给苏东坡留下了深刻的印象，因此他才会在《喜雨亭记》中对它进行戏仿。

这不是说我们在阅读时应该试图发现奇怪的文字；而是说，我们应该学会以某种方式去留意，以使奇怪的文字自然而然地跳出来，也就是说对惊讶和意外保持一种开放的态度。有了这种开放的态度，你常常会发现那些奇怪的文字其实并非格格不入的怪物，相反，它们是理解文本关怀的决定因素——比如说在欧阳修的《丰乐亭记》里，文本的关怀就是留意到熟悉和切近的事物。

文本"家族"这个比喻的好处在于两方面：一方面，家族成员的彼此回应是密切和直接的，而在另一方面，长期的熟悉导致的危险就是我们常常忽略了亲属的特别性和生动的样貌。

三、缺席的石头

在一种文化的某一时刻有"活问题"，也有"死问题"。对于死问题有一种或者多种回答，但是问题会在答案后面消失。然而，活问题总是持续地存在。文学和思想围绕活问题产生，哪怕是最睿智绝伦的回答也不能阻止这些问题的回归。

如果你对一个文本多加留意，当活问题出现时，你就会注意到。即使作者想要做出简单直接的陈述，一些力量仍会阻挠他，令他说出奇怪的、出人意料的话，他的论点会出现出人意料的转折，或者他索性切断话头、转移话题。有时作者会试图表明文字中的奇怪之处实际上是很自然的。还有时，奇怪之处会让我们怀疑也许作者是在表现幽默。我们常常无法肯定作者是否有意在展示幽默，但是幽默往往围绕着活问题出现，正因为其中有无法解决的矛盾。这些是活问题的标志，这些问题总是大于任何可能的答案。

让我举个例子。假设一位作者这样开始一篇文章："菱谿之石有六。"但很快我们就发现这一表述有问题：菱溪的这六块石头里面，五块石头已经被搬走，不在菱溪了；那失踪的五块石头里，一块藏身在附近，但是另外四块的踪迹就连爱石者也不知道。六块石头中的最后一块因为太大，难以搬运，"僵卧"在当地，似乎就连这块石头也不在"恰当"的位置，因此难以称得上是"菱溪六石"之一。作者在文章结尾告诉我们，他亲自拿走了"菱溪六石"中的这最后一块石头，而且连带也拿走了那块就在附近的"失踪"的石头，因为他找到了那块石头的所在。在文章中间，我们还得知"菱谿"这个名字也有问题，可能是一条原本据说叫作"荇溪"的水流的新名字；无论是我们还是欧阳修本人都不敢肯定他的信息来源是否正确。到最后我们甚至不确定那些石头是不是原本就来自菱谿，还是后来在建造花园时从别处被搬到菱谿的。文章花了很多篇幅，讲述这些大半已经失踪的石头原本属于五代十国时某位刘金将军的别业，但后来，另外一个后出的文本和这篇文章产生冲突，我们得知"六石"也许根本不属于刘金，而是属于稍后拥有别业的南唐冯延鲁。

对石头的兴趣与所有权的问题相关。据说刘金是最初的拥有者，随后收藏家们将其占为己有，欧阳修本人也在含蓄地宣称刺史有权带走最后一块大石以及藏于当地民家的那块小石。他对于自己对石头的占用和一般收藏家对石头的占有之间的类似感到不安，这最终导致他做出了中国历史上最早的关于"公益信托"的论述之一：对某物的公共占用，使之成为所有人都可以欣赏、而任何人皆不可以私自占有的物件。

这里我讨论的是欧阳修 1046 年担任滁州刺史时写的《菱溪石记》。"菱溪之石［曾］有六。"但这不可能是事实：在多山的滁州，菱溪周围必定到处都是石头，包括大石。那里也许曾经有过六块著名的石头，但在欧阳修到访时，六块石头只剩下一块还在那里。而且既然那一块已经僵卧仆偃，常常淹没在溪水里，他怎么能知道那就是那"六石"中的一块？这显然都是当地的传说，他需要一个人告诉他溪水中那块常常被淹没的石头就是六块名石之一。但是那个当地人又是怎么知道的呢？皇朝的代表想为下一任地方官和帝国统治撰写确定的地方史，这种地方史希望可以确切到包括本地山水中最后一块名石，但是在这里，我们看到一种当地的地方性知识，它缥缈悠忽，让皇朝的代表深感困扰。

> 其四为人取去；其一差小而尤奇，亦藏民家；其最大者偃然僵卧于溪侧，以其难徙，故得独存。每岁寒霜落，水涸而石出，溪旁人见其可怪，往往祀以为神。

欧阳修不会把石头据为私有，但他与此前取走石头的那些收藏家在根本上并无二致。正如他在《集古录目序》开头所写的那样："物常聚于所好，而常得于有力之强。"作为当地刺史，他就是"有力之强"。他的权力让他可以派遣人伕去搬运"难徙"的大石，他也有从民家取走小石的社会权力。如果说当地平民把大石奉为神祇，刺史则有权把它移至丰乐亭，让滁州士绅都可以欣赏它。通过地方官员，或者通过为御花园收集天下佳石的皇帝宋徽宗之手，皇朝把所有珍奇之物都中央化了。

曾经一度，将军刘金有权把石"聚"在一起。在刘金身后，所聚之物就四散了。其他人凭借各自的手段取走了石头。财产的拥有取决于政治、社会或者道德权力，而不是既有的权利意识。

> 菱溪，按图与经皆不载。唐会昌中，刺史李渍为《荇溪记》，云水出永阳岭，西经皇道山下。以地求之，今无所谓荇溪者。询于滁州人，曰：此溪是也。杨行密有据淮南，淮人为讳其嫌名，以荇为菱。理或然也。

欧阳修做的是任何贤良地方官都会做的事：他拿出他的地图，他的方志，在其中查找这个地点。菱溪可能有六块石头，但不幸的是，他发现图经记录中根本没有菱溪！他找到的是一位前任的记录，但是，九世纪中期这位不知名的滁州刺史李渍的记录题为《荇溪记》，这是他现存的唯一作品。李渍所写的荇溪，水道大略与欧阳修的菱溪相同。看来不仅石头被搬来搬去，名字也变动不居。李渍在《记》里描写了美丽的景色，把坍塌的亭子修好招待客人，但是他没有提及任何特别的石头。这表明或者欧阳修找到的不是同一条溪水，或者石头是在李渍身后才被搬到那里的，又或者此前没人注意到这些石头，也没把它们和溪水联系在一起。

他向当地人询问，他们告诉他荇溪就是菱溪，改名是为了避五代将领杨行密的讳，他曾在此地镇守了三年。问题是本土人士往往缺少可靠的历史知识，常常给出似是而非的解释。在《石钟山记》中，苏东坡明智地嘲笑了本地人通过敲击石头解释名字起源的方式；在《丰乐亭记》中，欧阳修也曾指出当地人似乎完全不知道发生在大约一个世纪以前的重要战争。假如五代吴国的每个人都试图避讳杨行密名字的同音字，那么他们不仅会失去"荇"，还会失去"杏"和"幸"。

当地人对溪水名字的解释是值得怀疑的，但是欧阳修想知道这条溪水的历史。欧阳修暂时接受了当地人的解释，因为没有别的解释。这一解释解决了关于知识的问题，存在于文本的溪流消失于山水之间，没有文字记录的溪流却出现了。这种解释解决了问题，但是也提出这样的可能性：在偏远的滁州，有一些溪流是不存于文字记录中的。此外，在真正的当地文化中，一条溪流可以在一个地方有一个名字，但是在五公里以外的上游可能有一个不同的名字。一个帝国是地名的存库清单，这些地名必须为人所知，标示在文本中。但是知名的石头被移走，名字改变，溪流也消失了。欧阳修希望把记录变得规范化，确认、命名、并且创造历史的连续性。他集中一切，把最后的石头纳入皇朝版图。

历史的另一种不确定性是社会流动性，这一点在五代时期的当地将领中表现得尤为明显。当欧阳修站在溪边时，他在幻想中对过去的繁华愤愤不平。

溪傍若有遗址，云故将刘金之宅，石即刘氏之物也。金，伪吴时贵将，与行密俱起合肥，号三十六英雄，金其一也。金本武夫悍卒，而乃能知爱赏奇异，为儿女子之好，岂非遭逢乱世，功成志得，骄于富贵之侠欲而然邪？想其陂池台榭，奇木异草与此石称，亦一时之盛哉。今刘氏之后散为编氓，尚有居溪傍者。

我们终于来到废墟和过去的遗迹边。据说这里曾是杨行密手下大将刘金的住宅，正如据说溪边有六块异石一样。住宅已是废墟，石头也多数不见，溪名改变了，富贵的刘家也沦落为编民。在这篇奇怪的文章中，没有任何东西是稳定的，无论是名，还是物。

欧阳修不能忍受精致的小石头流落于平民之手，于是把石头取走。更让他难以容忍的是如此优美的别业被一介武夫拥有。他虽然没有亲眼见过别业，但他可以想象它曾经一度的富丽。在九世纪中期的晚唐，李渎没有提及任何异石；在五代初期的繁华过后，别业成为废墟，想象中的亭台楼阁业已杂草丛生，异石也都已经被搬走，只剩下孤零零的一块。在欧阳修对一时之盛的幻想中心，是一件让他感到困扰的事情：也就是说，一介武夫可以聚集和拥有所有那些想象中的美丽繁华。他先是用鉴赏家的"爱赏奇异"形容武夫，紧接着的评价是"为儿女子之好"，随后又称其奢华淫逸，"骄于富贵之佚欲"，而这才是在他眼里符合一介武夫的描述。欧阳修一生见到过也称许过无数富丽的花园，因为它们属于有教养的士大夫；这是一座他从未见到的花园，但他不赞许这一花园，因为花园的主人是武夫。

我们在《丰乐亭记》和《醉翁亭记》中见到过欧阳修理想的社会图景，也就是仁慈的政权统治下的社会秩序：太守处于中心，当地士绅环绕两侧，"负者"愉快地干着他们的活儿。如果就像欧阳修自己所言"物常聚于所好，而常得于有力之强"，那么当"有力之强"是武夫时又该如何？在唐五代，武人常常正是"有力之强"。在唐代，武夫经常进入行政领域，阶级区分也不严格。但现在是宋代。欧阳修特意告诉我们，刘金的后人已经沦为编民。和通过教育而获得经久地位的士人家庭不同，武夫来自平民，他们的后代又归于平民。当欧阳修从一个平民家中把那块精致的小石头取走时，他特意点明此人为朱氏。这种不寻常的作法流露出他对所有权感到的焦虑。假如拥有石头的平民姓刘，那么欧阳修取走的就可能是其家族财产，而这将造成伦理问题，即使对有权力这么做的人来说也是如此。

在写《菱溪石记》的次年，欧阳修写给梅尧臣一封信，信中他只提及移到丰乐亭的两块石头，而且，他没有说它们属于刘金，只说它们是南唐官员冯延鲁的"旧物"。冯延鲁是南唐大臣兼词人冯延巳的弟弟。冯延鲁的政治声誉不佳，但是在十一世纪中期，南唐口味仍然保留着充满怀旧感触的吸引力。如果说吴的军事政权口碑不佳，那么南唐则享有巨大的文化声望，为欧阳修想象中无比生动的昔日别业提供了合格的主人。

我们不知道历史的真相。也许欧阳修做了更多考察，发现石头是被冯延鲁带到属于他的别业的。也许当地人喜欢把这个地方和骁勇的武将刘金联系起来，而不是和朝臣冯延鲁联系起来。也许石头和著名的花园确实属于刘金，他可能天性喜爱美丽的园林景致。我们不可能知道，欧阳修本人可能也无法确知，事实究竟是怎样的。唯一清楚的是，欧阳修最终选择的记录最符合他对世界的想象，为点缀丰乐亭的石头笼罩上一层文化光晕。

> 予感夫人物之兴废，惜其可爱而弃也。乃以三牛曳置幽谷；又索其小者，得于白塔民朱氏，遂立于亭之南北。亭负城而近，以为滁人岁时嬉游之好。

但是现在菱溪再也没有石头了。由于这篇文章，立于丰乐亭两侧的两块石头可能将一直被称为"菱溪石"，它们不仅被移走，还被赋予了名字和故事，以及一份对过往繁华的回忆。每个人都会读到欧阳修的这篇文章，但可能很少人读过他给梅尧臣的信，在信中他纠正了石头旧主人的身份。正如欧阳修提醒滁州百姓发生在附近的战争以及在滁州城门擒获南唐将领的故事，他把名称和历史给予当地百姓。通过把石头变成公共空间的一部分，欧阳修试图给它们稳固的位置，防止它们落入聚与散的不断循环中。

> 夫物之奇者，弃没于幽远则可惜，置之耳目，则爱者不免取之而去。嗟夫！刘金者虽不足道，然亦可谓雄勇之士，其平生志意，岂不伟哉。及其后世，荒堙零落，至于子孙泯没而无闻，况欲长有此石乎？用此可为富贵者之戒。而好奇之士闻此石者，可以一赏而足，何必取而去也哉。

欧阳修最终面临一个悖论。假如石头被留在偏远的地方、处于它们的自然状态，那是一种浪费，因为没有人——除了平民以外——会欣赏它们；但是假如有人注意到它们，它们就会被取走。欧阳修的解决办法是一种"公益信托"：这些事物应该被人看到，但必须是作为公共财产被人看到，因此每个人都可以享受到它们，但是没有人可以取走它们。大石现在被置于幽谷，隐隐约约呼应着"弃没于幽远"。但是此处的幽谷只是滁州附近一个地点的名字，而且具有讽刺意味的是所有人都可以前往。

他试图让这成为反对所有权的一个教训，但是，他和其他那些因为自己有权力取走某物而取走某物的人没有什么两样。宋人在拥有中获得的快乐，与他们对拥有的否定总是势均力敌，他们尤其否定他人最珍爱的拥有物，或者至少会表达对于所有物的极度焦虑。每个人都懂得"聚散"的原则：所聚之物必将散尽。事物的拥有是通过权力而不是权利，而且占有某物的权力很少能够延续到身后。欧阳修可能希望，通过把菱溪石放置在丰乐亭周围，他可以将它们置于政权、当地公众以及《菱溪石记》作者本人名字的保护之下。"可以一赏而足"预见了苏东坡在《宝绘堂记》中提出的观点。但这些都是"活问题"。欧阳修和其他人不断地回到这些问题上来。

欧阳修也许不赞成私人收藏，但是他本人仍然渴望收藏和拥有，甚至对收藏和拥有权带来的快乐感到极大的焦虑。二十年后，在作于 1062 年的《集古录目序》中，他试图为收藏的快乐寻找合法性。他以对欲望和权力的异常坦率这样写道：

> 物常聚于所好，而常得于有力之强。有力而不好，好之而无力，虽近且易，有不能致之。

在获取物质以及收藏和拥有的快乐受到攻击的时代，欧阳修试图为他自己收集碑帖的热情找到空间。他首先描写了从远方获取奇珍异宝的庸俗行为：

> 象犀虎豹，蛮夷山海杀人之兽，然其齿角皮革，可聚而有也。玉出昆仑，流沙万里之外，经十余译乃至乎中国。珠出南海，常生深渊，采

者腰絙而入水，形色非人，往往不出，则下饱蛟鱼。金矿于山，凿深而
穴远，篝火粮粮而后进，其崖崩窟塞，则遂葬于其中者，率常数十百人。
其远且难而又多死祸，常如此。然而金玉珠玑，世常兼聚而有也。

与此相反，他强调自己收藏的古代碑帖是无害的，而且具有学术性质：

> ……皆三代以来至宝，怪奇伟丽，工妙可喜之物。其去人不远，其
> 取之无祸。然而风霜兵火，湮沦磨灭，散弃于山崖墟莽之间未尝收拾者，
> 由世之好者少也。幸而有好之者，又其力或不足，故仅得其一二，而不
> 能使其聚也。夫力莫如好，好莫如一。予性颛而嗜古，凡世人之所贪者
> 皆无欲于其间，故得一其所好于斯。好之已笃，则力虽未足，犹能致之。

这些古物近在眼前，由于无人喜好而被抛弃。它们不仅不被欣赏，还
逐渐磨灭消亡，因此收集它们是富有道德的保存行为，就和重新安置菱溪
的石头一样。有少数想要得到这些东西的人，但他们"力或不足"。可以想
见的是，欧阳修其实拥有他在序言末尾所否认的权力。他转而谈到收藏家
专一的热情："好莫如一。"他用了一个意义丰富的字，"嗜"，在功能上等
同于他用来描述普通人渴望得到寻常宝物的"贪"。无论他多么希望持续拥
有自己的收藏品，他也知道它们终将散尽，因此《集古录》尽可能多地把
它们记录收藏在文字里面。

我们知道很多关于宋代收藏的奇特故事，比如像李清照在《金石录后
序》中写到的，收藏品变成婚姻中的砝码，其价值似乎比其收藏者还要更大。
当然，还有热情的皇帝收藏家宋徽宗，他最终和自己的奇珍异宝一起，被
"有力之强"的女真所收取。当欧阳修不断用"有力"这个词时，他的头脑
中一定回响着关于"有力者"的这段著名文字：

> 夫藏舟于壑，藏山于泽，谓之固矣。然而夜半有力者负之而走，昧
> 者不知也。

《庄子》用舟比喻人生，死亡是最大的收藏者，可以说它收藏的东西"聚而无散"。

> 右《金石录》三十卷者何？赵侯德甫所著书也。取上自三代，下迄五季，钟、鼎、甗、鬲、盘、彝、尊、敦之款识，丰碑、大碣，显人、晦士之事迹，凡见于金石刻者二千卷，皆是正讹谬，去取褒贬。上足以合圣人之道，下足以订史氏之失者，皆载之，可谓多矣。呜呼，自王播、元载之祸，书画与胡椒无异；长舆、元凯之病，钱癖与传癖何殊。名虽不同，其惑一也。

提到收藏，我们想到的是奇石和书画，但是就像李清照告诉我们的那样，物品本身和它的文化地位并不重要。问题当然不在于收藏本身，而在于求取、获得、拥有。还有一些早期的例子：梁元帝为了避免藏书落入北人之手而焚毁它们；唐太宗用《兰亭集序》为自己殉葬。但是在宋代，收藏的社会范围扩大了；虽然在收藏方面皇帝没有竞争对手，一般文人确实有很多竞争者。

问题不在于收藏本身，而在于拥有和获取更多的收藏物。欧阳修作为古籍收藏者总是期望获得更多古籍。后来作为六一居士，他满足于只拥有自己所有之物："足吾所好，玩而老焉，可也。"

欧阳修最令人钦佩的是"可也"。他试图在人性的矛盾中寻找一个合理的立足点。随着他年纪越来越大，他发现自己日益置身于一个道德家的世界，这些道德家不能容忍人性的矛盾。第一代道学思想家们，还有王安石，显然都缺乏容忍精神，但就连苏东坡这样较为宽容的人物也经常乐于做出忽略人性的绝对性判断。假如欧阳修说"可也"，苏东坡会说"不可也"。

在写下《集古录目序》八年以后的 1074 年，驸马王诜请苏东坡为他新近建成用来安置书画文物的宝绘堂写一篇文字。苏东坡一如既往地提出了一个非常聪明的论点，丝毫没有我们常在欧阳修文中见到的人性矛盾：

> 君子可以寓意于物，而不可以留意于物。寓意于物，虽微物足以为乐，虽尤物不足以为病。留意于物，虽微物足以为病，虽尤物不足以为乐。

苏东坡在批评对拥有本身的嗜好，我们几乎可以在背景中听到欧阳修的声音："夫力莫如好，好莫如一。予性颛而嗜古，凡世人之所贪者皆无欲于其间，故得一其所好于斯。"这种专一正是"留意于物"。苏东坡实际上提出的是一个佛教训诫，只不过给它披上了非宗教的外衣：执着于物使拥有者被拥有。但是解决方法不是佛教的弃绝，而是享受物却不执着于物。欧阳修试图证明热爱古物胜过热爱寻常珍宝，但是苏东坡反驳道：嗜好古物和嗜好寻常之物是一致的。

> 始吾少时，尝好此二者，家之所有，惟恐其失之，人之所有，惟恐其不吾予也。既而自笑曰：吾薄富贵而厚于书，轻死生而重于画，岂不颠倒错缪失其本心也哉。自是不复好。见可喜者虽时复蓄之，然为人取去，亦不复惜也。譬之烟云之过眼，百鸟之感耳，岂不欣然接之，然去而不复念也。于是乎二物者常为吾乐而不能为吾病。

关于拥有和快乐的关系，这是一个有趣的论点。在《菱溪石记》中，欧阳修满足于欣赏石头而不拥有它们。苏东坡更进一步，指出拥有它们必然让人不快乐。他比自己所希望的更接近道学家。苏东坡完全不提王诜与其艺术收藏的关系；他只是想到自己早先对拥有的嗜好。根据他本人的记述，他的嗜好比欧阳修更极端。

当一个人不考虑人性的矛盾和复杂而进行道德说教时，他面临的危险是他对别人的说教会回到他本人身上。苏东坡应王诜之请为宝绘堂写记，他告诉王诜，他自己已经不再执着于物，已经放弃占有和收藏。数年后，王诜求"借"苏东坡心爱的两块"仇池"石，而苏东坡知道，如果他把石头"借"给王诜，他肯定从此以后再也见不到它们。[5] 后来，苏东坡对奇石的执着重又浮现出来，不过这一次苏东坡输给了另一位收藏者。

1094 年，苏东坡在被贬前往惠州的途中经过

[5] 杨晓山在《私人领域的变形：唐宋诗歌中的园林与玩好》（南京：江苏人民出版社，2009）一书中描述了两人争夺石头并牵涉到其他朋友的过程，正确地指出把这场争夺与《宝绘堂记》联系起来看有一种讽刺意味。在讨论结尾处，他提及苏轼关于湖口石头的诗。围绕着这块石头产生了一系列诗歌。约三十年前我曾在《中国传统诗歌和诗学》中讨论过这些诗。田晓菲在《尘几录》中也提到它们。在三十年后我回到这些诗，因为它们体现了关于拥有的一切问题。

湖口，在那里看到了一块他希望加入仇池的石头。八年后，他从贬谪地海南回来路过湖口，发现那块石头已经被另一位收藏者郭祥正买走。此后不久，苏东坡就去世了。嗣后黄庭坚路过湖口，怀念下世的朋友，为失踪的石头写了一首诗。让我们从苏东坡发现和命名这块石头的第一首诗开始：

壶中九华诗并引

　　湖口人李正臣蓄异石九峰，玲珑宛转，若窗棂然。予欲以百金买之，与仇池石为偶，方南迁未暇也。名之曰壶中九华，且以诗记之。

　　清溪电转失云峰，梦里犹惊翠扫空。
　　五岭莫愁千嶂外，九华今在一壶中。
　　天池水落层层见，玉女窗明处处通。
　　念我仇池太孤绝，百金归买碧玲珑。

　　我们所有讨论过的词语都在这里，虽然除去对石头的命名，这些词语完全是对未来的预期。苏东坡计划买石，在石头中找到对贬谪生活的安慰，他还想象把这块石头与仇池石为偶的快乐。就像六一居士和他拥有的五件物品一样，这是苏东坡对满足感的梦想。

　　在这里，我们了解到为何拥有如此重要。拥有物可以被迁移：它们是他人意志的对象物。他本人被当作皇朝的"拥有物"，可以在帝国版图内被四处迁移，被贬到惠州等地，直到海南。当他在皇朝的地理疆域内四处迁移的时候，他梦想着可以拥有一座属于自己的微型仙域，他会成为一个小小空间的君主，其中的微型山峰正是根据帝国的名山而命名的。统领全诗的字眼是"归买"，许诺要把设想中的未来变成真实的未来。

　　但当他真的回到惠州，他发现另一个强有力的竞争者已经用比苏东坡开价高得多的价钱把石头买走了。

予昔作壶中九华诗，其后八年复过湖口，则石已为好事者取去，乃和前韵以自解云

江边阵马走千峰，问讯方知冀北空。
尤物已随清梦断，[6] 真形犹在画图中。[7]
归来晚岁同元亮，却扫何人伴敬通。
赖有铜盆修石供，仇池玉色自瓏珑。[8]

[6] 注曰："刘梦得以九华为造物一尤物。"
[7] 注曰："《道藏》有五岳真形图。"
[8] 注曰："家有铜盆，贮仇池石，正绿色，有洞穴达背。予又尝以怪石供佛印师，作《怪石供》一篇。"

苏东坡喜欢把山峰比成奔驰的骏马，在这里，名马的产地冀北空空如也，是因为骏马——也就是他的壶中九华——已经奔驰而去（不是被人取走）。早先在写给王诜的《记》中，他把那些受到过分珍爱的宝物称为"尤物"，这个词也经常用来指称令人魅惑的女性；此处他记起刘禹锡称九华山为"造物一尤物"。尤物在梦中消失，留下的只是画中的意象。

虽然苏东坡是比黄庭坚更出色的作家，黄庭坚在苏东坡去世后途经湖口写下的诗是这组诗中最重要的一首，而且也可以证明黄庭坚确实是一个重要的诗人。人们通常认为黄庭坚是个典故诗人，善于运用唐代以及唐前文本中的典故；事实上，黄庭坚对近代和当代话语的关注更多，而且他的典故常常是对当代作家用过的典故的反馈。若要欣赏黄庭坚的诗歌，我们必须把他置于他的那个世界。

湖口人李正臣蓄异石九峰。东坡先生名曰壶中九华，并为作诗。后八年，自海外归，过湖口，石已为好事者所取。乃和前篇以为笑，实建中靖国元年四月十六日。明年，当崇宁之元五月二十日，庭坚系舟湖口，李正臣持此诗来，石既不可复见，东坡亦下世矣。感叹不足，因次前韵

有人夜半持山去，顿觉浮岚暖翠空。

试问安排华屋处，何如零落乱云中。

能回赵璧人安在，已入南柯梦不通。

赖有霜钟难席卷，袖椎来听响玲珑。

在长长的诗题中，黄庭坚写道："石既不可复见，东坡亦下世矣。"对举消失的石头和已逝的朋友。黄庭坚一定读过欧阳修的《集古录目序》，迅速地在欧阳修的"有力"和《庄子·大宗师》中的"有力者"之间建立了联系。

夫大块载我以形，劳我以生，佚我以老，息我以死。故善吾生者，乃所以善吾死也。夫藏舟于壑，藏山于泽，谓之固矣。然而夜半有力者，负之而走，昧者不知也。

无论我们如何养生和护生，死亡都会降临，带走我们的生命，就像有力者带走藏舟一样。我们必须理解这一点，才能领会第一句诗心酸的幽默。充满热情和竞争欲的收藏家郭祥正——用欧阳修的话说就是"有力"者——悄无声息地来到，但他带走的不是藏舟，而是藏舟之山，也就是说苏东坡的"壶中九华"。"有人夜半持山去！"同样地，苏东坡也被带走了。死亡是一个收藏者。

"壶中九华"是苏东坡想买的山，是隐士"买山"隐居的微型版本。苏东坡曾在《书王定国所藏烟江叠嶂图》中写到"买山"。诗中苏东坡在仔细观察这幅画以后评论道：

不知人间何处有此境，径欲往买二顷田。

但是这首诗的开头对于一首题画诗而言十分奇怪，黄庭坚记住了这种奇怪，它表现在黄诗的第二句里。

江上愁心千叠山，浮空积翠如云烟。

山耶云耶远莫知，烟空云散山依然。

然而，当云雾在黄庭坚的诗里散开时，却原来空无一物："顿觉浮岚暖翠空。"有人拿走了山，空余下云烟。渗透佛教意味的词汇"顿觉"（突然发觉→突然觉悟）为哀伤的幽默增添了深度，而佛教所谓觉悟，当然是说对看起来真实的世界——像山一样真实——实际乃是空无的理解。

这座失踪的微型山峰现在成了郭祥正的收藏品，毫无疑问为了供主人及其朋友欣赏而被妥善地放置着。虽然黄庭坚的诗没有明言，但我们应该指出——苏东坡虽然丧失了作为物质的石头，但他对石头的命名已经标明所有权，无法磨灭。通过命名，石头已经属于苏东坡了；郭祥正不只是用高价买断了一块无名的石头，他占有了属于苏东坡的东西。

而在黄庭坚看来，被有钱人买走置于华屋的小山并未得其所。

诗的后半部分把这一切置于皇朝的主题和苏东坡早年生涯的语境中。我们想到富有的收藏家王诜，苏东坡曾经劝告他不要执着于书画之类的奇珍异物，我们可以推断奇石也在不宜执着之列。王诜曾经想"借"走苏东坡的仇池石——尽人皆知，王诜从不归还他"借"走的东西。他确实是一个"有力者"。苏东坡拒绝放弃他心爱的石头，他的朋友们也被牵扯进来。苏东坡的一位朋友建议毁掉这些石头，而不是把它们"借"给王诜。在想象中对奇石的毁灭是黄庭坚诗歌结尾处蔺相如和朱亥典故的背景。

当我们想到强者在政治和社会权力（而不是道德力量）的竞争中战胜弱者，我们很容易想到统一帝国的开始和秦国在公元前三世纪逐渐吞并其他王国的过程。和王诜的情形一样，对权益的强调掩盖了胁迫的事实，因为秦国是一个最大的收藏家。用贾谊的话来说，秦国企图"席卷天下"。

这里我们看到另一块石头，也就是著名的和氏璧，它的巨大价值长时期以来无人辨识，但是一旦被发现就成了人人垂涎的宝物。和氏璧落入秦国的东邻赵国之手，秦国提出用城池换取玉璧。赵王不相信秦国的承诺，正如苏东坡不相信王诜只是想"借"观而已。以下发生的故事耳熟能详：蔺相如自告奋勇携带玉璧前往秦国，发誓无论如何都会完璧归赵。当他看到秦王根本无意履行诺言，就找个借口拿回玉璧，威胁要摔碎它，而这也正好像苏东坡的朋友建议他索性毁掉仇池石。也许苏东坡原本也可以像蔺相如一样可以带回失掉的石头，但是他还没来得及这样做就已溘然长逝。像著名的南柯一梦故事那样，苏东坡去的地方已经超越了梦境。

> 能回赵璧人安在，已入南柯梦不通。

尽管秦国对和氏璧的妄想没能得逞，却无人能从郭祥正那里再夺回"壶中九华"。秦国最终征服了赵国，但是黄庭坚记忆最深刻的是对"有力者"的反抗。最后还有两个故事，每个都牵涉到椎击的行为，让人想到苏东坡的朋友毁掉奇石的建议和蔺相如摔碎玉璧的威胁。

秦国攻打赵国，包围了赵国的都城。赵国知道邻国魏君不敢公然违抗秦国，于是请求魏国公子信陵君帮助。信陵君设法取得了调遣魏军的虎符，但是他担心魏军将领不接受指挥。为了应付这种可能性，他让力士朱亥随同前往。魏将果然不接受调遣，于是朱亥用藏在袖子里的铁椎（黄庭坚的"袖椎"）击杀了他。

另外的一个故事我们到后文还会加以讨论。这是苏东坡对湖口附近石钟山的考察。他试图弄明白山名的由来，遭遇到一场喜剧性的体验：寺僧命小童持斧敲击石块，试图向他展示石块发出的声音就是"石钟"得名的由来。

这一切都在黄庭坚诗的最后一联里浮现出来：

> 赖有霜钟难席卷，袖椎来听响玲珑。

这些诗句究竟意味着什么？

英文中有一个术语，来自弗洛伊德对梦的解析，这个术语常被用于解读文学文本。这个术语就是"多元决定"（overdetermined），表示梦境中的一个意象，或语言中的某种文学表述，在不同出处来源里有太多分歧的、互相矛盾的意义，这些意义只有在一个梦境的意象或文学表述中才能被放到一起。我们无法用逻辑联系起死亡、"有力"的收藏家和皇朝权力，但是这三者却可以在一首诗里混成一气。在王安石及其追随者掌控下的国家政权也许和强秦类似，而到了1101年，坐在宋朝皇位上的又正是一位"有力"的收藏家。但是这些联想意义仍然无法被完全整合。最具说服力的统一性在于黄庭坚的反应——愤怒，反抗，要摧毁某物的威胁。

我们无法把这简化为一个单一的"意义"，但是我们可以观察文本传达意义的多种不同方式。首先是暴力：打碎石头，那是"有力者"的欲望对象；通过这样的行为拒绝占有。还有对"有力者"的反击，迫使强秦、死亡和收藏者却步。还有小童持斧敲击石块发出的声响，提醒我们真正的大山发出的声音要宏大得多，是不可以被"席卷"而去的。这一切都集合在这首诗里，因此这首诗只能具有众多的意义，而不是单单只意味着一件事情。

四、悉为己有

我们前此讨论了一系列快乐的场所，快乐系于某种物件、场地或者情境。但是这样的观点，也就是说快乐有赖于固定的场地和物件，和另一种相反的观点紧密相连，也就是说快乐是一种心态，让人在任何地点和任何事物中都能找到快乐。我们经常看到这样的焦虑：在某一特定物件或地点找到快乐的人会被这一物件或地点吞没；被过分渴望的物会变成使人丧失自我的"尤物"。顺便提到，在宋代，"尤物"很少指女性，而总是指珍奇之物。

在《宝绘堂记》里，苏东坡试图在关于所有权的新兴话语和原有的佛教无执的话语之间找到折中。苏东坡建议与物做一种哲学的"调情"：在某一时刻享受和欣赏它们，随后就放下它们。但调情总是危险的，调情者故作潇洒，但有可能被他假装不很在意、只是随意享受一下的物品所淹没，注定体验失去它们的痛苦。假如苏东坡允许自己渴望"壶中九华"，那么总会有一个郭祥正冒出来夺走它，矜夸他的胜利，得意地品味苏东坡的失落感。

对所有权的焦虑与对所有权的普遍意识成正比。在宋代我们进入了现代世界的边缘，在这个世界里人们总是意识到谁拥有东西。关于何为公共空间和财产、何为私人空间和财产的意识，分割了我们生活在其中的现代空间。在宋代以前，当然我们也会看到人们偶尔提及所有权，但这并不普遍。

所有权在宋代成为社会意识的一部分，甚至就连认为人不应执着于所有物的最严厉的道学家也会用所有权来隐喻异化的缺席。下面是程颐对《论语》中孔子认为"好学"不如"乐学"这一段话的解释：

> 学至于乐则成矣。笃信好学，未如自得之为乐，好之者如游他人园圃，乐之者则己物尔。

这是一段引人瞩目的话。道学家通常不赞成对所有物的沉迷，却容许它在比喻里出现，以澄清"好"与"乐"的区别。也许这比简单的比喻更深刻，也许这代表了社会意识的一种基本转变，这种转变是道学家对世界的理解的基础，即使这是他希望超越的东西。"好"也就是"欲"，打开了欲望的裂口。而"乐"只存在于"己物"之中。

我们可以把白居易的诗拿来做一个对比。白居易在和一位唐代的"地主"争夺拥有权：

游云居寺赠穆三十六地主

乱峰深处云居路，共踏花行独惜春。
胜地本来无定主，大都山属爱山人。

唐代诗人不接受永久所有权这一观念："本来无定主。"这里有对所有权的宣告，但是诗人对之不屑一顾。在宋代，我们也可以看到某地属于爱之者的类似说法，但是法律上的所有权是不可忽略的。

比如说你在别人的地盘上设宴。你可以宣称这无关紧要，但是要这样宣称，你必须称引所有权。因此当欧阳修在西湖（这不是杭州的西湖，而是欧阳修退隐之所颖州的西湖）边开宴时，他让伎人演唱一套曲子，曲子开头有一段介绍性的"念语"。时间可能是 1072 年，接近欧阳修的人生终点。

西湖念语

    昔者王子猷之爱竹，造门不问于主人；陶渊明之卧舆，遇酒便留于道上。况西湖之胜概，擅东颍之佳名。虽美景良辰，固多于高会；而清风明月，幸属于闲人。并游或结于良朋，乘兴有时而独往。鸣蛙暂听，安问属官而属私；曲水临流，自可一觞而一咏。至欢然而会意，亦傍若于无人。乃知偶来常胜于特来，前言可信；所有虽非己有，其得已多。因翻旧阕之辞，写以新声之调，敢陈薄伎，聊佐清欢。

开头用到的王徽之典故很有说明性：

    时吴中一士大夫家有好竹，欲观之，便出坐舆造竹下，讽啸良久，主人洒扫请坐，徽之不顾。将出，主人乃闭门。徽之便以此赏之，尽欢而去。（《晋书》卷八十）

    欧阳修为他兴之所至地在他人地面流连光景的行为寻找先例，"念语"从头到尾反复回到他在别人地产上开宴这一事实。这个空间不是公共空间。欧阳修的尊贵身份可能保证主人不至于反对，但这里还是有一种基本的意识，也就是说自己未得到他人允许就在他人的地界盘桓。他开头讲到王徽之爱竹，未曾知会主人就径自去欣赏竹林。这是王徽之贵族怪癖的标志，因沉迷于竹子而忽略礼数；这只能说是无意中对他人财产的侵犯。如果说王徽之仿佛没有意识到侵犯了他人的地界，那么欧阳修确实是意识到这一点的。不过，在欧阳修谈到快乐时，他用了一个和财产有关的词汇"属于"："清风明月，幸属于闲人。"他不断强调到在此处高会的偶然性，总是回到所有权和对所有权的超越："鸣蛙暂听，安问属官而属私"（晋惠帝曾问人鸣蛙属官还是属私）。这不是他的田产："所有虽非己有，其得已多。"

    此处典故扮演的角色非常类似法律辩论，援引先例以证明自己的合法性。显然没有人会提出反驳——谁胆敢反驳欧阳修如此身份的人在别人的田产上高会呢？——这全都是出于作者内在的，为了抚平他本人心中的不安。

这把我们带到当代最引人注目的文本之一，这一文本言辞激烈地颂扬私有财产，针对否认私有财产的古典主义意识形态，为私有财产做出辩护。这就是司马光写于 1073 年的《独乐园记》，在欧阳修写作《六一居士传》三年之后，当时正值王安石执政时期，司马光在洛阳过着退隐生活。文章写作的背景是王安石针对私有财富和豪门大户制定的经济控制政策。司马光的朴素花园不在政府征收之列，但是王安石和所谓的保守派之间的派系斗争把私有财产和政府干涉等问题推向前沿。有各种证据表明司马光希望不受干涉，而所有权正是阻止他人使用或享受自己个人财产的权力。当他在这座花园里时，他把自己打扮成古代的隐士模样，但他是一个生活在私有财产时代里的富有而著名的隐士。独乐园是司马光的一座小剧场，古典主义意识形态希望把这里变成公共空间。

把自己的花园命名为"独乐园"与孟子的众乐之说针锋相对，众乐这一价值观也隐藏在欧阳修的《醉翁亭记》里。这篇文字也是对私人所有空间的记述，与欧阳修滁州诸记里描写的公共或者半公共空间不同。在道学价值观的新世界里，司马光需要为私人所有权的合法性找到一个说法。儒家经典帮不上他的忙：百姓可能愿意来为文王建造灵台，但是文王不必购买地产或者付每日的工钱。而在独乐园的情况中，无论是园林占据的地皮还是园林里的一亭一榭，司马光都需要花钱购买和修建。

司马光可以通过一系列的否定来解释这座中型别业的私人所有权，并借此表明儒家经典中的价值观如何不适用于他的情况。首先，他直接回应儒家经典价值观带来的问题，把孟子和梁惠王对话的结论用自己的语言加以复述。接下来，司马光指出这段话不适用于他的情形，因为这是"王公大人之乐"，超过了他能企及的程度。随后他用在陋巷中快乐的颜回作为反例：这不是"王公大人之乐"，而是"圣贤之乐"，同样也非他所能企及。这样一来，司马光事实上通过在权贵阶层和清贫贤士之间开辟空间而创造出了一个"中产阶级"。前者的快乐只能来自他们的公共身份，后者的快乐只能来自内心。[9] 这对王公大人和清贫的圣贤

[9] 使用双重否定术创造处于中间的空间也可以在白居易的"中隐"里看到（参见杨晓山《私人领域的变形》英文版第 36—50 页），虽然其意义具有深刻的不同。

来说没有问题，但是对像他自己这样的普通人来说却不行。于是，处于中间的朴素乐趣就变成了他的避难所。

> 孟子曰："独乐乐不如与人乐乐，与少乐乐，不如与众乐乐。"此王公大人之乐，非贫贱者所及也。孔子曰："饭蔬食饮水，曲肱而枕之，乐亦在其中矣。"颜子一箪食，一瓢饮。不改其乐。此圣贤之乐，非愚者所及也。

下面，他提出像他这样的愚人可以效仿的正面样板：

> 若夫鹪鹩巢林，不过一枝，鼹鼠饮河，不过满腹，各尽其分而安之，此乃迂叟之所乐也。

后来，司马光告诉我们他的洛阳地产共占二十亩。虽然和洛阳一些大园林相比可能显得狭小，他的花园也还是肯定超过了鹪鹩的"一枝"。他也许是在用二十亩"尽其分"，但是他的"分"相当宽舒。每个人都有自己最低限度的标准，但是在一座大都市里拥有二十亩地、五千卷藏书和许多亭榭建筑，似乎不应该算是对一个人最低物质享受限度的挑战。司马光告诉我们地产是他买下的，但没有告诉我们付了多少钱。在我看来，买独乐园的花费恐怕要比苏舜钦买沧浪亭周边地产花掉的四万钱多得多。

如果所有权已经变成了一个问题的话，那么价钱就是值得考虑的。我们不知道司马光购买二十亩地产的开销，但是把苏舜钦付的四万钱与一个有关独乐园的故事比较一下会有很多启发性。这个故事来自《元城语录》：司马光的园丁在春暖花开时靠出售花园门票在一天之内赚了十千钱。

> 然独乐园在洛中诸园最为简素，人以公之故，春时必游。洛中例，看园子所得茶汤钱，闭园日与主人平分之。一日，园子吕直得钱十千，肩来纳。公问其故，以众例对。曰："此自汝钱，可持去。"再三欲留，公怒，遂持去，回顾曰："只端明不爱钱者。"后十许日，公见园中新

创一井亭，问之，乃前日不受十千所创也。

故事旨在表明司马光不爱钱财，而园丁还报主人自有其聪明的方式。但是把这个故事和《独乐园记》放在一起读会让人感到很奇怪。这里有对商业和"独乐"的微妙反讽。花园一点都不"独"；花开时，园子对所有付得起"茶汤钱"的人开放。司马光不仅没有"与众乐乐"，他甚至不接受众人为他们的快乐付的钱。这真是对《孟子》的一个奇特扭曲。众人的确来到花园，进入园子，享受美景。然而主人没有与他们同乐。他们为他们的快乐付钱，就像司马光为建造花园付钱一样，但是他们需要园丁作为中介收取他们付出的报酬。为了偿还主人应得之份，园丁建了一个新亭子（在这则故事的一个后起版本里，园丁为司马光造了一个厕所）。

此处我们应该考虑一下文化价值和商业价值之间的关系。"茶汤钱"的故事暗示了这一点："人以公之故，春时必游。"李格非的《洛阳名园记》对此讲得更清楚：

> 司马温公在洛阳，自号迂叟，谓其园曰独乐园。卑小不可与他园班。其曰读书堂者，数十椽屋；浇花亭者，益小；弄水、种竹轩者，尤小；曰见山台者，高不过寻丈……温公自为之序，诸亭台诗颇行于世。所以为人欣慕者，不在于园耳。

价值是由文化文本生产出来的，而其中一个文本明确拒绝让他人来享受花园。而当游人在花开时付钱入园参观游览时，那样一种文化价值就被转化为商业价值。园丁要分给司马光他的应得报酬，司马光这样的文人高士必须拒绝商业利益。但是这样做的结果是，商业价值最终以园中一个新亭子的形式回到他手上。我们不知道这个故事的真实程度，更不必说具体细节，但是这类轶事体现了想象中文化价值和商业价值之间的关系。此外，这个故事中有一点值得注意：园丁得到十千钱，按照当地惯例应该把收入的一半交给主人；但是轻视利益的司马光最终却得到了全部利益：井亭"乃前日不受十千所创也"。

古典散文的话语世界试图用它已有的词语为"私有财产"找到叙述空间，但是只有"笔记"才能够展现私有财产和商业化的全部后果。独乐园这个意味深长的称号，司马光的鼎鼎大名，花园的简素之美，肯定都使花园对蜂拥而来的游人更具吸引力。一些新的因素进入文化，在话语层面给文化造成分裂：笔记可以告诉我们实际上发生了什么，古典文类却试图调和新生事物与旧有的价值观念——或者更常见的，隐藏起新兴的价值观。但是，就连古典文类有时也会体现新世界的到来。在花园中，司马光"上师圣人，下友群贤，窥仁义之原，探礼乐之绪，自未始有形之前，暨四达无穷之外，事物之理，举集目前。"此处他听上去很像一个道学思想家。但是私人所有权的新世界很快悄然潜入：当他读书疲倦时，他在花园里劳作，欣赏园中景致，然后自豪地宣称一切"悉为己有"。

> 迂叟平日多处堂中读书，上师圣人，下友群贤，窥仁义之原，探礼乐之绪，自未始有形之前，暨四达无穷之外，事物之理，举集目前。所病者，学之未至，夫又何求于人，何待于外哉。志倦体疲，则投竿取鱼，执衽采药，决渠灌花，操斧剖竹，濯热盥手，临高纵目，逍遥徜徉，唯意所适。明月时至，清风自来，行无所牵，止无所柅，耳目肺肠，悉为己有。踽踽焉、洋洋焉，不知天壤之间，复有何乐可以代此也。因合而命之曰：独乐园。

这里有一个重要的问题。司马光在园中得到的快乐在于花园自身，还是因为一切"悉为己有"？程颐似乎为此提供了答案："好之者如游他人园圃，乐之者则己物尔。"当然，一切"悉为己有"并不只是因为他为地产和园林付出代价，还因为他计划了这一切并且命名了所有景点。独乐园汇聚了快乐、拥有和命名。它是一个综合体，在其中自我得以安顿，就像六一居士通过可以随身携带的所有物来定义自己一样。这不只是一个让他快乐的地方，这个地方让他快乐是因为它属于他自己。

下文对独乐园名称的批评是"记"中常见的修辞手法，读者对之早有期待：

或咎迂叟曰："吾闻君子所乐，必与人共之，今吾子独取足于己，不以及人，其可乎？"迂叟谢曰："叟愚，何得比君子，自乐恐不足，安能及人？况叟之所乐者，薄陋鄙野，皆世之所弃也，虽推以与人，人且不取，岂得强之乎？必也有人，肯同此乐，则再拜而献之矣，安敢专之哉。"

司马光再次谦逊地表示他不能与君子相比，他的所有十分有限，难以与他人分享。他刚刚描写了花园的规模、布局以及带给他的快乐，紧接着告诉我们这个地方简陋得很，没有人会对它感兴趣，即使他愿意与人分享，也不会有人愿意（妙的是春天花园对外开放并以此获利一事完全把这话戳穿了）。不过，如果有人感兴趣的话，他必定与人分享。我们该怎样看待这些文字？

古代的儒家价值和私人所有权带来快乐这种新兴的布尔乔亚价值观发生冲突，面对这种冲突，司马光创造出一个迫使他在想象中牺牲他最宝贵的财产、放弃花园专用权的对话者。与欧阳修在他人陪伴中得到快乐不同，司马光想把带给他快乐的地点私藏起来：这种欲望在本质上很有布尔乔亚的意味，也就是说个人所有物发展成为一种独立的价值。甚至就在所有物可以毫无损失地与他人共享时，"悉为己有"仍然是一个议题。

"自乐恐不足，安能及人？"我们应该知道，司马光为独享花园做出的辩护是多么的奇怪。他人当然可以前来欣赏花园而完全不会减少花园带给司马光的乐趣，但是司马光把花园带给他的快乐"资本化"了；他对它实行量化，要是他人在园中得到快乐，他得到的快乐似乎就少了。这种立场明显是自私的，这迫使他在文章结尾处勉强同意与他人共享，在这里他突然使用一种充满尊敬的语言，它的语气让人捉摸不定，似乎他在被迫接受一种更高明的论点。通过贬低曾经赞扬过的东西，文章从对园林感到的自豪，转变为"专之"的企图，最终转变为放弃。

在结尾处他表示愿意把心爱的花园"献"给他人。"献"是个有趣的字眼，表示把东西奉送给比自己地位高的人，正如他被一个更高的论点说服了。他为花园起的名字，"独乐"，抵制着无法抵制的力量。

我们知道在司马光的时代洛阳已是古城，城中处处皆有历史。当他凿池筑亭时，洛阳的悠久传统一定留有很多遗迹。但在《独乐园记》里，他把自己买地称为"买田"，似乎他的城中别业在一块没有历史的田地上，一切自花园的修建开始。所有的名字都是他起的名字——买地似乎给了新主人重新开始的权利。不仅仅是一纸地契，而且是司马光的宣传，使这块地属他所有。司马光希望成为一个生活在历史之外的隐士，即使他当时正在写作《资治通鉴》——历史上最著名的史书之一。

假如我们把司马光作于1073年的《独乐园记》与欧阳修约三十年前写于滁州的文章相比，差异是惊人的，这既表现在从同乐到独乐的转变，也表现在对地点背后的历史的兴趣。在很大程度上，这些差异来自掌控公共资源的地方官和使用个人资源的普通公民之间的差异。在《独乐园记》之前头几年写下的《六一居士传》中，我们也看到从公到私、从同乐到独乐的类似转变。关于私人花园的一篇较早的作品，是苏舜钦1045年的《沧浪亭记》，这与欧阳修的《丰乐亭记》写于同一年。

由于这些文章的宣传，给这些地点起的名字得以在相当长的时间里一直保持下来。这些庭园在此后的世纪里一次次坍塌又一次次重建，好让著名的文本不至于失去它所描写的物质地点。直至今天人们仍然充满感情地追寻这些地点：独乐园的原址成为一座小学，苏舜钦的沧浪亭也保存在现代化的苏州城内，游人必须购买门票才能进入园中追忆苏舜钦的快乐，正如人们必须向司马光的园丁付费才能进入独乐园一样。

当欧阳修在偏僻州郡为官、征集役夫用公款修整公共建筑和搬运大石的时候，苏舜钦失位南下，来到苏州。两人都是派系斗争的牺牲品，虽然在阅读欧阳修作于滁州的著名文章时我们绝对不会想到他的官守是被视为"流放"的。和滁州的欧阳修一样，苏舜钦也面对着五代吴国的遗迹。他买下一块地，并告诉读者他付了四万钱。

予以罪废无所归，扁舟南游，旅于吴中，始僦舍以处。时盛夏蒸燠，土居皆褊狭，不能出气，思得高爽虚辟之地，以舒所怀，不可得也。一日过郡学，东顾草树郁然，崇阜广水，不类乎城中。并水得微径于杂花修竹之间，东趋数百步，有弃地，纵广合五六十寻，三向皆水也。杠之南，其地益阔，旁无民居，左右皆林木相亏蔽，访诸旧老，云钱氏有国，近戚孙承祐之池馆也。坳隆胜势，遗意尚存。予爱而徘徊，遂以钱四万得之，构亭北碕，号沧浪焉。前竹后水，水之阳又竹，无穷极，澄川翠干，光影会合于轩户之间，尤与风月为相宜。

我们在上文谈到过拥有者如何被其所有物界定。这是一个关于身份的问题。官员通过他在皇朝政治结构中的位置得到界定，他的官阶界定了他的身份，而身份在很大程度上决定了他与他人的关系。皇朝政权可能让他辗转各地，在仕宦生涯中起落沉浮，但这是一个稳定的系统，在其中他可以理解自己是谁、在哪里。在这一系统中丧失位置——与流放贬谪到远方不同——意味着丧失社会身份。苏舜钦以苦涩、简洁的语气这样写道："予以罪废无所归。"他成为流浪者，不再属于任何地方。他是姑苏古城一个偏狭拥挤角落中僦屋而居的房客，而身在滁州的欧阳修，甚至远在扶风的苏东坡，却都可以动用政府劳力和资源为自己建造怡人的亭子。苏舜钦现在唯一拥有的权力是金钱——还有写作。仍然在帝制系统里拥有位置的欧阳修尽可以这样调侃苏舜钦：

清风明月本无价，可惜只卖四万钱！

苏舜钦向古城墙外探寻，发现了属于他的地方，这里曾经是五代吴国的皇亲别业。他称之为"弃地"，但它还是有主人的，他必须从主人手里把它买下来。和欧阳修不同，他没有想象别业昔日的繁华，只是指出它被草树覆盖，地点很好，三面环水。但他也指出："坳隆胜势，遗意尚存。"换言之，这不是一个自然形成的地点，其基本结构是园林设计有意为之的遗迹。

在这个以私人所有权为标志的世界里，有很多东西是隐藏起来的。这里有讨价还价、起草地契、雇佣劳力修建园亭，可能还要筑起一道围墙，让人明白这里不再是"弃地"。园亭需要一个名字，一篇"记"，宣传园亭的名字和命名者，正如地契是对地产购买的法律认可一样。但是，苏舜钦很清楚，名字的生命力比所有权和建筑物都持久。"沧浪"这个名字当然表明这是一个隐居地点。沧浪亭成为帝制系统以外的空间，他可以在那里反思这个系统。拥有自己的空间使人可以反思帝制系统之中的生活，而不是让人成为拥有物的奴隶。

> 予时榜小舟，幅巾以往，至则洒然忘其归，箕而浩歌，踞而仰啸，野老不至，鱼鸟共乐，形骸既适而神不烦，观听无邪则道以明，返思向之汩汩荣辱之场，日与锱铢利害相磨戛，隔此真趣，不亦鄙哉。噫！人固动物耳。情横于内而性伏，必外寓于物而后遣，寓久则溺，以为当然。非胜是而易之，则悲而不开。惟仕宦溺人为至深，古之才哲君子，有一失而至于死者多矣。是未知所以自胜之道。予既废而获斯境，安于冲旷，不与众驱，因之复能见乎内外失得之源，沃然有得，笑傲万古，尚未能忘其所寓目，用是以为胜焉。

苏舜钦用了欧阳修和苏东坡也用过的"寓"字。他描写的正是苏东坡日后描写的同一过程：假如一个人长期寓于物，他会溺于物，被物淹没。然而在这里，物不是书画或者古玩，而是帝制系统本身："寓久则溺，以为当然。"只有在被排除出政治系统、获得一个属于"己有"的空间之后，他才得以反思昔日生活的强制性。他不必为"独乐"的合法性辩护——既然已被皇朝政权拒绝，"野老"亦"不至"，便与"鱼鸟共乐"好了。

私人所有权和对奇珍异宝的痴迷在十一世纪中期以后已经开始得到讨论，但是"独乐"——把他人排除在外的权利——直到司马光 1073 年在《独乐园记》中明确提出这一概念才真正成为一个问题。人们对私人所有权带来的快乐感到不安，并努力为其合法性寻求解说。

朱长文（1039—？）写于 1080 年的《乐圃记》记叙了他在苏州的花园。[10]和苏舜钦的沧浪亭一样，它建立在五代园林的遗址上，虽然这处遗址在很长时间以来一直都是民居。后来，朱长文的祖母买下这块地，传到他的手上已经是家族中的第三代。文章围绕着"快乐"问题进行，不是参政带来的快乐，而是从花园得到的快乐——朱长文和司马光一样，把时间消磨在读书和园艺上。但与苏

[10]《全宋文》，卷九三，页160—162。

舜钦的记不同，朱长文必须为快乐的合法性做出辩护。对朱长文而言，家庭使他得以避免"独乐"的指责：他的兄弟和儿孙"学于斯、食于斯，是亦足以为乐矣，予岂能独乐哉？"

著名学者沈括（1031—1095）的《梦溪自记》里有一段极有意思的文字，在普通的现金交易之上，补入一份更深刻的所有权证明。[11] 对花园或别业的标准叙述被放在梦和梦想实现的叙事框架里，同时还带着一丝特殊的商业气味。

在文章开头，沈括描述了他曾反复在梦中见到的一处景致："梦中乐之，将谋居焉。"反复出现的梦境让这个地方变得熟悉："习之如平生之游。" 1077 年，在做这些梦的十七年之后，沈括丢掉京官，成为宣城知州。在那里，一位名叫无外的和尚描述了京口一处特别优美的别业，这块地恰好要出售。听了和尚的话，沈括在未见到这块地的情况下出三十万钱的高价买下了它，这几乎是苏舜钦花园价钱的八倍。但是沈括从未亲眼看过他买下的地产。他甚至不确知它究竟在何处。[12]

1084 年，流放中的沈括计划在浔阳终老，但是 1086 年的一次旅行把他带到京口，他终于看到他在很久以前买下的那块地，而这当然就是他在 1060 年多次梦见过的景致。于是他决定住下来，并把此地命名为"梦溪"，而这也就是他著名的作品《梦溪笔谈》的来历。正如他所说的："吾缘在是矣。"

沈括也做到了"独乐"，但是毫无 1073 年曾经困扰司马光的种种问题。我们须注意一下他是怎样做到这一点的：他并未主动追求"独乐"，而是通过来客的摒弃而达到了这一境界："居在城邑，而荒芜古木与鹿豕杂处，客有至者，皆颦额而去，而翁独乐焉。"

和很多其他类似文本一样，沈括的"记"描写他如何买下心爱的产业，但是他的获得和拥有被镶嵌在"命运"的叙事框架里。而且，因为宾客不至，他可以不必费心寻求就享受"独乐"。但是，这里"缘"的概念很独特：这不是宦海的沉浮，不是建功立业，也不是命中注定要遇见某

[11] 这篇文章保存在俞希鲁的《镇江志》里，见《续修四库全书》，卷六九八，页 666—667。此文不见于现存《长兴集》或《全宋文》。见陈植等编，《中国历代名园记选注》（合肥：安徽科学技术出版社，1983），页 34—37。又见南宋末年的《京口耆旧传》（《四库全书》本），文字有删节。

[12] "及翁以钱三十万得之，然未知圃之所在。"

某人；在这一情形里，"命运"意味着获得一块独特的地产，并享受它带来的快乐。

解读

这些文本都牵涉到所有权的问题。假如我们把它们按时间顺序排列，它们似乎构成了一种文化叙述，体现一个问题如何在话语社群里被提出以及最后如何解决。我们看到一个词语——"独乐"——通过在一个广泛流传的著名文本里的运用而被"激活"。它的语源可以在《孟子》里找到，起初与音乐演奏有关，随着对私有财产的意识逐渐增长，在这一新语境中转移为在自己的花园中感到的快乐。在下一篇文章中，我们会看到黄庭坚如何在私有产业的领域里恢复孟子的理想社区。

这些文本中最早的一篇是苏舜钦写于 1045 年的《沧浪亭记》。在这篇记里所有权和"独乐"还没有成为问题，相反，它们是问题的解决方案。《孟子》与众乐的场景在此得到微弱的呼应："野老不至，鱼鸟共乐。"私人花园本身并非让人沉溺之物。相反，它打开了一个自由的空间，在其中苏舜钦认识到他曾经被仕宦生涯所吞没。

> 情横于内而性伏，必外寓于物而后遣。寓久则溺，以为当然。非胜是而易之，则悲而不开。惟仕宦溺人为至深，古之才哲君子，有一失而至于死者多矣。

这不是早先那种自动选择放弃官职远走高飞的隐士，这是丧失官职的官员，通过购买一处简素的别业，了解到私人生活的快乐，由此意识到自己在过去受到的束缚。"寓"在这里指官场供职。后来，苏东坡也在暂寄于物和沉溺于物之间做过类似的区分，但是对苏东坡而言，"寓"的领域不是官场职务，而是书画古玩，是一个人拥有之物。

在欧阳修写于 1070 年的《六一居士传》中，他的对话者对所有权提出批评，导致了苏东坡后来的辩护。对拥有之物的迷恋，使主人自己反而被物拥有。在《六一居士传》中，欧阳修和苏舜钦一样认为政府公职是种束缚。苏东坡本人从公职是束缚这一点中得到的教训比任何人都更戏剧化，但是私人所有权的问题成为讨论的中心，而对官场任职的问题却陷入一片沉默（这无疑是因为任何批评政府的暗示都可能为作者招致危险）。

1072 年的《西湖念语》对"私有产业"有发展得更全面的认识，强调即使不拥有某物，仍有权利享受它："所有虽非于己有，其得已多。"

欧阳修的《念语》假设主人不会拒绝不邀而至的客人，但是，如果主人希望把自己地盘上的快乐全部据为己有又该当如何呢？司马光写于 1073 年的《独乐园记》回到《孟子》，提出一个有关产业的新议题，也就是所有权带来的快乐的合法性，以及独自享用一己所有的合法性。这体现在"独乐"这个很成问题的词汇中，"独乐"也在这时候成为讨论一己花园或产业的通用词汇。如果我们相信时人的记载，那么独乐园与其说是花园，还不如说是司马光关于花园的题咏和散文记述——文字赋予花园名气，吸引来洛阳的市民，一部分吸引力可能恰好就来自司马光"独乐"的愿望。

到这时，"独乐"开始在园记中作为一个议题出现。朱长文写于 1080 年的《乐圃记》否认"独乐"，因为他和家族中的其他男性成员一起共享花园，而且他希望这一状态可以持续下去。沈括写于 1086 年或稍后的《梦溪自谈》提到私人所有权的问题，但是把这说成命运的安排，并声称宾客不喜欢他的别业，由此证明他在其中"独乐"的合法性。

在这些文本中我们看到一个"活问题"逐渐形成，在"独乐"这一古典语汇中得到表达，这个词既有古典回音，又具有新的内涵。最后我还要指出一点。在《桃花源的长官》中，我们把帝国视为一个名字的结构，如此一来帝国中的每个地点都成为整体的一部分。而私人花园是被围墙环绕起来的空间，自有其精心选择的名称组成的结构，因此成为帝国的缩影。它和桃花源不同，因为它是一个微型帝国，而不是帝国之内一个没有录入版图的看不见的区域。不过，花园和桃花源有一个重要的相同点：它们的居民都逃离了帝国。对苏舜钦而言，这是个自由的空间，在这里他可以批判性地反思帝国和政府公职。苏轼的盆景"仇池"是皇朝一旦放过他之后他就可以逃入的地方；司马光和沈括都选择了去职。在王安石政权的压抑氛围中，最好不要谈论政治。私人花园是一个矛盾的空间，既是一个微型帝国，又是逃脱了帝国的另一种生活选择。受到《孟子》的启发，黄庭坚会重新把私人花园想象为政体重建的地点。

五、回声

文学既是一组文本，也是一种阅读的方式。文学阅读随着时代而变化。文学阅读与文学批评相关，也可以通过文学批评来进行，但是区别在于，阅读是一种实践，永远都无法完全与不断发展而且多种多样的现行实践脱离。这些阅读实践中的变化，是我们在古老文本和当代读者之间保持联系的方式。虽然我们可以学习和理解当代和较早的阅读实践之间的区别，我们不可能再回到过去的阅读实践,况且也没有任何单一的"传统文学阅读"。林云铭（1628—1697）在《古文析义》里分析苏东坡的名文《石钟山记》，他的阅读方式在苏东坡看来恐怕就和我的阅读方式在林云铭看来一样奇怪。

文学阅读必须在和哲学阅读的对比中得到理解。哲学阅读是德里达所谓"白色神话"的对应物，哲学渴望一种透明的语言，径直达到意义。这与庄子的"筌蹄"之说很接近：

> 筌者所以在鱼，得鱼而忘筌；蹄者所以在兔，得兔而忘蹄；言者所以在意，得意而忘言。

这段常常被人引用的话是中国传统中对语言的纯粹工具性理论的最著名表达：一个特别致命的类比，让人看到飘忽不定、难以捉摸的"意义"如何可以被捕捉、杀戮、挖去内脏、剥皮和食用。但是，引用这段话的人常常忽略下面紧接着的一句话，这句话的深刻的玩笑让人质疑前一段话的严肃性：

> 吾安得夫忘言之人而与之言哉?

我们很难不注意到庄子用了同一个动词"得",虽然此处"得"的悖论性结果比鱼和兔遭遇的结局要轻松得多。这只是个笑话吗?或者,就像庄子常做的那样,嘲笑了前面的简单论述,暴露它的问题?在这里,与哲学阅读中的情形不同,语言没有停止。哲学阅读假设了一个语言和意义的封闭体系,在其中语言是纯粹工具性的。庄子论述的前一部分满足了哲学阅读的需要;当你把后一句加上去时,它满足的是文学阅读的需要。

哲学阅读和文学阅读都关注广义上的"意义",两者也都牵涉到"思想"。但是它们是方式完全不同的阅读。一些文本适合一种阅读方式,其他文本适合另一种阅读方式,某些文本——像《庄子》——两种都符合。

哲学阅读的一个基本前提是概念可以用其他文字加以重述,或者可以被概括而不会有任何本质上的丧失。在文学阅读里,意义可以被重述,但是整体不可以被概括,总有一些多出来的部分,某种"多余"。文学阅读增加新问题,并经常留下一些没有解决的问题。它存在内部矛盾,这正是其长处,而非缺点。文学阅读通过对语言的关注发现那些有问题的段落、奇怪的转折、来自其他文本的似乎很不和谐的回声、具有强烈情感的时刻、幽默、哀伤。哲学阅读的假设是"得意而忘言";如果你理解了一本书,你就可以把它丢弃到一边了。在文学阅读中,我们却总是在反复阅读,甚至我原本认为非常熟悉的文本也总是可以带给我新的惊喜。

要思考文学阅读和哲学或思想史阅读之间的区别,我们可以来仔细检视一个熟悉的文本:苏东坡的《石钟山记》。两种阅读都可以成立,每种阅读都以其各自的方式。在思想史阅读中,《石钟山记》是北宋中期的一篇典范作品,在其中,一个新时代的学者用常识和实际经验来检验从过去继承下来的文本知识。过去的文本中提供的信息常常被证明是错误的,甚至是荒谬的。对于传统经典的学术研究为此提供了最显著的例子:古老的笺注被新兴的、更为理性的诠释取代。就和研究经典的当代学者一样,苏东坡调查了石钟山名称的起源,先是批评前人的解释,然后提出在他看来是显而易见的解释。文章开始提出有关石钟山名的传统说法:

《水经》云:彭蠡之口,有石钟山焉。郦元以为下临深潭,微风鼓浪,水石相搏，声如洪钟。是说也，人常疑之。今以钟磬置水中，虽大风浪不能鸣也，而况石乎？至唐李渤始访其遗踪，得双石于潭上，扣而聆之，南声函胡，北音清越，枹止响腾，余韵徐歇，自以为得之矣。然是说也，余尤疑之。石之铿然有声者，所在皆是也，而此独以钟名，何哉？

文章的结论对于通过实际经验和理性达到真理充满了骄傲和文化自信：

事不目见耳闻而臆断其有无，可乎？……士大夫终不肯以小舟夜泊绝壁之下，故莫能知；而渔工水师，虽知而不能言。此世所以不传也。

与只相信书本而从不肯亲自乘船实地考察的旧式士大夫相比，苏东坡以宋代新型知识分子的姿态出现，通过亲身努力纠正传统中的谬误。普通船夫可能知道真相，但是只有苏东坡才能公布真相。这是苏东坡本人的声明，这也是合理的解读。这在思想史的叙事中很重要，但这不是文学阅读，也忽略了文本中很多重要因素。

这虽然是苏东坡的声明，但当文学学者仔细阅读这一文本时，他不会不注意到最后的结论与文中其他部分不甚协调。文学学者也相信这个文本的种种复杂性并不是缺陷，而可能对这篇文章至关重要，是这篇文章成为著名游记的原因。

首先，苏东坡在结论中好像在说他愿意在夜里乘船外出冒险，以查明"石钟"的真相：如果说他人"终不肯"的话，苏东坡暗示他肯。但事实上他只是在晚上乘着月色坐船游玩而已。他的发现是个偶然。他嘲笑其他士大夫不肯乘船出去调查，但实际上士大夫们在月夜泛舟游览是常事。为什么这一次出游看上去格外勇敢？因为苏东坡受到了惊吓，或者至少因为神秘的情景而"心动"。在文章中间有一段关于奇异情形的描写。

至其夜月明，独与迈乘小舟至绝壁下。大石侧立千仞，如猛兽奇鬼，森然欲搏人。而山上栖鹘，闻人声亦惊起，磔磔云霄间，又有若老人欬且笑于山谷中者，或曰此鹳鹤也。余方心动欲还，而大声发于水上……

这段话在文中的作用是什么？我们都知道如果没有这段话，《石钟山记》会乏味得多。苏东坡和儿子苏迈月夜泛舟，在绝壁下面对大石时，他们感到自己的渺小。大石好像猛兽奇鬼，随时会扑击他们。文中笼罩着神秘恐惧的气氛，与文章结尾处的自信截然相反。突然飞起的鹘使他们受惊，苏东坡对栖鹘为什么会突然飞起做出理性分析来控制他的受惊感："闻人声，亦惊起。"但这时候响起另一种更为神秘的声音，只能用猜测加以解释："又有若老人欬且笑于山谷中者，或曰此鹳鹤也。"

> ……而大声发于水上，噌吰如钟鼓不绝，舟人大恐。徐而察之，则山下皆石穴罅，不知其浅深，微波入焉，涵澹澎湃而为此也。舟回至两山间，将入港口，有大石当中流，可坐百人。空中而多窍，与风水相吞吐，有窾坎镗鞳之声，与向之噌吰者相应，如乐作焉。因笑谓迈曰："汝识之乎？噌吰者，周景王之无射也。窾坎镗鞳者，魏献子之歌钟也。古之人不余欺也。"

"有若老人欬且笑"的鹳鹤声转化为岩石和水波作用发出的更大的声响，这一声响也给了石钟山它的名字。鹳鹤的声音似乎显示了一个沉默的背景。也许那时候石穴水声尚未开始，也许鸟声让苏东坡开始倾听，这才注意到水上的大声。苏东坡骄傲于自己的发现是因为他受到了惊吓，只有当他平静下来、在神秘的声音逐渐消失后注意到新的声音，才做出他的发现，发现本身是个偶然事件。

文章结尾庆祝理解的确定性，但文章中心的神秘感却代表了不确定。和栖鹘突然飞起的惊人效果不同，山谷怪声的原因和性质都不确定："或曰此鹳鹤"。是谁在这样说？也许他把自己的经验告诉给别人，别人认为声音"有若老人欬且笑于山谷中"的鸟是鹳鹤。这鸟为什么半夜在山中鸣叫？这会不会也是鹘发出的声音？会不会是回声？这里有一种神秘感，而且相当诡异。绝壁旁的大石形似猛兽奇鬼，这可以被解释，虽然大石在苏东坡身上产生的效果比解释更直接；栖鹘惊起也可以被解释，文中也确实对此做了解释，但是惊吓感比理性的解释早一步出现，尤其是紧接在"森然欲搏人"

这一句之后。文章里，显然有一种威胁和危险的感觉。

苏东坡没有直接承认他受到惊吓。他承认夜色中的绝壁很恐怖，他也承认感到"心动"。在听到石穴中的澎湃水声以后，"舟人大恐"。但是随后我们得知："而渔工水师，虽知而不能言。"对未知事物的恐惧占据了文章的中心位置，最终被转移到普通士大夫身上，他们"终不肯"以小舟夜泊绝壁之下。

文中有恐惧，也有笑声，笑声充满优越感，或是因为了解到真相而笑，或是嘲笑他人缺乏理解。文中一共有三次笑，都来自苏东坡本人。第一次是因为当地僧人让小童持斧叩石，试图重复李渤的试验：

> 寺僧使小童持斧于乱石间择其一二扣之，硿硿焉，余固笑而不信也。

第二次笑是苏东坡把水声理解为古人的歌钟之音。"因笑谓迈曰：'汝识之乎？噌吰者，周景王之无射也。窾坎镗鞳者，魏献子之歌钟也。古之人不余欺也。'"最后一次笑是纯粹的嘲笑——一旦他相信自己明白了山名的真实由来，他总结道："余是以记之，盖叹郦元之简，而笑李渤之陋也。"

不过，文中当然还有一次笑：黑夜中不知名的鸟叫，好像"老人欬且笑"。紧接着这一声音，苏东坡平静下来，他控制住自己，开始观察，针对自己的发现做出自信的评论。我们无法确定他是否觉得自己是笑声的对象，但是语气的突转暗示出某种类似的可能。

我不知道是否应该把这一点讲得更为明确。在文中苏东坡自己笑了三次：或者是嘲笑他人，或者是因为自己了解到他人没有了解的真相而自得。只有一次笑声来自外界，笑声出现在苏东坡几乎承认自己受到惊吓的时刻；紧接着笑声之后，他控制住了自己。一个伟大的作家既在文中记录他自己的笑，也必须记录这一时刻。

虽然林云铭和郦道元一样过于草率，他对月夜乘舟这段文字做了这样的评论：

> 惊起者，可以望见，则直言栖鹘；欬笑者之为鹳鹤，未必果确，故

借"或曰"二字，写出何等活动。此处忽撰寂寥动魂奇景，人以为妆点闲话，不知为下文"心动"张本，且伏末段士大夫不肯泊舟之脉，针缘甚密。（林云铭《古文析义》）

虽然运用的是十七世纪的批评术语，在试图把文本中的一切都纳入一个美学整体方面，林云铭非常接近西方的"新批评"。林云铭敏锐地直觉到这段文字的描述是与文章结尾的自信论断联系在一起的，但是他对究竟如何伏脉有些含糊其词。上文我们谈到阅读实践如何随着时代而改变，有意义的变化设定某种程度的连续性，使传统得以生生不息。

林云铭试图证明文本的统一，文本中的一些问题让林云铭的意图显得有趣，而当代批评家注意的正是这些问题。被林云铭挑出来证明文本结构"甚密"的段落，其实也正是让文本统一性成问题的段落。如果我们此处谈论的是广义的"理解"，那么《石钟山记》本身就是一个关于理解的文本：在开头和结尾处作者都很自信，但在文本中间是一个无法被完全理解的时刻，这一时刻让通常十分自信的苏东坡"心动"。就像庄子那句补充的话"吾安得夫忘言之人而与之言哉"一样，神秘的时刻把围绕在它周围的文本变得复杂和丰富起来。文本成为一个过程，一个行动；对于实际经验的信心可以靠努力获取，但不是可以理所当然地拥有的东西。

如果《石钟山记》的主旨只不过是对于文本传统的怀疑和实际考察对于获得正确理解的必要性，那么苏东坡完全可以忽略夜色中的山、惊飞的栖鹘、无名鸟的叫声。把这一段落剔除之后，我们仍然有一个相当连贯（但是乏味）的文本。这个段落打断了一个直线发展，这一直线发展指向对石钟山名来由的确定知识。这是直线性文本中的一个"洞"或者说"穴罅"，就像石钟山因之得名的孔窍本身一样——而"正名"乃是儒家对世界可以理喻的许诺。

这样一种诠释是解构主义的遗产，不过，它比持斧扣石的李渤可以更好、更令人信服地为名教服务。

学会阅读文学文本或者用文学的方式阅读文本是一种注意力的艺术，不只是注意文本所做的论述，而且注意到文本的转折、遁词，还有它清楚展现给读者的秘密。同样重要的是倾听来自外部的回声。我们不可能总是进行纯粹的内部阅读，我们还常常需要审视话语的和历史的语境，以便看清文本如何比表面上的论述传达得更多。

在阅读司马光的《独乐园记》时，如果我们了解园林之外的那个商业世界，我们对这篇文章的理解会更深刻。中国学者可能更喜欢谈到王安石对私人产业进行国家控制这一语境，但是商业的社会史至少同等重要，而且这本身构成了王安石代表国家政权干预私人产业的语境。还有一个同样重要的语境是文化史——知识分子在古典主义价值观念和对所有权感到的强烈吸引之间的挣扎。

司马光的记有两个方面：既做出很多的含蓄声明，也是一种宣传行为，增加了园林文化价值，而文化价值日后便转变为商业价值。我们开始得知物产的价钱：苏州城外的一块地价值四万钱，京口的一块地价值三十万钱，一个井亭价值十千钱。钱从何而来？

假如某人碰巧是滁州刺史，他可能从这一职位得到足够的利益使他得以舒适地生活，虽然我们不完全知道政府薪水和生活费用之间的比例关系，也更是没有把各种外快和其他额外收入考虑在内。我们知道在唐代，作家的资助人经常以礼物的形式供给作家的收入，也会予以政治上的支持。但是在宋代，资助人制度似乎基本上以政治支持为主。对作家来说，一个重要的收入来源就是他们的文章。

你必须为朋友写作，也为位望通显的官僚写作。多数文章的写作是为了履行社会性的义务和带来个人满足。但是文章写作也是潜在的重要收入来源。当苏东坡拒绝为人写墓志铭时，这是个非同寻常的决定，其后果是失去一个稳定的收入来源。至少从唐代开始，这就是古文写作最基本的方面之一，但这一点不会出现在绝大多数文学史里。只有最现实的唐代作家如白居易才会告诉我们他为好友元稹写墓志铭的收入——那是一大笔钱——而白居易告诉我们的原因是他把这笔钱捐给了寺院。

设想你是 1090 年左右生活在汴京的一个著名文人，你的名声/名字是你的资本，它有交换价值。你常常会收到作文的要求。写作这些作品的酬劳可以是收入的主要来源。设想一位你多半从未谋面过的四川富商，求你为他修建的亭子写篇记。显然这位四川商人韩渐正希望一位著名作家为他的亭子作记，他看重的是这篇记带给他的名望。在什么情形下你会同意？很显然，富商或者伴随着请求一起送来酬金，或者许诺付出酬金，或者你知道他会开一个好价钱。钱肯定在这里起了作用，但是文人不应该谈论他们写作时得到的钱。这种现实的真相被压制下去。当外在于文本的事实受到压制时，它常常会以不同的面目在文本内部出现。我们可以想象，接受四川富商请求的文人会在文中谈到钱。他确实这样做了。

这个文人就是黄庭坚。这篇记作于 1086 年至 1093 年之间，我们不知道确切的写作时间。不过我们知道在这篇关于花园的文章之前，园林记已经有了很长的历史，以往的那些文字都以快乐作为中心问题。黄庭坚是这一文本家族中的后来者，虽然他"为"韩渐正写作，他在文中回应了过去的那些文本。

《松菊亭记》没有我们已经讨论过的那些文章知名。也许有人会说，它不那么知名的原因在于其文学成就没有那么高，但是，我们无法否认，它被忽视的一个重要因素是它与商人的世界太接近了。和很多早先的园林记一样，这篇记关注快乐、拥有、命名。这篇记比任何早先的园林记都更成功地调和了古典价值和宋代新世界。但是文章的接受者和中心人物——被鼓励花费他的财富的人——是个商人。

在黄庭坚的时代，以一生的时间阅读前代文本是资本的一种，是逐渐积累起来的学识形成的储藏，"学业"。韩渐正用他自己的资本——他的钱财——购买到对黄庭坚学问储藏的使用权。韩渐正不完全知道黄庭坚在文中引用的那些前人文本，但是韩渐正花钱不是为了别的，正是为了黄庭坚运用那些前人文本的能力。商人购买的是文化声望，但在这种交换中，文人必须既通过古典价值观，也通过现代话语的价值观，为商人创造一席之地。而这正是黄庭坚在他的文章里面做到的。

也许在一个文明里，最有力的话语结构是一个具有社会流动性的精英阶层所面对的合法人生选择的性质与范围。陶渊明本人对选择做官还是做农人相当地明确和直接：农人——作为职业而不是阶级——必须接受耕作生活的种种偶然性和时时存在的饥荒危险。陶渊明做出了他的选择，为农人的生活担忧，而且也经历过农人生活的艰辛。但是在精英阶层对陶渊明的定义中，他被划分为"隐士"——做"隐士"是精英阶层的一个合法的人生选择，做"农人"则不是合法的选择。如果一个人是唐代精英阶层中的一员，他面对的可能人生选择是"出"（做官）或者"处"（做隐士）。在唐代，"隐士"其实只是对那些既不在政府机构任职也不希望得到职位的人的一种描述方式而已。到了宋代，作为一种想象中的可能性的"隐士"则退隐到背景中。

《松菊亭记》给出了三种可能性，这深刻地改变了旧式的二元选择结构：

> 期于名者入朝，期于利者适市。期于道者何之哉？反诸身而已。

虽然这些选择与宋代的新世界以及日益商业化的社会相符合，深具学识资本的黄庭坚以一段古语开始自己的文章，他引用的是战国辩士张仪的话："争名者于朝，争利者于市。"通过这一《战国策》引文，黄庭坚为像韩渐正这样的商人打开了一个空间。第三种选择，也就是对"道"的选择，迫使他把"争"改成"期于"（你不可以说"争道者"）。假如一个人希望把这段话与前人关于价值观念的论述调和起来，我们会发现这段话令人震惊，但同时也与宋代社会和思想界中发生的一切十分合拍。如果说早先的选择是"仕"或"隐"，那么每种选择都可以说包含着"道"；可是现在，我们不指望看到商人"期于道"，但我们至少不希望看到在政府中依次序升迁的官员也被排除在"道"之外。这提醒我们，早期的道学和后来官方的朱熹道学很不一样，它在自我认识上是与入朝仕宦相反对的。在黄庭坚来看，入朝任职不是一个道德选择，仅仅是为了得名。

黄庭坚不仅为以经商作为一种生活方式打开了空间，而且在他笔下，入朝任职不再意味着肩负起道德责任，不再是"道"的一部分。在这里，官场生活——对名的追求——与商人对利的追求势均力敌，因此那个抛弃二者而去追求"道"的人也就是不在乎名利的人（拒绝"名与利"是在孟子的儒家理想中已经确立的价值）。黄庭坚给我们看到一种微妙而重要的变化：期于道者不再在乎"名利"；求道对一个了解"名利"局限的人来说，成为人生的新阶段。入朝与经商被视为是完全平等的对称物。第三种选择"期于道"也应该牵涉到某种身体行动，就像"入朝"的"入"和"适市"的"适"一样；但作者在此提出一个问题："何之哉？"这样的人要往哪里去？这里的身体行动与前两者都不同："反诸身而已。"人生选择的新结构是你或者入朝求名，或者适市聚财，或者反身习道。前两种是向外的行动；第三种则反转向内。

我们需要注意黄庭坚的修辞。紧接着第一组三种选择，他又给出第二组三种选择：

> 钟鼓管弦以饰喜，铁钺干戈以饰怒，山川松菊，所以饰燕闲者哉。贵者知轩冕之不可认，而有收其余日以就闲者矣；富者知金玉之不可守，而有收其余力以就闲者矣。

这里的三个词是喜、怒、闲。"第三个词"的身份地位与前两个不同；名/利、喜/怒这些二元对立被第三个词超越。第三个词"闲"对应着第一个三角结构中的"道"，与松菊相联系。"松菊"是韩渐正亭子的名字，来自陶渊明《归去来辞》中的"三径就荒，松菊犹存"，指向人生应该"回归"的后期阶段。在第一个三角结构中，三个词都是处于同一等级的选择，但在此处"闲"显然是一个人对前两种选择感到幻灭以后回过头来做出的选择。这是一种构想人生的新方式：年轻时奋力追求各种目标，无论是求官还是求财；老去后，则收"余力"以"就闲"。

下文提出被称为"翁"的韩渐正，他年事已高，到了"就闲"的时候：

> 蜀人韩渐正翁有范蠡、计然之策，有白圭、猗顿之材，无所用于世，而用于其楮，中更三十年而富百倍。

除了著名的古代商人白圭和猗顿，黄庭坚把范蠡和据说是范蠡老师的计然作为楷模。其实范蠡确曾"有所用于世"，事实上他是先秦时代最成功的政治人物之一。在他帮助越国战胜吴国实现政治目标之后，他才转向经

商致富。韩渐正想必知道范蠡功成身退的这些故
事，但也不是所有的通俗文学作品都会提到范蠡
在帮助越王以后才成为商人。韩渐正确实应该感
谢黄庭坚：他引用了一个把政治家的才能和商人的才能联系起来的正宗典
型。假如韩渐正不曾"用于世"，那只能意味着朝廷的愚昧；但是，一旦积
聚了足够的财富，他应该"收其余力以就闲"。

　　随后黄庭坚把笔锋转向亭子，亭子的名字"松菊"暗示士绅的退隐，
他还提到韩渐正要求他作文纪念亭子落成的事情。黄庭坚回到他提出的范
式："韩子真知金玉之不可守，欲收其余力而就闲。"但是，当黄庭坚在这
里反问韩渐正将怎样使用他的亭子时，他表现出文士的社会权威："予今将
问子：斯堂之作，将以歌舞乎？将以研桑乎？"[13]

　　至此我们应该意识到，这是一个思想已发展到非常复杂的世界。和在
我们生活的世界里一样，人们使用取乐场地不是为了逃脱权力的协商，而
是为了更成功地进行权力协商。我们可以肯定，在"期于名者入朝"的政
府官员的聚会上也是如此。从仕与不仕的二元对立，转移到为名利而做出
的行动与为行动本身而做出的行动之间的二元对立，这是一个文化范式的
转移。

　　用来表示"名利"对立面的词语有多种：它可以是"道"，可以是"闲"，
甚至可以是"歌舞"。我们称之为"否定之统一"，也就是说各种非常不同
的现象可以作为对另外一件事的否定而统一起来。

　　接下来的文字引人注目，代表了文化中范式转移的一个侧面。首
先我们看到对于古典价值的重申，提出《孟子》中"独乐"及"与众乐"
的老问题。《孟子》原文中谈论的是欣赏"乐"（yuè），这个词带有清
晰的古典光环。黄庭坚用当代词汇"歌舞"取代了古典词汇"乐"，"歌
舞"二字不但没有什么古典光环，而且还暗示一种常常受到诟病的感
官享乐。

　　　将以歌舞，则独歌舞而乐，不若与人乐之；与少歌舞而乐，不若与
　　众乐之。

用如此带有经典权威味道的话语鼓励一个年老的四川商人享受歌舞，这未免让人讶异地微笑，而下文同样令人惊讶。孟子对战国君主的独特的教导形式，现在被转移到当地社区的一位富翁身上。道德责任感不再是国家和家庭的特权，现在它存在于社区的"头等公民"中，包括商人在内。

> 　　夫歌舞者岂可以乐此哉。恤饥问寒以拊孤，折券弃责以拊贫，冠婚丧葬以拊宗，补耕助敛以拊客，如是则歌舞于堂，人皆粲然相视曰：韩正翁而能乐之乎。

　　富商韩渐正代替了周文王的位置，他不是帝制政权的代表，而是当地的慈善家，关心解决周围的问题，与当地人共享欢乐和财富。正如孟子对梁惠王所言，君主的快乐在于周围百姓的快乐以及他们快乐于君主的快乐。我们知道，在南宋时代发生了从依赖中央政府到地方责任的转变，但是黄庭坚的文章表明这些价值在北宋末年已经成形。好道、好闲暇、好歌舞，和照顾孤儿、穷人、穷困的家族成员、流离失所者都处于同一层面。我们看到"本地富裕乡绅"形象的出现，他们是地方社群的领袖，既用他们的财富获得个人享受，也照顾社区的福祉。"乐之"意味着"为某事而快乐"或"快乐地享受某事"，但是也表示"使之［他们］快乐"。"能"则使人联想到《孟子》："古之人与民偕乐，故能乐也。"
　　作者接下来阐述的论点更引人注目，把四川富商与其后人联系起来：

> 　　此乐之情也，将以研桑，何时已哉？金玉之为好货，怨入而悖出，多藏厚亡，他日以遗子孙，贤则损其志，愚则益其过，韩子知及此，空为之哉？虽然，歌舞就闲之日，以休研桑之心，反身以期于道，岂可以无孟献子之友哉？孟献子以百乘之家，有友五人，皆无献子之家者也。必得无献子之家者与之友，则仁者助施，义者助均，智者助谋，勇者助决，取诸左右而有余，使宴安而不毒，又使子弟日见所不见，闻所不闻，贤者以成德，愚者以寡怨，于以听隐居之松风，袁渊明之菊露，可以无愧矣。

作者表示，对富商最有利的不是积聚过多的财富，因为过多的财富会损害他的子孙，而是照顾地方社区以及交友，朋友们会以各自的才能和本领帮助他。这种交友似乎与君主招揽贤臣极为接近。在上文黄庭坚劝说韩渐正照顾他的家族，此处他的注意力转向当地"福利"。事实上，当地社区已成为"国中之国"，这也利用了《孟子》的理论，把社群看作国家的样板。

官员是具有流动性的皇朝仆人。他们的"位置"只能在皇朝的职位结构中找到。和年迈的六一居士一样，最终他们只能在一系列可以随身携带的所有物中安身。苏东坡总是写到要回四川老家，但他从未回去过。在这个新世界中，所有权——尤其是土地所有权——把人们和某个特定的地方以及当地社群联结在一起。人们出门求名，在官僚等级中找到一个位置，就和出门经商求利一样；但是对于学道者而言，他们只需"反诸身而已"——在一个特定的地方。我们已经到了南宋的边缘。

在这篇记中还有很特别的一点，把我们带回本文开头讨论到的花费问题。在唐代，"德业"可以传给子孙；即使到了宋代，也还是可以往下传递"学业"。但是商人的财富只会损害子孙，削弱贤者之志，增加愚者之过。因此黄庭坚建议韩渐正把他的财富都用来支持当地社群，在当下寻找快乐，结交那些可以给他提供有益建议的朋友——比方说黄庭坚自己。

灵台的遗产："成之"与"废之"

这些文章中讨论的第一个文本是孟子与梁惠王的对话，对话中援引了周文王与百姓在灵台共乐的情景。虽然中心问题一直是对立于众乐的独乐，但灵台是有必要存在的，它是一个地点，也是人们共享的所有物。

黄庭坚建议四川商人韩渐正把他的松菊亭当作灵台来使用：与他人分享他的财产，分享他的快乐。他是"期于道者"的当地慈善家，他也享受闲暇，也提供歌舞。就像在《孟子》中那样，身体的享乐和舒适与道德行为并不对立，而是通过道德行为实现的。韩渐正成为"周文王"的一个乡土版本，用他的财富帮助社区，与人们分享他的亭子带来的快乐。

如果说本土商人兼慈善家是一个微型的模范 [14] 这是僧人祖秀《华阳宫记》中的记载，收入南宋作家张淏的《艮岳记》。
君主，好像周文王那样，那么宋朝的皇帝徽宗则像李诚和郭祥正一样是贪得无厌的文人收藏家。归根结底，皇帝比任何人都更"有力而强"。他在汴京以前所未有的规模修建花园，从全国各地征收奇花异石。他的快乐是终极的独乐，他享用自己的所有物，不和百姓分享。这就是徽宗的华阳宫，也称作艮岳，于1122年竣工，徽宗享受它只有很短的一段时间。这个天下一切精美之物的拥有者最终自己也成为一样被占有的物品，连同他的珍玩一起被送往金国都城。

当汴京陷落时，市民们涌入皇家园林避难：

> 靖康元年闰十一月，大梁陷，都人相与排墙避敌于寿山艮岳之巅。
> 时大雪新霁，丘壑林塘，宛若画本，凡天下之美，古今之胜在焉。祖秀
> 周览累日，咨嗟惊愕，信天下之杰观，而天造有所未尽也。明年春，复
> 游华阳宫，而民废之矣。[14]

这使人联想起：

> 经始灵台，经之营之，庶民攻之，不日成之。

与此相反：

> 明年春，复游华阳宫，而民废之矣。

这是北宋一个关于拥有、快乐、命名的故事。权威的源头经典文本是孟子对灵台的描述。徽宗的故事讲述的是在所有权中寻求持久快乐遭遇到的失败。新的世界属于韩渐正，这个把财产与他的社区一起分享的商人。

（赵颖之 译　田晓菲 校）

拯救诗歌：
有清一代的"诗意" *

* 本文英文版收入 Theodore Huters,
R. Bin Wong, and Pauline Yu ed.,
Culture and State in Chinese History
(Stanford, Calif.: Stanford University
Press,1997);中文稿发表于杨乃乔、
伍晓明主编,《比较文学与世界文
学》(北京：商务印书馆, 2004),
第一辑, 页 58—67。

下面所引的一段话，来自魏禧（1624—1680）的《重建平山堂记》。平山堂原为欧阳修在扬州城外所建，得到许多宋朝文人的吟咏，数次废毁而又数次重修。魏禧记述的这次重建，是清康熙十三年（1674）扬州知府金镇主持的：

> 有堂有台，其后有楼翼然，以祀文忠公。轩敞钜丽，吐纳万景，视文忠当日，不知何如？而观察公化民善俗之意，亦因可以推见。盖扬俗五方杂处，鱼盐钱刀之所辖，仕宦豪强所侨寄，故其民多嗜利，好宴游，征歌逐妓，祛衣媮食，以相夸耀。非其甚贤者，则不复以文物为意。公既修举废坠，时与士大夫过宾饮酒赋诗，使夫人耳而目之者，皆欣然有山川文物之慕，家吟而户诵，以文章风雅之道，渐易其钱刀驵侩之气。[1]

魏禧赞美金镇，在当今的年代，把《诗经》"大序"里所表达的诗歌的最根本目的之一重新发扬光大。但是，这里存在着某种问题。上引段落和"大序"之间的距离，正是中古时代的古典诗歌和十七世纪的古典诗歌之间的距离。

正如"大序"和唐代对"大序"的正统诠释所言，《诗经》乃至所有的诗歌，其作用之一就是正风俗。一个人可以通过吟诵诗篇来吸收和内化诗中的道德观点，以既自然又文明的方式表达真情。[2] 有了诗歌这一媒介，感情不至于受到压抑，也不至于放荡泛滥，而能得到合法的抒发。

金镇希望通过在扬州城外重建一座著名的文化纪念碑，把这久以风流享乐出名的商业城市的居民，从贪欲嗜利、声色犬马之好中，导向一种更高尚的文化体验。他邀请他们来到平山堂，沉浸于历史回忆和江南山水之美，借吟诵诗篇把这种宝贵的经验内化，最终整个扬州城的人士都将从风而化。这样一来，诗歌便满足了儒家的传统要求：移风易俗，传扬风雅之道。

我想，一般来说，读者们大都会把魏禧的记述视为客气应景的社会性写作。在他描绘的美好

[1] 降大任注释，《侯方域、魏禧、汪琬散文选》（香港：三联书店香港有限公司；上海：上海古籍出版社，1990），页148。

[2] Steven Van Zoeren, *Poetry and Personality : Reading, Exegesis, and Hermeneutics in Traditional China*（《诗与人格：传统中国之阅读，评注和阐释学》，Stanford, Calif.: Stanford University Press,1991 ）, pp. 111–115.

图景下面，掩藏着诗歌在社会攀附中起到的作用。扬州城内的大家族感兴趣的只是狭邪宴游、追逐利益——这恐怕本来就是他们搬到扬州的主要原因。被邀请参加知府的宴会，往往需要即席赋诗：这也是社会地位的标记。扬州上等社会的家庭学会了以更加高雅和矫情的乐趣来弥补相对简单的肉体享乐。"大序"中以诗歌宣泄人类情感的理想被另外一种理想取而代之，那也就是把城市里的中产阶级和文学贵族融为一体的理想："驵侩"和盐商，因为参与了高级文化的礼仪性活动而得到了某种提升。

这里我所做的，是赋予魏禧有关饮酒赋诗的记述一个语境。在近代中国读诗或者阅读关于诗歌的记述时，重构一个社会语境（contextualization）似乎是不可避免的。[3] 虽然中古时期的诗歌写作和研究比起十七世纪来具有更大的限制，我们总是可以轻而易举地对唐朝时候的诗歌赋予某种中心地位和重要性，但是到了近代，却不能够这么做。在唐朝，如果诗歌被当作仕进的手段，我们会觉得这种社会背景不仅无损于诗歌的艺术性，而且还增加了它的活力。到了十七世纪，这样的社会性语境却使诗歌看起来很虚假，甚至可笑。也许，只是因为魏禧以讥嘲轻蔑的口气提到"驵侩"。也许，我们对十七世纪的二流诗歌有偏见。也许，有什么东西真的改变了。

发生了什么？

在近代的古典诗歌界，以及整个古典文学界，究竟发生了什么，这是中国文学史上最难回答的问题之一。我们没有必要太清楚地界定"近代"，因为我们在此考虑的，是从宋代开始，一直延续到二十世纪的一个事件。尽管人们仍在大量地创作，古典诗歌作为一种艺术的持续可能性已经不再是一个问题。在宋朝，古典诗歌似乎已经不像在唐朝时那样具有文化的重要性，但是到了元、明、清，古典诗歌进入了一种特别的影子生活。既然诗歌被认

[3] 也许，建构语境之所以难以避免，主要是因为我们对近代社会了解甚多。这种甚多的"了解"与其说是量的，不如说是质的：关于近代社会，我们知道在更早的话语里不曾得到表现的现象和视角。因此，给魏禧的文章构筑的语境会破坏它的权威性，这种语境来自我们对近代社会之种种记载与再现的广泛了解，我将在下文中予以论述。我们没有理由认为，在早先的历史时期，比如说唐朝，实际的社会反响和视角要比明清为少，但是这些社会反响和视角所得到的记载与再现（representations）比起明清来非常有限。而且，我们应该强调的是，近代中国读者接触到的宋朝以前的材料和我们比起来相差无几。对于他们来说，也正如对于我们来说，唐朝就等于它对自己的记载与再现。

[4] ［清］钱谦益，《季沧苇诗序》，见吴宏一、叶庆炳编辑，《清代文学批评资料汇编》（台北：成文出版社，1978），上集，页34。钱谦益引用了关于《诗经》的传统观点（司马迁所首倡者）。在把"好色"和"淫""怨诽"和"乱"分开之后，钱谦益告诉我们："有真好色，有真怨诽，而天下始有真诗。"

[5] 背诵的诗往往是唐诗或更早期的诗歌，虽然也并不是完全没有人背诵比较近代的诗歌。毛奇龄（1623—1716）在谈到一个刚刚完成一卷宋诗"集句"的朋友时说："自集诗法兴，而继之者，集古、集唐、集陶诗杜诗、集乐府诗余长短句，而独无有集宋人诗者，则以宋人诗之记之者少也。盖不记则不能集，不记则读之者亦不以为集之者之巧。"（《清代文学批评资料汇编》，页211）

[6] 在某种意义上说来，这是至少自从孔子时代起就出现了的怀旧和时代衰朽意识的一种延续。但是在早期的怀旧和近代怀旧之间有两大重要而相关的区别。首先，在以前曾有过文化上充满自信的时期，这种自信引发周期循环式的文化史概念，和"永久衰落"的模式正好相反（实际上清朝文学史非常相信直线性的历史观）。其次，宋朝时苏轼率先提出唐朝各种文化形式皆"备"的观点。在魏禧的《答蔡生书》里，我们可以看到这一观点的十七世纪版本："仆尝言曰：文章之变，于今已尽，无能离古人而自创一格者。独识力卓越，庶足与古人相增益"（《清代文学批评资料汇编》，页160）。这里我们看到的不仅是简单的"过去比现在好"，而是一种对于在权威性文化形式方面历史已然终结的深切意识。很多理论家，比如说叶燮，极力反驳这样的论点，而另外一些人则极力赞誉白话文学形式，把它们视为对古典文学的延续。这样的辩论在几个世纪当中一次次进行，这显示了反驳者的论点从来没有得到广泛的接受，至少在二十世纪初期白话文学运动开始之前。

为宣泄了真实的人类情感——把情欲和怨恨的表达控制在体面的范围之内，就像钱谦益（1582—1664）所说的那样——很多批评家们只能总结说不是诗堕落了，而是世道人心堕落了。[4]

古典诗歌到了晚期，构成一种特殊的现象。诗写得比以往任何时候都要多，也出现了比以往更多的批评与理论。这些诗具有极大的多样性，而且它们经历的变化就和唐代或者更早期一样深刻。受过教育的人们，无论男女，能够背诵大量的文本。[5] 教育程度较低的城市居民在看戏、读小说和听说书的时候，也接触到大量的古典诗词，其中很多是打油诗类作品，但也有很多是名篇。晚期古典诗歌在语言范围方面，在题材方面，以及在历史深度方面，都比唐诗更丰富。它是一种更为"聪明"的诗。但是，数千百页的传统诗歌批评著作的一个最主要的话题就是当代诗歌的失败。每个人都意识到，现在也仍然意识到（不管是否愿意承认），诗歌在近代是相对而言无足轻重的。我们必须把近代古典诗歌的真正失败和一种"诗歌无关大局"的感觉分开，这一点很关键：须知在当时，人们觉得诗歌"有关系"是一件很有关系的事情。"诗"是重要的，当代诗歌却不重要。对一种强有力的诗歌的渴望触及近代文化最关心的问题——而这正是虚假和堕落的表象。[6]

黄宗羲（1610—1695）承认：

试观三百年来，集之行世藏家者，不下千家。每家少者数卷，多者至于百卷，其间岂无一二情至之语，而埋没于应酬讹杂之内，堆积几案，何人发视？即视之，而陈言一律，旋复弃去。[7]

这段语气强烈的话，来自一个坦承希望"援溺人而出"的文选家。他的援溺行为没有什么作用：恐怕很少人阅读他选编的《明文案》，更少人能够印象深刻地回忆起他们阅读的是什么。黄宗羲的编选动机（恐其湮没无闻）和近代的唐诗选家的动机形成鲜明对比：后者为了给学诗者提供适当的样板，其潜在的焦虑是读者会被没有收入选集的诗篇所吸引。或者，我们听听钱谦益说什么："余老懒，不耐看诗，尤不耐看今人诗，人间诗卷聊一寓目，狂华乱眼，蒙蒙然隐几而卧。"[8] 这时冒出一个隐者，建议他用鼻子闻诗，不要用眼睛看诗。近代诗评倾向于为时代病症开药方，或者给令人压抑的常态提出一些例外，但是评论家们一致认为从唐朝（有时从宋朝）到现代，有一片荒芜地段。[9] 就连"穷而后工"这样的可敬箴言似乎也失去了效力，因为评论家们目瞪口呆地发现，即使最富有悲剧性的苦难，比如明清的易代，也没有普遍提高近代诗人的素质。[10]

尽管他们对近代古典文学持这样的看法，所有这些评论家们都还是采取古典文学的文体写作。他们当中也有很多争议：他们对诗歌性质的问题进行十分激烈的辩论。[11] 他们所共同分享的，是他们辩论的话题：在这么多人都写得这么差劲的当代，怎么样写得好一些。

如果我们只是读诗，读诗歌评论，我们不可能理解问题所在。读得越多，我们的视野就越是会被批评家们对当代诗歌危机做出的卓越回答所蒙蔽。他们对"到底出了什么问题"的回答往往非常出色，每种回答都经得起现代论辩的考验：太多的诗，教育系统的变化，诗不再是仕进的途径，变成了消闲游戏，当代作家在传统的重负之下处处向他们的前辈低头。所有这些回答，都部分地解释了近代诗歌的失败，但是不能告诉我们，为什么人们还在乎。同样的解释也可以应用于二十世纪的古典诗歌，不过现在已经没有多少人在

[7]《明文案序上》，《清代文学批评资料汇编》，页88。

[8]《香观说书徐元叹诗后》，《清代文学批评资料汇编》，页58。

[9] 有时，批评家们也对现状表示抱有希望，特别在他们建议一些振兴诗歌的项目之时。这样的乐观一定很难维持，考虑到一代又一代诗歌改革者如何被否定，而且不仅是被下一代否定。选本编辑的程度和质量都说明问题。近来的一本研究著作，《唐诗选本六百种提要》，给我们看到古代的六百种唐诗选本。在十七世纪之前，却只有很少的宋诗选本，其数目与唐诗选本相比少得多。同时，元、明、清诗歌选集也寥寥可数，而且往往在明确声明，编选旨在使作品和作者不致湮没无闻。

[10] 试看朱鹤龄(1606—1683)的《俞无殊诗集序》，《清代文学批评资料汇编》，页69。

[11] 黄宗羲甚至提出，"骂"是当代学者文人的最显著特征："昔之学者，学道者也；今之学者，学骂者也。"见《七怪》，《清代文学批评资料汇编》，页93。

乎了，也没有人相信这种文体还继续具有任何重要性。

我们且用不同的方式来问这个问题。诗按说是表达真情实感的，而诗的成功按说有赖于真情的流露：评论家们在这一点上完全同意，而且不断重复这一观点。同时，我们可以在本文开始时所引的魏禧文中看到，诗的写作代表了对士族文化的参与。但是，在人们往往以讽刺眼光看待士族文化的众多表现方式的时代，代表了士族文化的活动怎么可能"真"呢？这种张力从一开始就存在于古典诗歌的写作中，我们可以追溯到"大序"里，诗作为感情的不自禁的流露和诗作为文明教化之道德控制手段这两者之间没有解决的矛盾。在近代中国，发生了某种变化，把这种矛盾提到了表面。出现了一种新的文学再现方式，富有反讽性的、指向社会语境的再现方式。我们可以在文言文作品中看到这些再现方式，但是它们新的特殊领域是白话文学。[12]

白话文学的特殊功能，是展现人性的脆弱、愚蠢和虚伪。小说扮演了重要角色，但是明清（至少在十八世纪后期的"《红楼梦》热"之前）是戏曲的时代，戏剧是占主导地位的形式，不仅在戏院里，而且在出版界。在其形式上，在其传统叙述手段方面（比如说它包括低等角色和次等情节），戏剧都是高等文化的常态形式和低等文化的变态形式对面相逢的主要场所。每个人都知道，一部《西厢记》，没有红娘这个角色根本行不通，但是文言小说《莺莺传》却并非非有红娘不可。要是没有红娘所代表的不同视角（这种视角具有至少和高等文化的再现完全平等的真实），白话文本就会失败。[13] 白话文本的这一特色所带来的不可避免的后果，就是高等文化的再现被平面化了。

[12] 一个比较复杂的问题，因为涉及范围很广，难以在此详细讨论，就是这些反讽式的再现方式和朝廷所推行的新儒家思想之间的关系。我相信它们二者同时在文化历史舞台上出现并非偶然。似乎在早先的历史时期，一个人可以充满矛盾，但是不一定虚伪。唐太宗可以杀死他的兄长，逼父亲退位，为了个人需要重写历史，但是他仍然可以充满自信地（哪怕只是一种自欺欺人的自信）扮演一个儒家贤君的角色。新儒家学派强调道德的纯粹，诚，和严格的自省，结果反而为以往的人所不能想象到的虚伪打开了一条路。新儒家有其"纯粹"的文体，在士族写作中，在比较通俗的道德教育文体中都存在。在这些再现形式中出现的人至少在作者意向方面是有意的平面化。早先文学中因为内在矛盾而导致的深度因为新的、充满反讽的再现形式而复苏了，有时我们看到真正的"反英雄"，比如关汉卿《救风尘》中的赵盼儿。但是更普遍的是揭露虚假：也就是说，对道德真诚的要求产生出基于揭破道德假面的再现形式。这种简单的反讽不容易容纳和控制，一旦爆发出来，导致种种反讽的、赋予语境的形式产生。不是白话文学仅仅简单地"代替"了古典文学，我们不应该相信这种简单的达尔文进化论式的文学史模式；而是白话文学深刻地改变了古典文学所处的再现空间。

[13] 《西厢记》是最突出的例子，因为它摧毁了《莺莺传》中复杂的高等文化形象。我同意，《莺莺传》是一个充满反讽的文本，但是比起《西厢记》来，那是一种十分不同的反讽，也不那么明显。它是反讽性的，只是因为它的没有解决的矛盾达到了这样一种程度，（转下页）

在白话文学里，反讽（irony）以各种不同的形式出现。有明显的反讽，揭穿人物的虚伪和高等文化的盲目，比如《牡丹亭》里的春香揭破私塾先生的迂腐和对《诗经》缺乏真正的理解。杜丽娘这一角色的"诗意"和寻章摘句的陋儒文化形成了对比，但她需要一个"低等"角色春香的存在，来保证她真正的高雅，和表面高雅的社会性俗套区分开来。[14] 但是低等文化视角可以增加不少更细致的反讽层次。比如《桃花扇》里的"哄丁"一场，以坛户们拿太常寺祭孔庙的祭品样数插科打诨作为开始。正如后来阮大铖虚伪地要求参加祭祀仪式遭到拒绝保证了这种高等文化最神圣的仪式的真实性质，插科打诨的坛户为仪式提供了一个语境，使仪式的完美内闭打开了一个缺口。这种视角，提醒我们注意，有一个现实的世界，在无形中支持着社会的上层文化。坛户的调侃使我们被作者控制的同情变得更为复杂，没有他们的存在，我们就只会看到一种简单而黑白分明的真伪对立，看到社会上层文化的比较没有趣味的胜利。正是他们的存在，把整个祭祀仪式放置在一个语境里，从而使我们超越了二元对立的价值和意义的结构。

要想理解近代古典诗歌到底发生了什么变化，我们必须把眼光放到古典诗歌之外，甚至放到词和曲之外，而瞩目于一个大而模糊的概念："诗性或诗意"（the poetic）的概念。[15]"诗意"是金镇试图在重建的平山堂所构筑的经历，不是赋诗这种经验本身，而是经验的质地。在一部传奇中，随处可见诗和曲，但是有一些场景和时刻，是显而易见十分富有诗意的。无论是在生活中，就像金镇那样，还是在戏剧中，"诗意"都是一个精心策划的事

（接上页）使读者没有立足之地。站在张生一边，还是站在莺莺一边，要求我们主动地压制下去另外一种选择。这样的反讽形式，在其中两种不同的立场相互破坏对方，和近代的反讽形式（表现在《西厢记》中）十分不同。在《西厢记》里，红娘不断地为高等的浪漫世界提供一个不同的视角。虽然我们总是被拉回高等浪漫世界，红娘的立场并未被破坏。一个类似的例子可以在《长生殿》关于"荔枝"的场景中找到（见下文）：荔枝使者践踏农田，给百姓带来痛苦，这有损于玄宗在贵妃生日送她荔枝这一行为的浪漫诗意，但是，践踏农田的那种视角却没有被放置在相关语境之中，没有遭到损害。

[14]《牡丹亭》里的私塾先生陈最良所扮演的角色，基本上就是对《诗经》真解的戏仿。戏仿的作用在于保证我们看到什么是"真的"：这是传奇常用的手法。比如说，《桃花扇》"拜坛"一幕是对祭祀和哀悼崇祯皇帝的戏仿，它衬托出一直延宕到最后一幕的、适当的祭祀和哀悼仪式。

[15]"诗意"的概念不存在于古代中国（至少和在英语中的用法意义不同）。但是，从宋朝以来，就存在着这样一种很多人都认同的想法，也就是说，"诗"是一种经验的质地，可以出现或不出现在诗歌中，也可以出现在诗歌之外的表现方式中。虽然中国在"poetry"（诗）和"verse"（"打油诗""匠诗"）之间没有一种方便的区别方式（译者按：中文都称之为"诗"），暗示了某种区别的公式还是相当普遍的，比如说，钱谦益在《书瞿有仲诗卷》里说："余常谓论诗者，不当趣论其诗之妍媸巧拙，而先论其有诗无诗。"（《清代文学批评资料汇编》，页55）

件（虽然"诗意"这一概念本身暗示了自然本能的冲动以保证其"真"，与"精心策划"的概念正好背道而驰）。这种"诗意"概念包括再现的模式和人物言辞及举止的形式。在传奇里，我们可以看到诗意与其他对诗意进行反讽的种种视角之间存在的矛盾。既然我的兴趣在于诗意本身，而不是它在整个社会环境中的地位（见下文），我在这里将集中讨论搭救诗意的努力。

总的来说，清诗"吟咏性情"的倾向胜过"言志"。[16] 按说它应该是对真情实感的表达。但是合法的情感范围十分狭窄：主要包括爱情，友谊，悲哀，对大自然的欣赏，以及其他古典诗歌的常见题材（白话文学里常常描写到的种种激情——贪婪，残忍，勃勃的野心，还有缺乏浪漫色彩的情欲——都是不允许的，不算是"富有诗意的真情"）。在一部戏曲里，当男主角或者女主角（有时是其他的角色）发现他们自己处在某种合法的诗意心境中，他们的语言，特别是在唱词里，立刻就会提升一个档次，进入被视为具有"诗意"的语言范畴。[17] 诗意语言有时被维持下去，有时被反讽所削弱和限定，但是它总是在某一语境中出现，在整出戏剧的大背景下出现和消失。

如果唐朝是诗和诗意皆成功运作的典范（尽管只是虚幻的典范），文体则是创造了分离的、具有特权的社会空间的手段。它可以毫不虚伪地拒绝看到矛盾与冲突。唐诗（也许所有在社会上具有效力的抒情诗）有赖于排除人生经验的许多方面，而这些方面在其他文学形式中是允许出现的。我们在阅读唐传奇小说时，大概会惊讶地发现很多在唐诗里完全看不到踪迹的物件、情感和事件。唐诗的世界是一个建立在"排除"之上的世界。这样的局限一定起到了某种积极作用，因为一个文化往往非常需要它，而且，在诗歌领域里面加入新成分往往是十分缓慢的。[18] 在同时也是社会性实践的文学再现的传统中保持局限，似乎出于创造一个受到保护的经验空间的欲望。[19] 在这

[16] 政治性的"言志"诗在批评理论当中比在实践当中更重要，除了明亡后的大批"遗民"诗人之外。

[17] 这是非常简单化了的说法，但是，戏剧语言中不同层次或范畴的语言之间的复杂交织运作，旨在反映角色的性格，非常依赖于对"高层次"语言的辨认，而最常见的"高层次"语言就是浪漫诗意的语言。

[18] 也就是说，诗意的存在，有赖于一个有能力的读者认识到"非诗意的"东西。当然了，我们在此排除了一个特别的文学历史事件，也即现代诗，它总是有意寻求"非诗意的"东西，把它们包括进来。

[19] 这里我们可以引申文本"再现"（representation）到它的更古老的哲学内涵（在德语词 Vorstellung 里更清楚），在这种意义上，文本再现的局限是控制经验再现的一种方式。注意我不是说这样的意向必然是成功的，只是说这是一种潜在的欲望。（译者按：在德语词 Vorstellung 里，"再现"不仅指文学艺术对经验世界的再现，而且指一个人在头脑中对事物的感知这样的"再现"。）

样的传统里，审美范畴的悖论变得格外清晰：阿多诺曾称之为"社会的社会性对立面"（the social antithesis of society），这是很恰如其分的描述。在整体社会文化中，也是作为整体社会文化的后果，产生了对于一种特别的经验和再现空间的需求，这种特别的经验和再现空间独立于整体社会文化而存在，排除整体社会文化。艺术作品的框架好似一堵墙，挡住了它所居处的世界———一堵学院研究常常试图打通的墙。在中国，在中国文化影响所及的国家，这样一种"独立空间"是被视为真实、自然和本能性的。[20] 也许我们不应把它称为严格意义上的"审美空间"，因为它的构筑和它的内容往往是极为功利性的，不自由的。[21] 但是它和真正的审美范畴相同的一点是，这样的抒情空间在根本上是否定性的。

在近代中国，抒情诗歌仍被划为受到保护的空间，但是它越来越经常地被表现为这样的一种空间。也就是说，它被置于一个语境之中（contextualized）。这削弱了这一特殊社会现象的本质，因为它的本质正是对语境的否定和抵制。那也就是说，艺术的悖论——社会的社会性对立面——变得越来越内在于诗歌写作和诗意瞬间本身。整体社会文化的语境不能继续被压制下去。前此，写诗被视为脱离复杂的人世、进入一个受到保护的真情流露与举止自然放纵的空间（好似人在派对上常会产生的幻觉），现在，却越来越变成了脱离一个"真实"世界、进入一个人工造成的、掩藏在情感修辞背后的世界。正是因此，我们不能信任扬州幕僚们在平山堂吟出的诗篇。这种不信任，有其历史根源。

否定和抵制日益嚣张的整体社会文化的需要没有消失。如果这种需要消失了，诗和诗意也就消失了。但实际情况是，人们不断地、越来越努力地尝试。尝试总是失败，这是我们看到上百千页诗歌评论的原因之一。在《红楼梦》里，在《浮生六记》里，在《桃花扇》和《长生殿》里，我们都看到对诗意的需要和诗意的不可能之间存在的矛盾（新儒家思想作为社会高等文化和它的不可能之间的矛盾在《儒林外史》里则似乎得到了某种程度的解决）。

[20] 诗歌和聚会、酒宴、派对联系在一起，而它们就像世界其他地方的派对一样，受到种种规矩的严格限制，正是这些严格的规矩允许我们在派对上暂时中止在派对空间之外运作的某些社会规则。就像诗歌本身一样，派对必须排除很多东西，这是一种暂时的自由，使我们暂时逃离派对之外的世界。

[21] 称它的构筑是"不自由的"，意思是说进入这样一种假定为自由的空间是受到社会需要的驱使的。

可笑者（the Ridiculous）的崇高

从南宋以来，社区对诗歌写作的实践逐渐变成士族的消遣手段，与此相应，诗人被塑造成一个远离社区的形象。[22] 这种"诗人"的概念逐渐在接近西方大写的"诗人"概念。诗人努力创造一个独立的、分离的空间，和一个独立的人格，而语境的回归却使他很有可能变得可笑。实际上，成为一个可笑的怪诞人物（这是近代很多种故作出来的姿态之一）保证了诗人的分离和独立。[23] 在近代诗歌里，可笑性的高贵之处是一个重要的主题。比如下面黄景仁（1749—1783）的两首著名绝句：

癸巳除夕偶成二首
其一
千家笑语漏迟迟，
忧患潜从物外知。
悄立市桥人不识，
一星如月看多时。

其二
年年此夕费吟呻，
儿女灯前窃笑频。
汝辈何知吾自悔，
枉抛心力作诗人。

[22] 这又是一个发生于更早的时期、但是在近代起了巨大变化的一个主题。"人之所趋，诗人之所畏；人之所憎，诗人之所爱。人誉而诗人以为忧，人怒而诗人以为喜。"（钱谦益，《冯定远诗序》，见《清代文学批评资料汇编》，页19）这种对诗人的定义是直接和《诗经》"大序"里对诗歌的定义相冲突的，在"大序"中，诗是所有人共同拥有的能力。以敏感为标准把诗人和他周围的人分开是协调诗人之独特性和他的普通人性的一种方式，但是这和像钱谦益那样把诗人和其他人截然对立起来的做法十分不同。

[23] 我们应该注意：在形式上，这和戏剧里需要"低等"角色来衬托和嘲笑高等文化的浪漫诗意是完全一致的。

两首诗，都是对诗人脱离语境、脱离周围世界的戏剧化呈现。在第一首诗里，他站在北京城内的一片广大世界中，当所有人都在和家人团聚语笑的时候；在第二首诗里，他回到家中，只发现他在这里也一样的孤独。在第一首诗里，诗意的经验，看到人所不注意到的事物，和这种看的能力，都使他远离人群；在第二首诗里，与家庭的疏离发生在紧跟在诗意经验之后的写作行为中。

在第一首诗里，事物之微小者因为得到诗人的注意而变得庞大和使人沉溺。一方面，诗中"富有诗意的意象"毫无疑问是非常优美的，它的形式本身就象征了审美注意的自我封闭性，一点微小的光，排除了其他所有事物，因为得到诗人心力集中的注视而变大；同时，因为诗人被安放在一个大的环境中，整个经验得到某种中和，因为诗人从别人眼里看到自己的形象。诗意体验被安置于一个语境：诗不等同于诗意体验本身，而是"关于"诗意体验的，这种诗意体验被戏剧化了，濒于可笑的边缘。

在第二首诗里，我们可以听见笑声。小儿女在偷笑，但是不是没有得到注意；诗人看见了别人眼中看到的自己。通过把他的可笑变成主题，他在展示诗的强迫性，诗对于他不可抵挡的作用，这与西方诗人和艺术家所宣称的极为相似。虽然诗人声称"自悔"，但这种自悔不是全心全意的。诗人意识到自己在别人看来是什么模样，但在他的尴尬当中其实有骄傲在。

诗意能否幸存于它的语境，从别的视角旁观自己？还是说，它只能像是我们现代生活中的度假一样，变成一种美学的假期，暂时忘记不能被忘记的东西？显而易见的回答是：它不能以这样的方式幸存，我们必须回家，或者去往别处，世界总是在抵消一个被造作出来的幻象。如我在上文所论，诗意只能作为一种永远无法完全满足的欲望而幸存。

这里我们看到的，是艺术的耽溺和它的社会语境问题。在一个处处为艺术设置语境的世界，维持艺术耽溺的唯一方式就是把艺术作为一种无法抵御的强迫性冲动保留下来。要让诗歌作为比士族的消遣更有意义的东西幸存，必须不断重复这一强迫和疏离。外面的人群尽可以对除夕夜诗人对一颗星星的凝视感到些许怀疑——这种怀疑有其正当的理由：久立市桥凝视星星的审美强迫和耽溺实在散发出夸张的气味。但是，情爱的强迫性，对情爱的沉溺，也许更有说服力，正是在此，"诗意"的问题得到全面的呈现。[24]

[24] "可笑的诗人"形象不是近代的独创。我们可以把它追溯到杜甫，但最明显的还是中唐，很多近代文化所关怀的问题在那时已经初露端倪。也许一个好例是白居易的《山中独吟》(《全唐诗》卷四百三十)。从白居易到黄景仁，我们可以清楚看到发展的脉络，但是不同之处也很明显。白居易是幽默的，而黄景仁非常严肃；白之所为出于任情适性，没有后悔；他自己所谓的"癖"被他的幽默冲淡了不少，而黄景仁(转下页)

（接上页）则需要某种强迫感，他的"悔"虽然不完全是认真的，但仍然具有某种力量。白并不显得痴，他也不以"痴"来看待自己：他的"可笑诗人"的小小喜剧（暂时离开社会以便表现痴狂，而不是从根本上被异化）纯粹是骄傲自豪，而黄景仁的确看到了被异化的诗人可笑的一面。

[25] 扇上桃花，是香君抗拒失节、试图自杀时溅上的血迹，后被点染成桃花，代表了她为侯经受的苦难。

诗意和"情"的世界（诗意往往是其表达）的最终失败，是清朝文学中两部影响深远的杰作的结论：《红楼梦》与《桃花扇》。《桃花扇》对浪漫喜剧的反讽是致命的，在"入道"一折中达到了巅峰。两个情人，被阮大铖的奸计和明朝的覆灭所拆散，现在终于在深山的一座庙宇中见面了。他们分别站在讲堂两廊，等候聆听张薇讲道。突然之间，他们认出了对方：

（生遮扇看旦，惊介）那边站的是俺香君，如何来到此处？

（急上前拉介）

（旦惊见介）你是侯郎，想杀奴也。

【南鲍老催】想当日猛然舍抛，银河渺渺谁架桥，墙高更比天际高。书难捎，梦空劳，情无了，出来路儿越迢遥。

（生指扇介）看这扇上桃花，叫小生如何报你。[25]

这是一个经典的"相认"情景，大团圆的因素样样俱全，但是被张薇妙不可言地击得粉碎。审美/艳情被它的两个最大竞争对手的非宗教性质的联合所颠覆：政治的价值观念，和精神的息欲主义。侯方域和李香君在相认之后，感谢周围帮助过他们的友人：

（生）待咱夫妻还乡，都要报答的。

（外）你们絮絮叨叨，说的俱是那里话。当此地覆天翻，
还恋情根欲种，岂不可笑！

（生）此言差矣！从来男女室家，人之大伦，离合悲欢，
情有所钟，先生如何管得？

（外怒介）呵呸！两个痴虫，你看国在那里，家在那里，
君在那里，父在那里，偏是这点花月情根，割他不断么？

【北水仙子】堪叹你儿女娇，不管那桑海变，艳语淫词太絮叨，将

锦片前程，牵衣握手神前告。怎知道姻缘簿久已勾销；翅楞楞鸳鸯梦醒好开交，碎纷纷团圆宝镜不坚牢。羞答答当场弄丑惹的旁人笑，明荡荡大路劝你早奔逃。

戏剧的传统本来在情人相见相认的一幕当中得到满足，但是《桃花扇》已经做了很多铺垫，让我们准备承受那种传统结尾的颠覆。两个情人的短暂的好运被一个充满了死亡、毁灭和国家灾难的大的语境吞没了。在他的唱词里，张薇要我们观众看到，侯、李不过是两个演员，要我们跟着他一起嘲笑这一对情人所参与表演的蹩脚浪漫传奇。

情人可以像诗人那样，因为他们的激情而在外人眼中显得可笑。至少因为具有常识而值得赞美的低等角色常嘲笑他们。但在传统的传奇结尾，情人往往得以团圆。在《桃花扇》里，浪漫的结尾却受到挑战，不是被一个低等角色，而是被一个像张薇这样剧中少有的几个从头到尾都极为可敬的人物之一。侯方域作为浪漫男主角，在一折浪漫男主角不应受到嘲弄的戏里被嘲弄，他开始试图用儒家生活信条来回应，但是张薇提醒他说：他们打算回归的那个世界，那个他们可以“白头偕老”的世界，已经不复存在了。

如果对诗意，对“情”，对抵制语境进行辩护是可能的，这种辩护一定只能在一种抵御了所有嘲笑、常识和道德判断的强迫性冲动（compulsion）之中才能找到。

《长生殿》：为诗歌一辩

洪昇（1645—1704）的《长生殿》（约定稿于1688）是对“情”的辩护。在很多层意义上，它也是对“诗意”和浪漫风格的最后一次精彩辩护，试图把它们从反讽中拯救出来。这场辩护是复杂的，也是非常不安的，依靠超自然因素创造出一个分离的空间，在那里，诗意可以脱离反讽的语境而存在。它不是任何在人间意义上可信的辩护，它是一个寓言。我们的剧作家在开场第一出里提出“情”的绝对价值，唐玄宗和杨贵妃的故事对于他来说恰好合适：

今古情场，问谁个真心到底？但果有精诚不散，终成连理，万里何愁南共北，两心那论生和死！

"精诚不散"：对爱情的威胁是"诚"的丧失（就好像在新儒家学派里，丧失诚心是对道德完美的威胁一样），相互矛盾的动机和多重视角的半心半意。

在唐玄宗和杨贵妃的故事里，情和公共职责形成尖锐的冲突，或者，可以像在一般的传奇里面那样两相妥协。洪昇利用传奇一幕一幕的场景形式，把相互冲突的成分逐渐分离开，使矛盾的张力得以分散，而没有真的使它们妥协。情和诗意有它们的地位，它们的绝对价值，但是那地位在于他方。如那山西客人在"弹词"一场所说："只要唱得好听，管他谎不谎！"那么，我们至少可以识别一个关于至高无上的"情"的故事究为何物：一个美丽动人的幻象。

《长生殿》是一出精心结构的戏剧。反讽有赖于差异，把不同层次、不同观点混合在一起，使人不能全心全意地沉浸于高等的文化体验。[26] 既然不能创造出一个天真沉湎的世界（更不用说要维持它达五十出戏之久），它便创造出了一个充满差异的世界，从越界，到复原等级区分，最终到一个自决的私人空间。越界成为界限的保证，就好比在游戏当中，欺骗犯规对于游戏规则来说乃是必要的一样。但是一旦剧中主要人物升入天界，也就是诗意所统治的领域，越界也就停止了，因为充满差异的语境被摧毁了。

在剧中，除了末尾几出之外，我们不断地在不同的等级层次之间来回。有时，这种跨越等级界限是越轨，有时则代表了上天的恩慈。杨国忠和安禄山的骤然富贵和他们对皇恩的滥用显然是越轨之举，因为他们处在不属于他们的地位。在"禊游"一出戏里，三国夫人在去曲江赴宴时掉落在路上的珠宝被普通百姓捡拾起来，他们的无知也创造出类似的越轨情形。

在逾越等级差异时，即使是一种恩慈行为，也仍然唤起我们对于等级差异的注意，例如在"献饭"一出戏中，老农在明皇逃往蜀地的途中给饥饿的皇帝献上麦饭。这一出戏和"进果"一折恰

[26] 审美的痴迷（如除夕夜站在桥上看星）、毫不动摇的爱，以及新儒家学派的"诚"有一个共同点：它们都是对多重视角的否定。

好形成对照：为贵妃送荔枝的使臣不仅逾越了田界，践坏了田禾，而且还踏死了一个老汉。

这样的对照、穿插、交织造成了多重视角，在"进果"的下一出戏"舞盘"表现得尤为明显。荔枝离开了外界充满竞争与暴力的空间，被使者带进长生殿，在贵妃生日那一天献上，突然之间，荔枝成了皇帝的爱情的象征，一个温情脉脉的手势："妃子，朕因你爱食此果，特敕地方飞驰进贡。今日寿宴初开，佳果适至，当为妃子再进一觞。"但是我们不能忘记前一出戏的语境。同样，我们可以送给情人某种用象牙做成的礼物或者一样古董，而与此同时掠过我们脑海的，是死象的尸体和被盗的古墓。下面的唱词，试图把我们的注意力集中在荔枝果本身：它"浓染红绡，薄裹晶丸"，在杨贵妃的唇齿之间仿佛清凉的"琼浆"。这番描写抵制了，同时也就增强了，前一折戏里荔枝带给百姓的痛苦造成的语境。

也许剧中最有意味的交织在于杨贵妃的《霓裳羽衣曲》和她的锦袜。著名的"看袜"一折是另一个好例，给我们看在同一折戏之内，作者如何以不同视角构成语境。杨贵妃遗留下来的锦袜被不同的人观看，因此也就成为不同诠释的对象。每一种诠释都有其道理，有其真实。对酒家店王嬷嬷来说，锦袜是赚钱的商品；对老汉郭从谨（献饭者）来说，它不过是一只"遗臭之物"，令人想起皇帝因宠爱贵妃而带给天下百姓的苦难；对于道姑来说，它提醒人们荣华富贵的易逝（而且也可以给她的道观增光）；对于书生和乐师李谟来说，它则充满诗意，展现了消逝的昔日繁华：

> 看薄衬香绵，似一朵仙云轻又软。昔在黄金殿，小步无人见；怜今日酒炉边，等闲携展。只见线迹针痕，都砌就伤心怨。可惜了绝代佳人绝代冤，空留得千古芳踪千古传。

人间诗意，被赋予一个语境，却原来只是众多真实当中的一种而已，很容易受到缺乏诗意的目光的侵犯（"怜今日酒炉边，等闲携展"）。来自较高等级的事物，总是有渗透到下层、被"等闲"看待的危险。但是李谟当然还不知道，皇帝与贵妃的恋情不会消失，它只是要改去另外一个地方而已。

是剧作家洪昇的责任，从拥挤而繁杂的"此处"，引我们走向受到保护的"彼处"。在第二出"定情"里，内侍宫女们在引导皇帝和贵妃走向寝宫时，一起如是宣告浪漫爱情：

> 辉煌，簇拥银烛影千行。回看处珠箔斜开，银河微亮。复道、回廊，到处有香尘飘扬。夜色如何？月高仙掌。今宵占断好风光，红遮翠障，锦云中一对鸾凰。《琼花》《玉树》《春江夜月》，声声齐唱，月影过宫墙。褰罗幌，好扶残醉入兰房。

奇怪的是，在这开头的一折戏里，我们看到的竟是一出传统的"尾声"应有尽有的一切仪式化因素，一幕典型的大团圆结局。只不过在这里，一对情人走向婚床没有发生在结尾，而发生在开端。正如第一出"传概"所告诉我们的，此剧是关于爱情的延续，而不是爱情的实现。延续成为神仙眷属的永恒，它把"情"提高到了另外一个境界，超越了语境。它脱离了"可笑"的阶段，仅仅依靠它的持久力而超越了"可笑"的境地。最后一场戏不是"团圆"，而叫作"重圆"：第二次尾声。

我们被允许看到一幕传统的浪漫场景，但随即它就被吞没在重重叠叠的语境当中。在"贿权"里，我们看到失误军机的安禄山向杨国忠寻求生路，这已经为后来皇帝沉浸私人情感、不顾国家法纪做了铺垫。几场戏之后，我们看到，玄宗因为和贵妃的姊妹调情而导致了情人之间的争吵，以皇帝急于和好告终。玄宗从君王一变而为被爱情弄得神魂颠倒的普通人，这里的政治讽刺不容忽视；同时它起到的作用则是保证了皇帝用情的专一。但更重要的，是这些场景让爱情显得有些滑稽：玄宗的情，好像只是盲目而过分的宠爱而已。

在情人相互道歉之后，我们看到一个全新的语境。在"疑谶"一场，郭子仪来到长安，在一家酒铺子里，看到杨家和安禄山僭越豪奢的举止，感到义愤填膺。他还看到一首题壁诗，预示了安禄山叛变和贵妃之死。郭子仪的"诗意"表现为辛弃疾式的忠肝义胆、慷慨激昂。他这一场戏安排在官场腐败与皇帝贵妃小小的爱情游戏之后，而他那种对国家命运的关心，在此之前一直很缺乏的，立刻得到了我们全心全意的赞同。这场戏以下面的唱词结束：

> 且喜奋云霄有分上天衢。直待的把乾坤重整顿，将百千秋第一等勋业图。纵有妖氛孽蛊，少不得肩担日月，手把大唐扶。

从全剧开始时动人而浪漫的"定情"直到现在，我们终于有了一块立足之地。但是紧接着，下一出"闻乐"把我们带到月宫，在这里，嫦娥的唱段没有任何反讽意味，和"定情"中的诗意语言极为相似，而这种诗意语言是刚刚被郭子仪的出现颠覆了的。这种浪漫诗意爱情本来已经被揭破，使观众意识到它是一种盲目宠爱，只会导致腐败和蠢行。把那份诗意（虽然还不是爱情本身）带到月宫世界，它就可以保持其动人魅力而不致产生任何腐败的后果：也就是说，诗意的语境被取消了。嫦娥唱道：

> 清光独把良宵占，经万古纤尘不染。散瑶空，风露洒银蟾，一派仙音微飐。

剧作家这样的安排，使性质不同的场景错置交织，是传奇在形式上的传统手段，这里被用来创造独立自治的境界，每种境界都有其内在的合法性。洪昇为了抗拒语境对诗意的吞没和消解，利用了强有力的"戏中梦"主题，试图以其独有的方式消解下界发生的一切。这正是在全剧中占据了中心地位的"霓裳羽衣曲"的内容。仙女们唱道：

> 纵吹弹舌尖、玉纤，韵添；惊不醒人间梦魇，停不驻天宫漏签。

这是十分巧妙的手法，也是时代的特色：杨贵妃在梦中访问月宫，却听到仙乐告诉她说：这才是真实的世界，人间只是梦境而已。

"霓裳羽衣曲"所传达的信息控制住了非诗意的因素，它在剧中扮演了中心角色：跨越不同境界，言说它们的区别，保证它们相互之间的分离。杨贵妃记住"霓裳羽衣"的曲调，把它带回人间，并用乐谱把它记录下来。她随即把它教给宫女永新和念奴，她们又把它传授给李龟年指导下的梨园子弟。当梨园子弟演奏它时，这原本来自上界的仙乐再次越界，被华清宫外年轻的李谟听到和记住，在他的铁笛上吹奏出来（"偷曲"）。音乐最终沦落到等级制度的最低层：安禄山在夺取京城之后，命梨园子弟为他演奏的正是此曲（"骂贼"）。叛乱之后，李谟在江南遇到衰迈的李龟年，"霓裳羽衣曲"在一个哀伤的语境里出现（"弹词"）。大概要算最奇特的是在"仙忆"一折中，嫦娥派她的侍儿寒簧向此时已经成仙的杨玉环索取"霓裳"的曲谱——而这本来是月宫的仙乐，杨玉环凭记忆在唐宫写出，现在又须凭记忆在仙界重写一遍。乐曲的最后一次出现是在"重圆"一折，嫦娥命天女为玄宗和杨玉环的重逢演奏此曲。当我们把这一乐曲不曾中断的传授和表演过程一一叙来，它仿佛一幕微型戏剧，呈现的是《长生殿》的自我指认："霓裳羽衣曲"来自另一个世界，因为偶然，因为上天的恩慈，被允许"出现"在人世，而不被人世所干扰和败坏，它随即回到上天，甚至变得更好了。我们偷听到它，或者偷觑它的表演，就像在"窥浴"一出戏里，低等角色偷看皇室情人的入浴。

在此剧中，天宫人物——牛郎，织女，嫦娥，还有成仙的杨玉环——都能够以最纯粹的形式来表现浪漫诗意。牛郎、织女，这对星界情人，既是下界事件的观众，也是管理者，他们是"爱情"的神仙化身。我想，要想描述他们所达到的所谓神仙眷属境界，大概莫过于说他们是一对没有仆人和家累的情人（织女有一些侍儿，但是她们构成了合唱队，而不是有任何个人观点的评论者）：社会等级，连同它的一切语境，都被抹杀了。

虽然玄宗发过一些不够诗意的脾气，他的诗意也不断被语境所打断和破坏，但是玄宗从来没有放弃过诗意。在"定情"一场，我们看见数段几乎属于天界的诗意唱词，但是我们很快发现，过分的投入连累到了周围的世界，直到这个世界最终侵蚀和击碎了爱情之歌。玄宗的浪漫诗意几乎毫无痕迹地从庆祝转为丧失，从在场变为缺席，比如当他在"闻铃"一场中哀悼杨贵妃之死和他的孤独。他坚持使用爱的语言，因此，剧目安排他升入天界，在那里，他可以继续使用浪漫诗意语言，直到永恒。

被上界仙乐所感染，李谟成为剧中代表"诗意"的最有趣和最复杂的角色之一。李谟的诗意，与皇帝、贵妃和神仙们相比，是沉思性的，挽歌式的，一句话，是近代的。他是曲中"情"的见证人。他一边口吐浪漫的唱词，一边在华清宫墙外倾听，到得后来，他自己心目中的浪漫诗意，总是弥漫着对丧失的悲伤。他也许和玄宗一样被情驱使，但是，就像是近代的诗歌评论家，他的激情不是为了一个女子本身，而是为了对她的艺术再现，她留下的痕迹。他长途跋涉，去看杨贵妃的罗袜，他也总是在追寻"霓裳羽衣曲"。而作为对痕迹和再现钟情的情人，李谟不能升入天界。

我们可以把《长生殿》解读为诗意的寓言，也可以把它解读为爱情之沉迷的寓言。寓言在"尾声"里得到表现。忠贞不渝的情人最终和音乐密不可分，虽然无论是音乐还是两个情人都曾单独地漂流过。情人可以犯错误，可以被置于语境之中，音乐也可以甚至为像安禄山这样的人表演而不至于被败坏。情人经过种种考验，最终达成一个独立的空间，因此，也只有那曾流入人世、被凡人录入乐谱的"霓裳羽衣曲"，最适合在他们重圆时演奏。

旧霓裳，新翻弄。唱与知音心自懂，要使情留万古无穷。

"重圆"

爱情得到升华：情人放弃了寻常的人间夫妻之爱。除了经历危机和矛盾之外，他们彼此之间似乎没有什么话可说。他们入居忉利天宫，不仅离开了人间世界，而且也离开了那些对他们的重圆进行舞台指导的神仙们。最终一切矛盾、一切语境都被超越了。再没有人利用和败坏他们暂时持有的权力，或者在他们入浴时偷窥。他们实现了没有反讽的和谐。如果他们在忉利天宫里彼此共语，他们的谈话想必非常富有诗意，同时却也没有什么意思。

很久以前，在公元七世纪，唐太宗，唐朝第二代天子，杀死兄长和夺取了父亲权力的篡位者，可以扮演完美的儒家君主角色，谦虚地聆听他的大臣们的劝谏。贞观之治在历史上是出名的。也许名声背后的黑暗语境给了他扮演的角色某种深度，但是我们并不过分追究，使语境破坏他的角色。但在后来的世界里，真实不再能够只是存留于表演的时刻，而必须在广大的语境和不同视角中找寻。这时，要想只沉浸于一个角色，就必须依赖于一个激烈的否定性手势，把其他所有世界都抛在后面。简直不可能想象在这样一个境界里存在怎样的话语：我们猜想不出玄宗和贵妃在忉利天宫对彼此说些什么。但是幸好这不是《长生殿》的主题。《长生殿》讲述的，是如何超越被许多他者所占据的世界，这个世界有太多种不同的真实，太多种谎言。在《长生殿》的结尾，玄宗和贵妃骑在凤凰上，在《霓裳羽衣曲》的伴奏下，向忉利天宫飞去。

（田晓菲 译）

图书在版编目（CIP）数据

华宴：宇文所安自选集 /（美）宇文所安著；刘晨
等译 . — 南京：南京大学出版社，（2023.7 重印）
（海外汉学研究新视野丛书 / 张宏生主编）
ISBN 978-7-305-23573-3

Ⅰ . ①华… Ⅱ . ①宇… ②刘… Ⅲ . ①中国文学 – 古
典文学研究 – 文集 Ⅳ . ① I206.2-53

中国版本图书馆 CIP 数据核字（2020）第 121000 号

出版发行 南京大学出版社
社　　址 南京市汉口路 22 号 邮 编 210093
出 版 人 金鑫荣

丛 书 名 海外汉学研究新视野丛书
主　　编 张宏生
书　　名 华宴：宇文所安自选集
著　　者 ［美］宇文所安
译　　者 刘　晨 等
责任编辑 刘　丹
书籍设计 瀚清堂 / 朱　涛

照　　排 南京紫藤制版印务中心
印　　刷 南京爱德印刷有限公司
开　　本 635×965 1/16 印张 15 字数 270 千
版　　次 2020 年 7 月第 1 版 2023 年 7 月第 2 次印刷
I S B N 978-7-305-23573-3
定　　价 68.00 元

网　　址：http://njupco.com
官方微博：http://weibo.com/njupco
官方微信号：njupress
销售咨询热线：（025）83594756